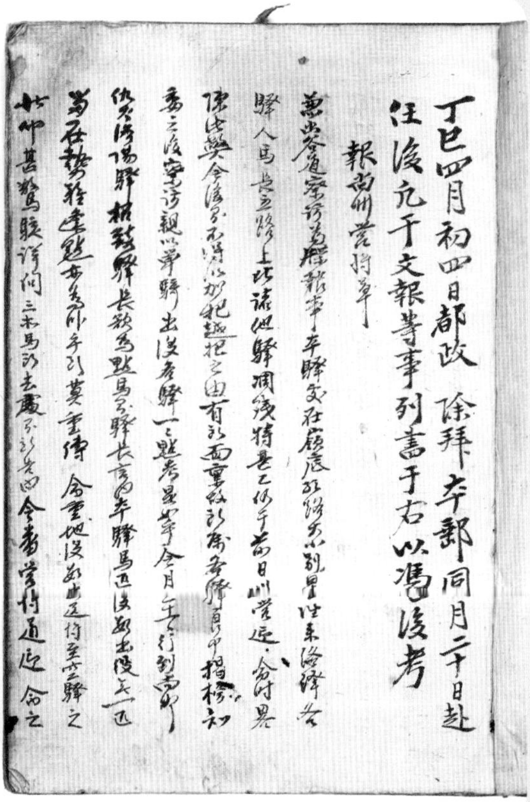
丁巳四月初四日都政 除拜 幸郵 同月二十日赴
任後凡干文報等事列書于右以憑後考
報尙州營將草

국역 유곡록 내지

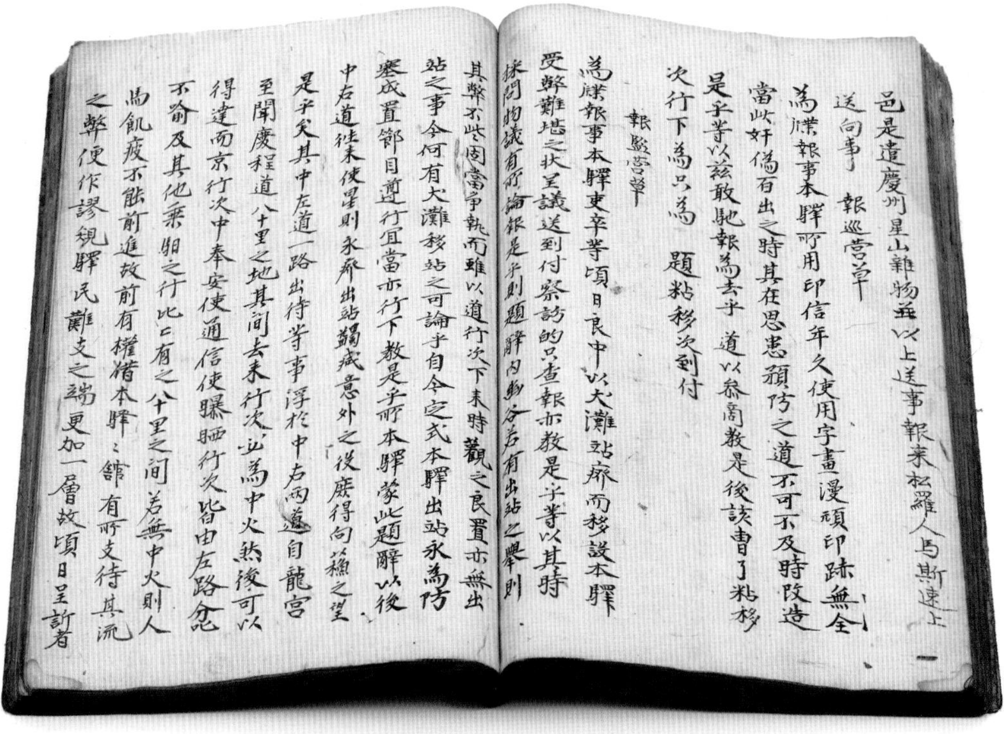
邑是遣慶州星山雜物並以上送事報來松羅人馬斯速上
送向事 報巡營草
爲牒報事本驛所用印信年久使用字畫漫頑印跡無全
當此奸僞百出之時其在思患預防之道不可不及時改造
是乎等以玆敢馳報爲去乎 道以恭商教是後該曹了粘移
次行下爲只爲 題粘移次到付
報監營草
爲牒報事本驛吏辛等頃日良中以大灘站廢而移設本驛
受弊難堪之狀呈議送到付察訪的只查報亦教是乎等以其時
採問物議有所論報是乎則題辭内粉各若有出站之舉則
其弊不些固當爭執而雖以道行次下來時觀之良置亦無出
站之事今何有大灘移站之可論乎自今定式本驛出站永爲防
塞成置節目題行宜當亦行下教是乎所本驛蒙此題辭以後
中右道往來使星則永廢出站竊戒意外之弊庶得向蘇之望
是乎矣其中左道一路出待等事浮於中右兩道自龍宮
至聞慶程道八十里之地其間去來行次必爲中火然後可以
得達而京行次中奉安使通信使驛馹行次皆由左路兪
不啻及其他乘馹之行比比有之八十里之間若無中火則人
馬飢疲不能前進故前有權措本驛之舖有所支待其流
之弊便作謬規驛民難支之端更加一層故頃日呈訴者

국역 유곡록 내지

한국교통사연구총서 3

국역 유꾸록
國譯 幽谷錄

한국교통사연구총서 3

국역 유곡록

| 초판 1쇄 인쇄일 | | 2014년 4월 17일 |
| 초판 1쇄 발행일 | | 2014년 4월 18일 |

엮은이		옛길박물관
옮긴이		이완규
펴낸이		정구형
책임편집		심소영
편집/디자인		신수빈 윤지영 이가람
마케팅		정찬용 권준기
영업관리		김소연 차용원
컨텐츠 사업팀		진병도 박성훈
인쇄처		월드문화사
펴낸곳		**국학자료원**

등록일 2006 11 02 제2007-12호
서울시 강동구 성내동 447-11 현영빌딩 2층
Tel 442-4623 Fax 442-4625
www.kookhak.co.kr
kookhak2001@hanmail.net

| ISBN | | 978-89-279-0820-3 *03900 |
| 가격 | | 18,000원 |

한국교통사연구총서 3

조선후기 역참驛站 운영의 실제

국역 유꼭록
國譯 幽谷錄

이완규 옮김

국학자료원

<일러두기>

* 이 책은 2013년 <옛길박물관의 책> 발간 계획으로 출판되었다.

* 국역은 옛길박물관 소장『유곡록』(유물번호1884)을 저본으로 하였다.

*『유곡록』의 서지사항은 다음과 같다.

－원서 :『谷錄』	－판본 : 필사본
－시대 : 영조 13년(1743)~15년(1745)	－저자 : 曺潤周(유곡찰방)
－규격 : 가로 24 세로 38	－면수 : 68장(표지포함), 내지 131면

* 원서의 표제는 '곡록'으로 되어 있으나 이 책의 내용이나 맥락상 '유곡록'으로 명명하였다.

* 원문의 점선 밑줄(   )은 '이두'를 표시한 것이다.

* 국역은 (사)낙강문화 이완규 이사장이 하였고, 교열은 조면희 선생이 맡았으며, 해제는
  경기대학교 조병로 교수의 글을 실었다.

* 이 책의 발간에 따른 총괄사항은 최송환(문경새재관리사무소장), 양재율(전 문경새재관
  리사무소장), 행정지원은 권오룡, 강경철, 한호곤, 신은이, 기획편집은 안태현(이상 옛길
  박물관)이 담당하였다.

발간사

　우리 고장의 빼어난 문화유산은 매우 많습니다. 그 중에서도 옛길과 관련한 문화유산을 가장 잘 보존하고 있는 곳이 문경입니다. '문경새재'는 조선팔도 고갯길의 대명사로 불릴 만큼 우리나라의 대표적 고개이고, '하늘재'는 삼국사기에 등장하는 우리나라 최고(最古)의 고갯길이며, '토끼비리'는 옛길의 백미(白眉)로 남아 있는 벼룻길입니다. 이들 옛길 유산은 국가지정문화재 명승으로 지정되어 있습니다.

　이와 함께 '유곡역'은 영남대로의 허브 역할을 하던 유곡도(幽谷道)의 찰방역(察訪驛)으로서 인근의 18개 속역(屬驛)을 관장하는 본역(本驛)이기도 합니다. 이번에 옛길박물관에서 전시 중이던 『유곡록』을 국역하여 발간하게 되었습니다. 이 자료는 1700년대 중반 조선시대 역참의 운영에 대해 흥미로운 사실을 담고 있는 귀중한 자료입니다. 유곡역은 문경 출신 홍귀달 선생의 표현과 같이 사람의 목구멍에 해당하는 인후지지(咽喉之地)로서 그 역할과 위상이 잘 드러나 있습니다.

　어려운 여건에도 불구하고 고문헌을 국역해 주신 (사)낙강문화의 이완규 이사장님과 해제를 맡아주신 경기대학교 조병로 교수님을 비롯한 관계자 여러분께 감사의 말씀을 올립니다. 이 책이 문경의 문화유산을 아끼고 사랑하는 분들께 작은 도움이 되었으면 합니다.

2014. 2. 7.

문 경 시 장

목차

<08>: 역리를 군역에 편입시킨 일과 관련하여 해당 역리의 원통함을 풀어달라는 공문을 보내다.

— 정사년(1737) 9월 11일

<09>: 수라에 쓸 전복을 빨리 보내라는 내의원의 형령문이 닷새나 걸려 통녕에 도착한 연유를 추궁 받고, 조사한 내용을 통영에 보고하다.

— 정사년(1737) 10월 13일

<10>: 김명수의 횡포에 대해 감영의 엄한 처벌을 요구하다.

— 정사년(1737) 11월 7일

<11>: 금부나장이 역장을 구타하고 말의 등급을 올려서 타고 간 사실을 고발하다.

— 정사년(1737) 11월 13일

<12>: 조보가 제대로 전달되지 못한 일과 관련하여 조사한 내용을 통영에 보고하다.

— 정사년(1737) 11월 12일

<13>: 조보가 제대로 전달되지 않은 이유를 통영에 보고하다.

— 정사년(1737) 11월 29일

<14>: 진휼할 곡식의 처리 문제를 감영에 질의하다.

— 정사년(1737) 12월 17일

<15>: 민간이 마위전을 할경하는 문제가 심각하여, 찰방이 양전을 직접 조사한 내용을 감영에 보고하다.

—무오년(1738, 영조 14) 1월 24일

<16>: 칙사가 올 때 영접할 말을 보내는 일에 대하여 보고하다.

—무오년(1738) 1월 28일

<17>: 경자년 양안을 가지고 할경된 마위전을 찾아서 추심한 사실을 보고하다.

—무오년(1738) 3월 3일

<18>: 전석재가 마위전을 빼앗아 경작하는 것을 추쇄하여 달라고 감영에 청원하다.

—무오년(1738) 3월 3일

<19>: 홍수 때 쓸려내려간 마위전을 민간이 점유한 사실을 적간하여 감영에 보고하다.

—무오년(1738) 3월 3일

<20>: 좌병사가 점검을 왔을 때, 찰방은 휴가를 가고 이방과 병방이 가색을 시켜서 접대하였다는 연유로 질책을 받은 것에 대해, 찰방이 조사한 사실을 좌병영에 보고하다.

—무오년(1738) 4월 16일

<21>: 진휼할 때 꾸어준 돈을 빨리 받아 내라는 감영의 명령에 부응할 수 없는 사유를 보고하다.

─무오년(1738) 4월 19일

<22>: 평구역과 청안역에서 지난 20여 년 산 받아산 복호세를 지두지 못하게 하라는 역인들의 호소를 감영에 보고하다.

─무오년(1738) 4월 17일

<23>: 상주 진영의 명령으로 본역에 말이 비게 된 사실을 감영에 보고하다.

─무오년(1738) 4월 21일

<24>: 말이 비게 된 사실을 감영에 보고하였다고 다시 상주 진영에 보고하다.

─무오년(1738) 4월 22일

<25>: 좌병영에서 군점차 나왔을 때, 찰방은 휴가 가고 대령한 실색들은 돈을 내어 병영 관리에게 뇌물을 주었고 또 대령한 말들은 노태마들이라고 꾸중을 들은 데 대해 좌병영에 보고하다.

─무오년(1738) 5월 16일

<26>: 아전 전덕추가 마위전을 교묘하게 할경하여 추쇄한 내용을 감영에 보고하다.

─무오년(1738) 5월 3일

<27>: 전덕추가 형벌을 받고 죽은 데 대한 소명 자료와 그 자식들의 행패를 막기 위하여 그들을 감영의 판결 때까지 문경 감옥에 가두어 달라고 문경현에 청원하다.

　　　　　　　　　　　　　　　　　　　　　　　—무오년(1738) 6월 21일

<28>: 전덕추 일가를 처리해 달라고 감영에 청원하다.

<29>: 중앙에서 내려온 장교 임시번이 대마를 달라고 행패를 부린 일에 대하여 장계로 처벌해 달라고 보고하다.

　　　　　　　　　　　　　　　　　　　　　　　—무오년(1738) 8월 18일

<30>: 가뭄으로 역민들이 괴로움을 겪고 있으므로 별성들의 왕래에 출참을 줄여 줄 것을 감영에 청원하다.

　　　　　　　　　　　　　　　　　　　　　　　—무오년(1738) 9월 26일

<31>: 역리를 군역에 편입한 사실을 선산부에 알리고 시정을 청원하다.

<32>: 지역의 호강한 양반들이 역리를 구타하며 말을 함부로 빼앗아 타는 횡포를 막아 달라고 감영에 청원하다.

<33>: 소속 역이 기아가 심하므로 넉넉히 진휼해 줄 것을 감영에 청원하다.

　　　　　　　　　　　　　　　　　　　—기미년(1739, 영조 15) 1월 15일

<34>: 마위곡으로 수납해 둔 벼를 봄철의 구휼에서는 절반만 분급하겠다고 감
영에 건의하다.

— 기미년(1739) 3월 10일

<35>: 화재로 환곡을 태운 일의 처리 문제를 감영에 보고하다.

— 기미년(1739) 3월 15일

<36>: 흉년에 이어 가뭄이 심하므로 역인들을 구제할 방법을 강구해 달라고 감
영에 청원하다.

— 기미년(1739) 7월 1일

<37>: 견탄역을 다시 설치해 줄 것을 감영에 청원하다.

— 무오년(1738) 10월 14일

<38>: 정 양산이라는 양반이 말을 팔았다가 도로 빼앗아간 사실의 처리와 관련
하여 감영에 보고하다.

— 무오년(1738) 10월 17일

<39>: 신임 사또를 맞이하는 일에 대하여 감영에 보고하다.

— 무오년(1738) 8월 10일

<40>: 좌병영에서 내의원에 보내는 전복이 늦은 경위를 좌병영에 보고하다.

— 무오년(1738) 7월 28일

<41>: 신임 사또를 맞이하는 절차를 감영에 보고하다.

<42>: 신임 사또를 맞이하는 절차를 순영에 보고하다.

<43>: 순영에 본역에서 사용하는 도장을 교체해 달라고 청원하다.

<44>: 견탄역을 예전처럼 다시 설치해 줄 것을 감영에 청원하다.
                                        ─무오년(1738) 11월 5일

<45>: 공명첩을 가진 자도 역역에 종사하게 해 달라고 감영에 청원하다.
                                        ─무오년(1738) 11월 2일

<46>: 흉년에 진휼할 때에 역민도 일반 백성과 같이 구제해 줄 것을 감영에 청
      원하다.
                                        ─무오년(1738) 11월 12일

<47>: 중국 행차를 원활하게 하기 위하여 돈을 거두어 그 이자를 받아 품을 사
      서 보냈는데, 시일이 많이 흐르고 보니 이자를 안 내고 도망한 자 때문에
      빈 장부만 남은 사실을 감영에 보고하다.
                                        ─무오년(1738) 12월 24일

<48>: 콩을 말먹이로 써야 하므로 진휼할 조와 바꾸어 줄 것을 감영에 청원하다.
                                        ─무오년(1738) 12월 11일

<49>: 이잣돈을 탕감해 줄 것을 감영에 청원하다.

— 기미년(1739, 영조 15) 1월 4일

<50>: 진휼하고 남은 빈 가마니를 말먹이로 쓰게 해 줄 것을 감영에 청원하다.

— 기미년(1739) 3월 10일

<51>: 정의적이 물길을 돌려서 보 밑의 마위전이 못 쓰게 된 사실을 감영에 보고하다.

— 기미년(1739) 3월 21일

<52>: 좌병사가 분로 정식에 따라 조령으로 넘어가지 말 것을 감영에 청원하다.

— 기미년(1739) 4월 6일

<53>: 좌병사가 조령으로 넘어가지 말 것을 좌병영에 부탁하다.

— 기미년(1739) 4월 10일

<54>: 감영의 행차 때, 김천역에서 가색 아전들이 마중 나간 일에 대해 조사한 내용을 감영에 보고하다.

— 기미년(1739) 4월 4일

<55>: 좌병사가 조령으로 넘어가지 말 것을 좌병영에 청원하다.

— 기미년(1739) 4월 21일

<56>: 김천역에 가서 신임 병사를 마중하는 행사에 참가하였다가, 양천역 마부가 가짜 암행어사에게 희롱당한 사건을 조사하여 감영에 보고하다.

— 기미년(1739) 4월 24일

<57>: 좌병사가 조령으로 넘어가지 말 것을 세 번째로 청원하다. 조령을 넘어가겠다는 좌병영의 제사이다.

— 기미년(1739) 4월 27일

<58>: 좌병사가 조령을 넘는 것에 대하여 임금에게 치보하겠다고 한 것과 관련한 좌병사의 회신이다.

— 기미년(1739) 5월 8일

<59>: 좌병사가 조령을 넘는 문제에 대한 계문을 승정원에 봉계하다.

— 기미년(1739) 5월 14일

<60>: 좌병사가 조령을 넘는 문제에 대하여 계문하였다는 사실을 감영에 보고하다.

— 기미년(1739) 5월 17일

<61>: 계문에 대한 계하가 내려올 때까지 좌병사 행차에 대하여 준비하지 않겠다고 감영에 보고하다.

— 기미년(1739) 5월 24일

<62>: 감영에서 진휼로 빌려준 돈을 추수 후에 갚을 수 있다고 감영에 보고하다.

— 기미년(1739) 5월 21일

<63>: 오는 8월에 임기가 만료되므로, 서울로 돌아가게 해 줄 것을 감영에 청원하다.

— 기미년(1739) 6월 1일

<64>: 지난번에 감영에서 꾼 돈을 갚게 되었음을 감영에 보고하다.

— 기미년(1739) 6월 14일

<65>: 좌병사를 조령으로 넘어가게 하라는 임금의 계하를 비변사에서 통보해 오다.

<66>: 동래부사가 부임하러 내려올 때 장교들의 횡포가 심했음을 감영에 보고하다.

— 기미년(1739) 7월 22일

<67>: 견란참을 복설하거나 견란참의 세금을 유곡역에 돌려 줄 것을 감영에 청원하다.

— 기미년(1739) 7월 24일

◆유곡록 해제

◆국역 유곡록 발문

幽谷錄

丁巳
戊午
己未

유곡록(幽谷錄)

　　정사년(1737, 영조 13) 4월 4일 도목정사(都目政事)[1]에서 유곡역
겸찰방에 제수되었고, 같은 달 20일에 부임한 뒤로 공문과 보고서
등에 관계된 일을 아래에 순서대로 나란히 써 놓음으로써 뒷날에
참고할 증거로 삼는다.

　　丁巳四月初四日都政　除拜本郵　同月二十日赴任後
凡干文報等事 列書于右 以憑後考

---

1) 도목정사(都目政事): 예전에 매년 두 번 혹은 네 번 이조 · 병조에서 실시하는 인사행정으로 도목 또는 도목정이
　라고 줄여서 일컫기도 하였으며, 문 · 무 양반은 원칙적으로 6월과 12월에 두 번 행하였다.

報尚州營將草 <01>

상주 영장(營將)[2]에게 첩보한 초안.

  유곡도(幽谷道)[3] 겸찰방(兼察訪)[4]이 상주 영장에게 첩보(牒報)[5]하는 일.

  본역(本驛)[6]은 고개[7] 아래의 큰길에 있습니다. 크고 작은 별성(別星)[8]이 끊임없이 왕래하여 각 역의 인마가 오랫동안 길 위에 늘어서기 때문에 다른 역과 비교하면 쇠잔함이 특별히 더 심합니다. 그러므로 며칠 전 순영(巡營)[9]에서 영명(迎命)[10]할 때에 이러한 폐단을 대략 진술하였고, 이후로는 부득이하게 가파(加把)[11]하고 월파(越把)[12]한 사유를 직접 뵙고 말씀드리도록 하겠습니다. 이 때문에 각 역에 방을 붙여서 알려준 뒤에 찰방이 직접 혼자 말을 타고

---

2) 영장(營將): 조선시대 지방 군대의 주둔영(駐屯營)인 진영(鎭營)의 으뜸 장관인 진영장(鎭營將)이다. 정3품 관직이며, 부사(府使) · 목사(牧使) 등이 겸직하였다.

3) 유곡도(幽谷道): 경상도 문경(聞慶)의 유곡역(幽谷驛)을 중심으로 한 역도(驛道)이다.

4) 겸찰방(兼察訪): 조선 명종 때, 전국 주요역(驛) · 원(院)의 관리 · 감독을 위해 파견된 관직이다. 원래의 찰방직은 종6품의 외관직이었으나, 중종 때부터 찰방들의 부정부패가 심해져 1551년(명종 6) 이들의 부정사실을 적발하기 위해 주로 성균관 · 교서관 · 승문원의 종7품 이하 참하관(參下官)을 겸찰방으로 임명하여 11개 주요 지역에 파견하였는데, 경상도 유곡이 그 중의 하나이다.

5) 첩보(牒報): 하급 관청 · 관원이 상급 관청 · 관원에게 문서로 보고하는 것, 또는 그 보고 문서를 가리키는데, 이때의 문서 양식이 첩정(牒呈)이며, 첩(牒)은 첩(帖)으로 쓰기도 한다.

6) 본역(本驛): '본역'은 '본 역', 즉 지금 말하는 '이 역'이라는 뜻이 있고, 또 찰방이 거처하는 역을 본역(本驛)이라고 한다. 유곡역은 찰방이 거주하는 '본역'이므로 이 번역본에서는 구별 없이 모두 '본역'으로 통일한다. 또 역과 역참(驛站)은 조금 다른 개념이지만, 군이 구별하지 않고 혼용하였다.

7) 고개: 현재 '문경새재'로 불리는 조령(鳥嶺)을 가리키는데, 경북 문경시와 충북 괴산군 사이에 있는 고개를 말한다.

8) 별성(別星): 중앙 정부에서 지방에 파견하는 대소 관원을 두루 일컫는데, 성(星)은 사신(使臣) · 사자(使者)를 의미한다.

9) 순영(巡營): 8도의 관찰사(觀察使), 즉 감사(監司)가 집무하는 감영(監營)으로 상영(上營)이라고도 한다. 각 도에 설치되어 있는 관아에는 관찰사의 영(營)인 감영, 병마절도사의 영인 병영(兵營), 수군절도사의 영인 수영(水營)이 있었는데, 이를 통틀어 영문(營門)이라고 한다. 또한 각 도에 있는 군무순찰사의 군영을 순영(巡營)이라고 하는데, 관찰사가 순찰사를 겸하였고 순영도 감영 내에 있었으므로 순영은 감영과 동의어로 사용되었다.

10) 영명(迎命): 외관(外官)이 임지에서 어명이나 교서 등을 가지고 오는 봉명사신(奉命使臣) 혹은 조사(詔使)를 맞이하는 것이다.

11) 가파(加把): 파(把)는 '고삐를 잡는다'는 뜻으로 역마(驛馬), 즉 파발마(擺撥馬)를 뜻한다. 가파란 원래 정해진 역마에 수를 보태는 것이다. 역마에 파 자(把字)를 쓰는 이유는 역마를 기르거나 돌보거나 타는 사람, 또 모는 사람이 역마와 함께 움직이기 때문이며, 이 글에 나오는 월파(越把) · 입파(入把) · 대파(代把) · 배파(陪把) · 분파(分把) · 파거(把去) · 파정(把定) 등의 파 자도 같은 의미다.

12) 월파(越把): 원래 정해진 역의 숫자를 넘는 역마이다.

각 역에 가서 낱낱이 점고(點考)[13]를 하였습니다.

이달 21일에 상주 구화(仇火)[14]의 낙양역(洛陽驛)에 도착하여 역장(驛長)을 불러서 말을 점고하고자 했더니 역장의 말 중에, "우리 역의 마필은 모조리 일하러 나가서 한 필도 남아 있는 것이 없으니 점검을 받기가 어렵습니다"라고 하였는데, 역참은 전명(傳命)[15]을 하는 막중한 곳이거늘 역마(驛馬)를 모조리 밖으로 보내어 역이 텅텅 비는 지경에 이르게 되었으니 듣고 너무 놀랐습니다.

삼등마(三等馬)[16]가 간 곳을 자세히 물었더니 아뢰기를, "이번에 영장께서 도신(道臣)[17] 영명 행차에 모조리 끌고 가서 역이 텅 비는 지경이 되었습니다"라고 하였습니다. 영명 행차가 비록 공적(公的)[18]인 것이나, 병조(兵曹)의 정식(定式)[19]에 이미 4필로 정해져 있는데, 4필 이외에 또 3필을 보태어[加把] 7필이나 되게 했으니 매우 온당치 못한 일입니다.

그리고 역장이 말하기를, "비단 이번뿐만이 아니라 전부터 진영 소속의 장교(將校)·진리(鎭吏)·사령(使令)·급창(及唱)·통인(通引) 등이 간혹 사적인 일 때문에 출입할 곳이 있으면, 번번이 역장을 불러서 말을 달라고 요구하여 함부로 탑니다. 역장이 바른 이치로 따지면, 저들이 원한을 품고 있다가 뒷날에 어떤 일을 계기로 하여 반드시 중상모략을 일삼기 때문에 감히 어길 수가 없어서 종종 말을 빌려주게 되었고, 결국은 그릇된 규정이 되었습니다"라고 하였습니다. 본역의 역마는 이미 전명(傳命)하는 말이므로 장교 같은 무리들이 사사로이 서로 주고받을 수 있는 말이 아니거늘, 저들이 어찌 감히 조정의 명령을 위반함이 이처럼 방자하단 말입니까?

이번 일로 말한다면, 병방 진리(兵房鎭吏) 박치웅(朴致雄)이 도신께서 감영으로 돌아갈 때 마중 나간다는 구실로 중마를 달라고 하여 타고 상주 낙동(洛東)에 가느라고 본역으로 하여금 한 필도 점고할 수 없게 하였으니, 이 무리들이 평소 멋대로 말을 요구하여 타고 다닌다는 것을 말하지 않아도 알 수가 있습니다. 이는 징려(懲勵)[20]의 도리에 있어서 엄하게 하지 않

---

13) 점고(點考): 명부(名簿)에 하나하나 점을 찍어 가면서 수효를 조사하다.
14) 구화(仇火): 미상이나, 첩보 <67>에 나오는 내용으로 추정하면, 각 군현에 역참으로 사신이나 별성 행차에 음식을 제공하고 숙박할 수 있는 역인 듯하다.
15) 전명(傳命): 임금이나 상부의 명령을 전달하는 것으로 역참의 가장 중요한 역할이 공문서 전달이었다.
16) 삼등마(三等馬): 등마(等馬)는 역참에서 기르는 말, 또는 말의 등급을 가리키는데, 상등(上等)·중등(中等)·하등(下等)으로 구분하며, 대마(大馬)·중마(中馬)·하마(下馬)라고도 한다.
17) 도신(道臣): 각 도의 으뜸 벼슬인 관찰사(觀察使)·감사(監司)의 이칭이다.
18) 공적(公的): 원문에는 '공행(空行)'으로 되어있으나, 의미가 안 통하여 '공행(公行)'으로 보았다. 이외에도 가끔 오기(誤記)가 보이는데, 일일이 지적하지는 않는다.
19) 정식(定式): 일정하게 정한 방식이나 의식(儀式)이다.
20) 징려(懲勵): 부정이나 부당한 행위에 대하여 벌을 내리거나 제재를 가하다.

으면 안 되는 것입니다. 그러므로 이 일은 마땅히 순영에 논보(論報)[21]하여 이런 무리들을 법에 따라 죄를 주어야 하지만, 곧바로 순영에 보고하는 것도 역시 온당하지 못하기 때문에 이처럼 낱낱이 적어서 보고하오니, 정해진 규칙 외에 사사로이 함부로 말을 타는 일을 각별하게 조사하고 엄중하게 다스린 뒤에 연유를 회송(回送)[22]해 주시기를 첩보하는 일.

제사(題辭).[23] 이 첩보를 보니 대단히 놀랍다. 대소를 막론하고 별성이 왕래할 때의 인마(人馬) 정식을 본 진영에서 알지 못하는 것이 아닌데도, "이전의 장교와 진영에 소속된 무리들이 사적인 일로 출입할 때도 말을 요구하여 타고 다니는 폐단이 있습니다"라고 한 것은 비록 그것이 본관이 도임하기 전의 일이라고 하더라도 들으니 매우 해괴하다.

더구나 "금번의 영명 왕래 시에도 정식 외에 가파했습니다"라고 한 것은 비록 그것이 "잘못된 규정"이라고 말하더라도 그 유래가 이미 오래되어 지금 처음으로 시작된 것이 아님을 이 일로 미루어 알 수 있는데, 보고한 바가 이와 같으니 전례가 그렇게 된 것이 개탄스럽다. 또 "한 필도 점고할 것이 없습니다"라고 한 것은 역마를 다음 역에서 교체해 주고 바로 돌아왔다면 어찌 점고에서 빠질 리가 있겠는가?

이는 다른 것이 아니라 역리들이 왕래하는 어려움을 싫어하여 각 역에 계속 머물러 있었기 때문이고, 또 진영의 이속들이 마중 나갈 때 말을 요구하여 타는 것도 해괴한 일이니, 바로 조사하여 다스리고 엄하게 타일러서 뒷날에는 이러한 폐단이 없도록 막을 일.

6월 26일

兼幽谷道察訪爲牒報事 本驛處在嶺底孔路 大小別星 往來絡繹 各驛人馬 長立路上 比諸他驛 凋殘特甚乙仍于 前日巡營迎命時 略陳此弊 今後則不得已加把越把之由 有所面稟 故所屬各驛良中 揭榜知委之後 察訪親以單騎出沒各驛 一一點考是如乎

今月二十一日 行到尙州仇火洛陽驛 招致驛長 欲爲點馬 則驛長言內 本驛馬匹 沒數出役 無一匹留在 勢難逢點亦爲臥乎所 莫重傳命重地 沒數出送 將至空驛之狀 聞甚驚駭

---

21) 논보(論報): 하급 관아(官衙)에서 상급 관아에 대하여 어떠한 일을 조사하여 의견을 붙여 보고하다.
22) 회송(回送): 본래 있던 곳으로 도로 돌려보내다.
23) 제사(題辭): 조선시대 관부에 올린 민원서의 여백에 쓰는 관부의 판결문 또는 처결문이다. 제음(題音, 데김)은 수령에게 올린 민원서에 쓴 처분이고, 제사는 관찰사에게 올린 민원서인 의송(議送)의 하단 여백에 쓰는 처분이다. 제사를 쓴 뒤 의송을 제출한 사람에게 돌려주는 것은 데김의 경우와 같다.

詳問三等馬所去處 則所告曰 今番營將道迎命之行 盡爲把去 勢至空驛是如爲臥乎所
迎命之行 雖是空行 兵曹定式 既定四匹 則四匹之外 又把三匹 至於七匹之多 事極未安
是乎旀

驛長所告曰 非特今番 自前鎭營所屬將校 鎭吏使令 及唱通引等 或以私故 有所出入處
則輒招驛長 責馬濫騎 驛長爭以事理 則渠等含毒 後必因事中傷 故不敢違越 種種借馬
以成謬規是如爲臥乎所 本驛驛馬 既爲傳命之馬 非特校輩私相與授之馬 則渠等安敢違
越朝令 如是放恣乎

以今番言之 兵房鎭吏朴致雄 稱以道還營時 迎候事出去是如 責騎中馬 至于洛東 使本
驛無一匹逢點之擧 此輩之平日恣行責騎 不言可知 其在懲勵之道 不可不嚴 故事當論報
巡營 如此之輩 依律定罪是乎矣 徑報巡營 亦涉未安是乎等以 如是枚報爲去乎 定式外私
相濫騎之事 各別査出重治後 回送緣由牒報爲臥乎事

題 觀此所報 極爲驚駭 勿論大小 別星往來時 人馬定式 本鎭非不知之是如乎 曾前將
校鎭屬輩 私故出入時 至有責騎之弊云者 雖是到任之前事 聞甚駭怪是遣

至於今番迎命往來時 定式外加把云者 雖曰謬規 其來已久 則非今刱開 推此可知是乎
矣 所報如此 慨然其前例之若此也 且至於無一匹逢點云者 替馬後卽爲還驛 則豈有闕點
之理哉

此無他 驛吏輩厭其往來之苦 留連各驛之致是遣 且鎭吏之迎候時責騎 亦涉可駭 今方
査治嚴飭 以杜日後如此之弊事

六月二十六日

운운(云云).24)

　이번에 유곡역에 접수된 관찰사의 관문(關文)25)과 병조의 점관(粘關)26) 내용을 요약하면, "평안도 어천역(魚川驛) 역졸 양우필(梁遇弼)이 관아에 올린 소지(所志)27)에, '지난 임자년 (1732, 영조 8) 사은사(謝恩使)가 연경에 갈 때, 경상도 유곡역 역졸 김최선(金最先)의 말이 다리를 절어서 제 말을 대파(代把, 대신하다)하여 들어간 지가 이미 몇 년이 지났는데도 그 고가(雇價)28)를 끝내 보내오지 않았으니, 김최선을 가두고 그가 맡은 품삯을 독봉(督捧)29)하 여 상송(上送)30)하는 일을 엄중한 관문으로 행하(行下)31)하여 역졸 고가가 헛되이 없어져 돌 려주지 못하는 폐단이 없도록 해 달라'고 청원하였다. 대저 사신 행차에 대파된다면 고가 수 송에 관한 일은 원래 사목(事目)32)이 있거늘, 이미 몇 해가 지났는데도 끝내 보내지 않았으 니 지극히 통탄할 일이다. 관문이 도착하는 즉시 고가를 보내도록 하라."라는 것이었고, 또 한 관문의 내용이 매우 엄절(嚴截)33)하였습니다.

　본역은 옛날부터 고가를 거두어 보낸 적이 없다가 지난 병자년(1696, 숙종 22) 무렵에 동 지사(冬至使)가 연경에 갈 때, 본역에서 보낸 말이 다리를 전다고 집탈(執頉)34)하여 평안도 대동역(大同驛)의 역마로 대파하였고, 돌아온 다음 해 정축년(1697)에 고가 30필(疋)을 거두 어 보냈습니다.

---

24) 운운(云云): 운운은 '생략(省略)'이라는 뜻으로서 여기서는 앞에 나온 '兼幽谷道察訪爲牒報事'를 생략했다는 뜻이 거나, 아니면 앞에 다른 일을 기록한 것이 있었는데 그것을 생략한 것으로 보인다.

25) 관문(關文): 조선시대에 동등한 관서 상호간이나 상급관서에서 하급관서로 보내는 문서로, 관(關) 또는 관자 (關子)라고도 한다.

26) 점관(粘關): 점련 관문(粘連關文)이다. 점련은 문건의 끝에 관계되는 서류를 덧붙이는 것으로 첨부(添附)와 같다.

27) 소지(所志): 백성이 관에 올린 청원서 및 진정서인데, 민원 관계 문서로 '발괄[白活]'이라고도 한다.

28) 고가(雇價): 일반적으로 품삯을 말하나, 여기에서는 '말을 빌려준 값'을 가리키는 듯하다.

29) 독봉(督捧): 조세나 요금 따위를 독촉하여 거두어들이다.

30) 상송(上送): 문서나 물품 등을 상부 관청이나 서울로 올려 보내다.

31) 행하(行下): 하급 관청에 문서를 발송하여 지시하다.

32) 사목(事目): 행정(行政), 군정(軍政), 법률의 적용 등에 관한 규정으로 절목(節目)과 비슷하다.

33) 엄절(嚴截): 몹시 엄격(嚴格)하여 끊는 것 같다.

34) 집탈(執頉): 남의 잘못이나 허물을 집어내어 트집을 잡다.

그 후에 삼남(三南)35) 각 역의 역리·역졸과 연경에 가는 말을 병조가 한 곳에 모아서 점고할 때, 어천·대동 두 역의 역졸은 본래 일행 역졸 중에 우두머리였습니다. 사신 행차를 배파(陪把, 모시다)하기 위하여 의주(義州)에 도착하여 각 행차의 인마를 분파(分把, 나누다) 할 때, 그들은 다년간 연경을 왕래하며 달콤한 이익이 없지 않았으므로 연경에 들어가려고 하는 꾀를 내어서 비록 아무 탈이 없는 마필이라도 여러 가지 방법으로 헐뜯고 집탈하여 돌려보내 놓고는 품삯을 징수하는 일이 매우 잦았습니다. 그러나 하방(遐方)36) 역졸이 감히 손을 쓸 수가 없어서 말도 못하고 돌아왔으니, 이러한 고가를 종류별로 갖추어 공급하는 것은 이미 고질적인 폐단이 되었는데, 이는 참으로 견디기 힘든 일입니다. 그러므로 삼남의 역졸들이 이러한 실상을 병조에 정소(呈訴)37)하여 '거두지 말라'는 제사를 받았습니다.

그 뒤로 연경에 가는 말이 병들어 절뚝거리더라도 어천이나 대동 등의 역마로 대파하고 고가를 거두지 않은 지가 이미 오래 되었는데, 뜻밖에도 지금 어천의 한 역졸이 오랫동안 없어진 일을 다시 제기하여 고가를 거두려고 합니다. 이렇게 되면 뒷날의 폐단을 막기가 어려울뿐더러 쇠잔한 역졸이 견디기는 참으로 어렵기 때문에 감히 이처럼 하나하나 거론하여 첩보하오니, 사또께서 참작하신 뒤에 병조에 논이(論移)38)하여 앞으로 다가올 횡침(橫侵)39)의 폐단을 막아주소서.

제사. 점이(粘移)40)할 때에 점이할 문건을 다시 보고할 일.

6월 29일

云云 節到付使關及兵曹粘關辭緣內節該 平安道魚川驛卒梁遇弼 呈狀所志內 去壬子年 謝恩使赴燕時 慶尙道幽谷驛卒金最先馬蹇足 代矣身馬匹 代把入往爲有如乎 已過累年 同雇價終不輸送爲臥乎所 金最先囚 其次知雇價督捧上送事 嚴關行下 俾無驛卒雇價空失虛還之弊爲只爲 所志是置有亦 凡使行代把 則雇價輸送 自有事目是去乙 已至累年終不輸送 極其痛駭是置 到關卽時 雇價輸送 亦關文內辭緣 極其嚴飭是乎矣

---

35) 삼남(三南): 충청도, 전라도, 경상도를 아울러 이르는 말이다.
36) 하방(遐方): 서울을 중심으로 하여 서울에서 멀리 떨어진 지방이다.
37) 정소(呈訴): 소장(訴狀)·소지(所志) 따위를 관청에 제출하는 것으로 정장(呈狀)이라고도 한다.
38) 논이(論移): 이문(移文)하여 논의하다. '이문'은 관아 사이에 주고받는 공문이다.
39) 횡침(橫侵): 함부로 성가시게 달라붙어 손해를 끼치거나 해치다.
40) 점이(粘移): 상부로 보고하는 문서에 관련되는 문서를 덧붙여 보내는 일의 이두식 표기로 '첨이'로도 읽는다.

本驛段 古無雇價徵送之事是如可 去丙子年分 冬至使赴燕時 本驛所送馬匹 以蹇足執頉 大同驛馬代把 還來後丁丑年良中 雇價三十疋 徵送是如乎

其後三南各驛吏卒赴燕馬 兵曹都點時 魚川大同兩驛驛卒段 本以一行驛卒中領首 使臣行次陪把 次到義州 各行次人馬分把時 渠等多年往來 不無甘利 欲爲入往之計 雖無故馬匹是良置 多盤毀斥 執頉還送 雇價徵捧 比比有之 遐方驛卒 不敢下手 無辭還來 則同雇價種種備給 已成痼弊 此實難堪之端 故三南驛等 以此事狀 呈訴本曹 勿徵事受題爲有如乎

其後赴燕馬 雖有病蹇 而魚川大同等驛馬代把是乎 乃雇價勿徵 已有年所是如乎 不意今者 以魚川一驛卒 年久革罷之事 復起徵責 則後弊難防叱不喩 殘疲驛卒 實難支保是乎等以 敢此枚擧牒報爲去乎 道以參商敎是後 論移兵曹 以杜日後橫侵之弊爲只爲

題 粘移次粘移件更報事

六月二十九日

報監營草 <03>
감영에 첩보하는 초안

겸찰방이 감영에 첩보하는 일.

관찰사의 관문과 병조 점련 관문의 요지는 "평안도 어천역(魚川驛) 역졸 양우필(梁遇弼)이 관아에 올린 소지에, '지난 임자년(1732, 영조 8) 사은사가 연경에 갈 때, 경상도 유곡역 역졸 김최선(金最先)의 말이 다리를 절어서 제 말을 대파하여 들어간 지가 이미 몇 년이 지났는데도 그 고가(雇價)를 끝내 보내오지 않았으니, 김최선을 가두고 그가 맡은 고가를 독봉(督捧)하여 상송(上送)하는 일을 엄중한 관문으로 지시하여 역졸 고가가 헛되이 없어져 돌려주지 못하는 폐단이 없도록 해 달라'고 청원하였다. 대저 사신 행차에 대파된다면 고가 수송에 관한 일은 원래 사목이 있거늘, 이미 몇 해가 지났는데도 끝내 보내지 않았으니 지극히 통탄할 일이다. 관문이 도착하는 즉시 고가를 보내도록 하라."라는 것이었고, 또한 관문의 내용이 매우 엄절하였습니다.

본역은 옛날부터 고가를 거두어 보낸 적이 없다가 지난 병자년(1696, 숙종 22) 무렵에 동지사가 연경에 갈 때, 본역에서 보낸 말이 다리를 전다고 집탈하여 평안도 대동역의 역마로 대파하였고, 돌아온 뒤 정축년(1697)에 고가 30필(疋)을 거두어 보냈습니다.

그 후에 삼남(三南) 각 역의 역리·역졸과 연경에 가는 말을 병조가 한 곳에 모아서 점고할 때, 어천·대동 두 역의 역졸은 본래 일행 역졸 중에 우두머리였습니다. 사신 행차를 배파하기 위하여 의주(義州)에 도착하여 각 행차의 인마를 분파할 때, 그들은 다년간 연경을 왕래하며 달콤한 이익이 없지 않았으므로 연경에 들어가려고 하는 꾀를 내어서 비록 아무 탈이 없는 마필이너라도 억러 가지 빙법으로 힐뜯고 집밀히여 돌려보내 놓고는 품삯을 징수하는 일이 매우 잦았습니다. 그러나 하방(遐方) 역졸이 감히 손을 쓸 수가 없어서 말도 못하고 돌아왔으니, 이러한 고가를 종류별로 갖추어 공급하는 것은 이미 고질적인 폐단이 되었는데, 이는 참으로 견디기 힘든 일입니다. 그러므로 삼남의 역졸들이 이러한 실상을 병조에 정소(呈訴)하여 '거두지 말라'는 제사를 받았습니다.

그 뒤로 연경에 가는 말이 병들어 절뚝거리면 어천이나 대동 등의 역마로 대파했지만, 고가를 거두지 않은 지가 이미 오래되었습니다. 그런데 뜻밖에도 지금 어천의 한 역졸이 소장을 올려 오랫동안 없어진 일을 다시 제기하여 고가를 거두려고 하니, 뒷날의 폐단을 막기가 어렵습니다.

임자년(1732)은 정사년(1737)인 지금부터 6년이나 되었는데, 어천 역졸이 그 사이에 어디에 갔다가 지금에 이르러 다시 고가를 거두라는 주장을 제기한단 말입니까? 이런 부당한 길이 한 번 열리면, 저 어천·대동 등의 역졸이 전날의 폐단을 답습하게 되어 하방의 쇠잔한 역졸은 참으로 견디기가 어렵기 때문에 해당 관청인 병조에 점이할 두 건을 첩보하오니 사또께서 헤아리시어 시행할 일.

제사. 점이하여 보낼 일.

7월 12일

兼爲牒報事 使關及兵曹粘關辭緣內節該 平安道魚川驛卒梁遇弼 呈狀所志內 去壬子
年 謝恩使赴燕時 慶尙道幽谷驛卒金最善馬蹇足 代矣身馬匹 代把入往爲有如乎 已至累
年 同雇價終不輸送爲臥乎所 金最善囚 次知雇價 督捧上送事 嚴關行下 俾無驛卒雇價
空失虛還之廢爲只爲 所志是置有亦 凡使行代把 則雇價輸送 自有事目是去乙 已至累年
終不輸送 極其痛駭是置 到關卽時 雇價輸送 亦關文內 極其嚴截是乎矣

本驛段古無雇價徵送之事是如可 去丙子年 冬至使赴燕時 本驛所送馬匹 以蹇足執頉
大同驛馬代把 還來後丁丑年良中 雇價三十匹徵送是如乎

其後三南各驛吏卒赴燕馬 兵曹都點時 魚川大同驛卒 本以一行驛卒中領首 使臣行次
陪把次 到義州 各行次人馬分把時 渠等多年往來 不無甘利 欲爲入往之計 雖無故馬匹是
良置 多般毀斥 執頉還送 雇價徵捧 比比有之 退方驛卒 不敢下手 無辭還來 則同雇價種
種備給 已成痼弊 此實難堪之端 故三南驛卒等 以此事狀 呈訴本曹 勿徵事受題爲有如乎

其後赴燕馬 雖有病蹇 而魚川大同等驛馬代把是乎乃 雇價勿徵 已有年所是如乎 不意
今者 以魚川一驛卒呈訴 年久革罷之事 復起徵賞 則後弊難防是乎㫆

壬子今至六年之久 則魚川驛卒 其間何往 而到今更起雇價徵捧之說乎 此路一開 則彼
魚川大同等驛卒 前弊復蹤 而退方殘疲驛卒 實難支保是乎等以 該曹粘移次兩件牒報爲
去乎 道以參商行下事

題 粘移成送事

七月十二日

報監營草 <04>
감영에 첩보하는 초안

겸찰방이 감영에 첩보하는 일.

며칠 전에 만나뵐 때, 본역 소속 18개 역 중에서 올해 농사를 아주 망친 곳이 선산(善山) 구화(仇火)의 안곡(安谷)·구미(仇味)·영향(迎香)·상림(上林)과 비안(比安) 구화의 안계(安溪)와 예천(醴泉) 구화의 수산(守山)과 용궁(龍宮) 구화의 지보(知保)·대은(大隱)과 상주 구화의 낙동 등 아홉 역입니다. 가뭄 때문에 곡식이 여물지 못한 상황은 이미 직접 뵙고 말씀을 드렸고, 찰방이 역으로 돌아온 뒤에 위의 아홉 개 역 등의 역민들이 여러 날 동안 계속하여 치보(馳報)⁴¹⁾하였습니다.

지난 6월 15일부터 지금까지 두 달 동안에 비가 전혀 내리지 않아서 논밭이 메마르고 갈라져 뿌린 씨앗들이 거의 말라비틀어졌는데, 이 뒤로도 늦은 비나마 기대하기 어려우니 장차 가을의 수확을 바랄 수가 없을 것 같습니다. 역민들의 생활은 고사하고라도 앞으로 사신 행차가 왕래할 때에 음식 제공은 물론이거니와 마부와 발졸(撥卒)⁴²⁾ 등과 삼등마(三等馬)에게 줄 여물을 장차 어떻게 마련할 수가 있겠습니까? 만약 관에서 변통하여 돌보지 않는다면, 수참(守站)⁴³⁾하고 응역(應役)⁴⁴⁾할 길이 전혀 없습니다.

또 비안 구화의 쌍계역(雙溪驛)은 유곡도 장터 중에서 큰 역이나, 오랜 가뭄으로 전답의 곡식이 충해(蟲害)를 크게 입어서 다가올 가을에 수확을 바랄 것이 없다고 하니, 이를 생각하면 참으로 걱정이 가득합니다. 본역 소속 중에 피해가 더욱 심한 곳이 조령 아래 첫머리에 있고, 역참의 제반 일거리를 다른 역과 비교하면 실로 매우 고생스럽습니다. 비록 풍년인 해를 만나더라도 오히려 살아갈 걱정을 해야하거늘, 이렇게 근래에 없던 가뭄을 당하여 거의 모든 곡식이 열매를 맺지 못하였으니, 장차는 가족이 흩어지는 지경에 이를 것입니다.

만약 특별히 변통하여 구휼하지 않는다면, 앞으로 역졸이 전명하는 절차와 등마를 기를

---

41) 치보(馳報): 빨리 달려가서 알리다. 지방에서 역마를 달려 급히 중앙에 보고하다.
42) 발졸(撥卒): 각 발참(撥站)에 속하여 중요한 공문서를 교대로 변방에 급히 전하는 군졸을 이르던 말로 파발졸(擺撥卒)이라고도 한다.
43) 수참(守站): 역참을 유지하고 해야 할 일을 수행하다.
44) 응역(應役): 병역이나 부역 같은 공역(公役)의 일에 응하여 처리하다.

방법이 없기 때문에 이처럼 첩보하오니, 사또께서 헤아리신 뒤에 감영 창고에 저축해 놓은 돈 400여 냥을 대하(貸下)⁴⁵⁾하시어 급한 때에 곡식을 사들여 전명의 역졸과 등마를 기르고 구제하도록 지시하소서.

제사. 감영 창고의 돈은 가뭄 전에 빌려주어 남은 것이 없고 초겨울이 되어야 거둘 수 있다. 결국은 피해의 경중을 헤아리고 많고 적은 것을 좇아서 나누어 줄 것이니, 그때가 되거든 다시 보고 할 일.

8월 초3일

兼爲牒報事 頃日現謁時 本驛所屬十八各驛中 今年農事之孔慘者 善山仇火安谷仇味
迎香上林 比安仇火安溪 醴泉仇火守山 龍宮仇火知保大隱 尙州仇火洛東等九驛 因旱失
稔之狀 旣已面稟是如爲乎 察訪還驛之後 右九驛等驛民連日馳報是乎矣
自六月望後 至今兩朔 點雨不下 田野龜圻 所種各穀 擧皆枯損 此後難得晩雨 將無西
成之望 矣等生活姑捨 無論前頭使行往來時供饋 及馬夫撥卒等 及三等馬喂養之物 將何
以辨出乎 若不自官變通顧恤 萬無守站應役之路是如爲乎旀
且比安仇火雙溪驛段 卽道場之巨驛 而久旱之餘 田畓各穀 慘被虫災 來頭秋成 將無
所望是如爲臥乎所 言念及此 誠爲憫迫是如乎 本驛所屬被災尤甚之驛 處在嶺底初頭 凡
干驛役 比諸他驛 實爲偏苦 雖逢樂歲 尙患生事之中 又値近古所無之旱 擧皆失稔 將至
離散是乎
若無別樣變通救恤 則日後驛卒傳命之節 等馬喂養之路 實爲罔措是乎等以 如是牒報
爲在乎 道以參商敎是後 營各庫留儲錢四百餘兩 貸下敎是乎 則急時貿穀 傳命之卒及等
馬喂養 救濟事行下爲只爲

題 營各庫錢貨 旱前散貸殆盡 初冬方可收拾 從當參量被災輕重 從多少分俵 臨時更報事

八月初三日

45) 대하(貸下): 상급 관아에서 돈이나 곡식 따위를 하급 관아에 꾸어 주던 일이다.

報監營草 <05>
감영에 첩보하는 초안

겸찰방이 감영에 첩보하는 일.

상림역(上林驛) 소속 역인(驛人) 등이 일제히 호소한 발괄[白活]⁴⁶⁾ 내용에, "우리 역 마위전답(馬位田畓)⁴⁷⁾은 처음 획급(劃給)⁴⁸⁾할 때, 원수(元數)가 부족하여 간신히 역역(驛役)을 맡기로 허락[對答]하였는데, 지난 경자년(1720, 숙종 40) 개량(改量)⁴⁹⁾ 때, 영향역(迎香驛) 마위전이 자못 많이 남았기 때문에 저희들이 여러 번 소장을 올려 영향역 여결(餘結)⁵⁰⁾을 획득하여 매년 세금을 거두고 타작하여 역역을 도왔습니다.

그런데 연향역 근처에 사는 양반 김명수(金溟壽)가 저희 상림역으로 이사를 하고 소송에서 이긴 뒤에 세금을 거두는 밭을 40여 마지기나 광점(廣占)⁵¹⁾하고 뽕나무와 잡목을 많이 심어 울타리를 만들었으며, 또 목화(木花)를 심어 사장(私庄)⁵²⁾으로 삼은 지가 여러 해가 되었는데도 마위전 화곡(禾穀)⁵³⁾은 하나도 공급하지 않으므로 부당하게 빼앗아 갔다는 뜻을 여러 번 언급하였지만, 끝까지 공급하지 않은 채 도리어 꾸짖고 구타하였으나 저희들은 감히 손을 쓸 수가 없었고 막중한 공전(公田)을 공공연하게 빼앗겼으니 매우 원통하옵니다. 관(官, 상주 진영)에서 사또님께 보고하고 추쇄하여 역민들의 갈급함을 구해주소서"라고 하였습니다.

또 연향역 역인들이 보고한 내용에, "우리 연향역 근처에 양반 김명수가 산소를 썼는데 저희 산소가 연향역 마위전 묵정밭에 있습니다. 그런데 그 산소 근처 전답 네 마지기를 대토(代土)⁵⁴⁾도 하지 않고 공공연하게 빼앗아서 나무를 길러서 산소를 지키거늘, 저희들이 역의 논밭은 사사로이 빼앗을 수 없다고 언급하였으나 주지 않을뿐더러 도리어 몽둥이찜질을 하였

---

46) 발괄[白活]: 사서민(士庶民)들이 관청에 올리는 소장(訴狀)·청원서·진정서인데, 소지(所志)라고 한다.
47) 마위전답(馬位田畓): 역말을 기르고 관리하는 데 드는 비용을 마련하기 위한 논밭이다.
48) 획급(劃給): 계획하여 나누어 주다.
49) 개량(改量): 전지(田地)의 변동이 있을 때, 그 면적과 과세(課稅)를 정리하기 위하여 다시 측량하다.
50) 여결(餘結): 실지로 경작(耕作)하는 면적이 토지 대장에 기재된 면적보다 많은 부분이다.
51) 광점(廣占): 정도 이상으로 넓게 토지를 점유하다.
52) 사장(私庄): 세금을 내지 않는 토지다.
53) 화곡(禾穀): 벼, 보리, 밀, 조 따위의 볏과 식물을 통틀어 이르는 말. 곡식.
54) 대토(代土): 남의 땅을 사용하고 대신 다른 땅을 주다. 또는 그 땅.

으니, 관에서 각별하게 사또님께 보고하여 받아내 주시옵소서"라고 하였습니다.

찰방이 감영에서 관아로 돌아올 때에 직접 살펴보니 과연 진정한 내용과 같았습니다. 당초 조정에서 논밭을 획급하여 역인들에게 준 뜻은 역민으로 하여금 힘써 일하여 등마를 기르고 역졸을 보존하여 전명하는 일을 위한 것이지 횡포한 양반이 사사로이 빼앗게 하려는 것이 아닙니다.

지금 김명수가 무슨 근거로 그런 짓을 하는지 모르겠지만, 국법을 무시하고 전명에 쓰이는 전답을 빼앗았으니 참으로 무엄합니다. 이런 사람을 만약 특별하게 처치하지 않는다면, 피폐하고 부족한 역졸을 보존할 수 없어 앞날의 폐단을 이루 다 말할 수가 없을 것입니다. 그러므로 이와 같이 첩보하오니, 사또께서 헤아리신 뒤에 각별한 관문으로 위의 김명수를 잡아들여 무단향곡(武斷鄕曲)⁵⁵⁾으로 공전을 빼앗은 죄를 다스리시어 쇠잔한 역의 역졸을 보존하는 터전으로 삼게 해 달라는 연유로 첩보하는 일.

제사. 매우 해괴하니, 우선 첩보한 사실을 엄히 조사하고 배관(背關)⁵⁶⁾하여 분부할 일.

9월 초9일

兼爲牒報事 所屬上林驛人等 齊訴白活內 其矣驛馬位田畓 當初劃給時 元數不足 艱以對答驛役是如乎 去庚子改量時 迎香驛馬位 頗多剩餘乙仍于 矣徒等累度呈訴乙仍于 劃得迎香餘結 每年良中 收稅打作 以供驛役矣

延香驛近處居兩班金溟壽 移居于矣徒等驛 訟事得決 收稅之田 廣占四十餘斗之地 多植桑木及雜木 以爲藩籬 又種木花 以爲私庄者多年 而同位田禾穀 一不備給 不當橫奪之意 累度言及 終不備給 反加叱責歐打 矣徒等莫敢下手 使莫重公田 公然見失 極爲冤痛 自官報使推得 以救驛民渴悶之急亦爲乎旀

延香驛人等所報內 矣驛近處 兩班金溟壽入葬 其矣山所 於矣驛馬位陳處是遣 其山所近處田畓四斗落只庫乙 不給代土 公然攘奪 養木收護是去乙 矣徒等以驛田畓不得私奪之意 言及是乎 則不惟不給 反加杖打是乎所 自官各別報使推給亦爲有臥乎所

察訪自營門還官時 親自看審 則果如所訴是如乎 當初朝家劃給田地 以給驛人之意 使其驛民 勤力其中 以爲等馬喂養及驛卒支保傳命之事 不欲使豪强兩班 私自橫奪之意

---

55) 무단향곡(武斷鄕曲): 시골의 권세가가 백성을 억압하고 수탈하다.
56) 배관(背關): 하급 관청의 보고문 뒤에 기록된 관문(關文)이다.

今也金溟壽 未知有何所據是乎喻 不顧國法 攘奪傳命之田畓 實爲無嚴 如此之人 若不別
樣處置 則疲殘驛卒 末由支吾 前頭之弊 不可勝言是乎等以 如是牒報爲去乎 道以參商教
是後 上項金溟壽 各別發關捉來 以治其武斷鄕曲橫奪公田之罪爲乎旀 以爲殘驛驛卒保存
之地 緣由牒報事

題 事極可駭 爲先嚴查牒報事 背關分付事

九月初九日

報監營草<06>
감영에 첩보하는 초안

겸찰방이 감영에 첩보하는 일.

선산 구화의 안곡·구미·영향·상림, 비안 구화의 안계, 예천 구화의 수산, 용궁 구화의
지보·대은, 상주 구화의 낙동 등 아홉 역의 역인들이 일제히 호소한 내용에, "저희 각 역은
고개 아래에 있습니다. 그러므로 처음 오는 크고 작은 별성을 오로지 저희가 담당하여 하삼
도(下三道)[57]로 나누어 보내기 때문에 밤낮으로 바쁘게 복역하는 상황은 말씀드리지 않아도
굽어 살피셨을 것입니다. 비록 풍년이 든 해라고 하더라도 늘 감당하기 어려움을 걱정하던
중에 올해는 가뭄으로 논밭의 곡식이 열매를 맺지 못하고 모두 말라비틀어졌습니다. 이제
서리가 내리는 계절을 맞았는데도 전혀 이삭이 패지 않았으니, 장차 추수할 희망이 없어져
다가올 앞날에 뿔뿔이 헤어져 흩어질 것이 틀림없습니다"라고 하였습니다.

이에 관에서 이런 사정을 감영에 논보하여 돈을 빌려 곡식을 사서 구활(救活)[58]하자고 하
였습니다. 그러므로 찰방이 두 번 감영에 갔고, 또 공문으로 보고하여 빌려주기를 청하였으

---

57) 하삼도(下三道): 경상도, 전라도, 충청도를 아울러 이르는 말이다.
58) 구활(救活): 목숨을 구하다.

나, 누차 흉년을 겪은 나머지 감영도 또한 재력이 부족하여 빌려줄 수가 없다는 뜻을 상세하게 언급하셨습니다.

그래서 또 군목(軍木)59)을 청득(請得)60)하여 곡식을 사서 구활하려는 뜻을 언급했더니 역인들의 말에, "군목 청득은 애초에 달라고 하지 않은 것보다 못합니다. 내년에 목화가 잘 여물지 안 여물지는 미리 알 수가 없고 또 폐단이 많으니, 돈을 빌려주기를 청득하여 구활하는 것만도 못합니다. 그러나 감영의 각 창고에는 모아 놓은 돈이 많을 것이니, 만약 구제하려는 뜻이 있다면 어찌 변통하는 방법이 없겠습니까? 새해가 되기 전에는 그런대로 버틸 수가 있겠으나, 새해가 된 뒤로는 도무지 수참과 응역을 감당할 형편이 만무합니다. 차라리 수참하다가 굶어 죽기보다는 관가에 등마를 끌어다 넣고, 바가지를 들고 빌어먹으면서 각자 삶을 도모하는 것이 더 나을 것이옵니다"라고 하였습니다.

그들의 형편을 들어 보고, 또 농사의 작황을 살펴보니 실로 할 말이 없습니다만, 제가 새로 부임한 지가 얼마 안 되었기 때문에 참으로 손을 쓸 길이 없습니다. 백성들의 하소연이 이처럼 불쌍하기 때문에 다시 치보하오니, 사또께서 참작하신 뒤에 감영 창고에 저축해 놓은 돈 400여 냥을 각별히 빌려주시어 역민을 보존하는 터전으로 삼게 해 주소서.

제사. 감영 창고에 남아 있는 돈은 10,000냥이 되지 않는다. 하물며 이미 이리저리 빌려주어서 남은 것이 거의 없고 거두어들일 날도 멀었다는 것을 전후로 상대하면서 이미 누누이 말했거늘 갑자기 400냥을 빌려 달라고 하니, 밖으로는 마치 역에 속한 자들에게 덕색(德色)61)을 보여주는 것 같으나, 안으로는 실로 영문에 원망을 돌리는 듯하니 그 의도를 모를 일.

9월 초10일

兼爲牒報事 善山仇火安谷仇味迎香上林 比安仇火安溪 呂泉仇火守山 龍宮仇火知保大隱 尙州仇火洛東等 九驛驛人等 齊聲呼訴內 矣徒各驛 處在嶺底 初到大少別星 專爲擔當 分派下三道是乎等 以晝夜奔走服役之狀 不言俯察 而雖逢樂歲 常患難勘之中 今年段因旱失稔 田畓各穀 盡爲枯損 當此迎霜之節 全不發穗 將無西成之望 前頭離散 必是

59) 군목(軍木): 군포(軍布). 곧 군적(軍籍)에 있는 사람들이 복역하는 대신 바치는 삼베와 무명이다.
60) 청득(請得): 어떤 일을 청하여 허락을 얻다.
61) 덕색(德色): 남에게 은혜를 베푼 것을 자랑하는 말이나 태도이다.

丁寧是如乎

自官以此意論報營門 貸得錢債 以爲貿穀救活亦爲有去乙 察訪以再往營門 且爲文報
有所請債 而累經凶荒之餘 營門亦爲財力匱乏 不得稱貸之意 詳細言及是乎乙遣

且以請得軍木 以爲貿穀救活之意言及 則其矣等言內軍木請得 初不如不請 明年木花
之實否 姑未預知 且多弊端 莫如請得錢債 以爲救活 而營門自多各庫留儲 若有救濟之意
則豈無變通之道乎 歲前則稍可支吾 而歲後則萬無守站應役之勢 寧爲守站而餓死 不若
牽納等馬於官家 持瓢丐乞 各自圖生之爲愈亦爲臥乎所

聞其情狀 且觀農形 則實爲無語 新到之初 實無措手之路 民訴如是矜惻是乎等以 更爲
馳報爲去乎 道以參商敎是後 各庫留儲錢四百餘兩 各別貸下 以爲驛民保存之地爲只爲

題 各庫留錢 不瀾萬餘兩 況已散貸殆盡 收捧尙遠之狀 前後相對 旣盡縷縷說及 卽忽
請四百兩許貸 殆若外示德色於驛屬 內實歸怨於營門者然 殊未可知向事

九月初十日

報巡營草 <07>
순영에 첩보하는 초안

겸찰방이 순영에 첩보하는 일.

당초 조정에서 논밭을 구획하여 역민에게 준 것은 역민들이 그곳에서 힘써 일하여 응역
(應役)을 보존하고자 하는 뜻이었습니다. 그러나 본역은 다른 역과 달라서 크고 작은 별성이
끊임없이 왕래하고 하인과 파발 역졸이 길 위에 늘어서기 때문에 농사에 전념할 수가 없고,
역장(驛長)과 마호(馬戶)62)가 연이어 별성에게 음식을 제공해야 하므로 항상 빌리는 형식으

---

62) 마호(馬戶): 각 역(驛)에서 역마를 맡아 기르던 사람이다.

로 빚을 지는 상황입니다. 매년 이렇기 때문에 형세를 감당할 수가 없게 되어 반드시 도지(賭地)⁶³⁾를 팔게 되니, 허다한 전답이 모조리 각 역 근처의 양반과 평민들에게 돌아가게 됩니다.

여론을 탐문해 보니 그 중에 포악한 양반이 혹 멋대로 빼앗아 농사를 짓거나 평민 중에 부유한 자가 싼값에 사고파는 버릇이 이미 관례처럼 되었습니다. 그러므로 피폐한 역졸들이 앞으로 닥칠 폐단은 생각하지 않고 잠시나마 눈앞의 이익을 생각하여 번번이 허락하니 조금도 손을 쓸 수가 없습니다. 그리고 근처의 양반과 부유한 자들이 해마다 악습을 따라 막중한 마위전을 민전(民田)⁶⁴⁾으로 만드니, 본역의 역졸들은 오래도록 굶주려 버틸 수가 없어서 뿔뿔이 흩어지게 되었으니, 장차 역참의 전명이 끊어지는 지경에 이르렀습니다.

지난 무신년(1728, 영조 4) 무렵에 박 사또가 도내를 안찰(按察)할 때에 이러한 폐단을 자세하게 알고서 장계(狀啓)를 올려 역 근처에 사는 양반들의 가옥을 헐어버리고 그들이 사사로이 매매한 논밭을 모조리 무가환퇴(無價還退)⁶⁵⁾하도록 청하였습니다. 또 분반타작(分半打作)⁶⁶⁾ 제도를 시행하여 역민에게 주었기 때문에 지금까지 전명하는 일이 보존된 것은 모두 박 사또가 도내를 안찰한 역량 때문입니다.

그러나 법이 오래되어 규칙이 느슨해지자 다시 이전의 습속이 일어나 양반과 평민들이 역민들과 함께 사사로이 서로 매매하고 빼앗는 폐단이 완연히 지난날과 같게 되었습니다. 비록 풍년이 든 해라도 전명을 중히 여기고 훗날의 폐단을 막는 방법에 있어서는 마땅히 논보하여 찾아서 돌려주어야 하는 일이거늘, 하물며 올해처럼 농사가 참혹하리만큼 나쁜 때에야 말해 무엇하겠습니까?

이와 같은 폐단은 엄중하게 막지 않을 수가 없기 때문에 며칠 전 찾아뵐 때 이미 상세하게 말씀드렸습니다. 역으로 돌아온 뒤에 각 역에 소속된 마위 전답을 별도로 조사하고 찾아내어 매매한 사람의 성명과 두락(斗落)⁶⁷⁾ 수의 형지(形止)⁶⁸⁾를 수정하여 책으로 만들어 감봉(監封)⁶⁹⁾하고 상사(上使)⁷⁰⁾하였으며, 마위전을 점거한 관청을 후록(後錄)⁷¹⁾하여 치보하오니,

---

63) 도지(賭地): 한 해 동안에 남의 논밭을 빌려서 부치고, 그 대가로 해마다 얼마씩 내기로 한 곡식이다.
64) 민전(民田): 민간 소유의 사유지다.
65) 무가환퇴(無價還退): 정확한 뜻을 알 수는 없으나, 규장각 문서나 몇 군데 용례로 미루어 보면, 원래 마위전이나 역전(驛田)은 말을 먹이고 역졸이 공무를 유지하도록 나라에서 획급(劃給)한 것이다. 이것을 직접 농사를 짓지 않고 일 년 치 도조(賭租)를 미리 받고 다른 이에게 경작을 시킨든지, 어떤 소작농이 농사를 지어 반으로 가르는 '분반타작'을 하였는데, 이것이 문란하여 근처 양반들이 도조를 조금 주고 빼앗다시피 해서 가로채게 되었고, 결국 상급 관청에서 전에 돈을 주었던 것을 무시하고 그냥 돌려주라고 압력을 넣는 것인 듯하다.
66) 분반타작(分半打作): 농지 소유자와 소작인이 수확물을 절반으로 나누는 것이다.
67) 두락(斗落): '마지기'를 말한다. 한 말의 볍씨를 뿌릴 만한 논의 넓이이다. 혹은 벼 4가마를 수확할 수 있는 면적을 일컫는데, 지방마다 차이가 있으며 보통 논의 경우에는 200평, 밭은 300평이 1마지기다.
68) 형지(形止): 사실의 자초지종 또는 일이 되어 가는 형편 및 그와 관계되는 도면(圖面) 등을 통틀어 일컫는 말이다.
69) 감봉(監封): 문서 따위의 내용을 감독하고 검사하여 밀봉하고 도장을 찍다.

사또께서 참작하신 뒤에 각별하게 관문을 내어 각 읍은 한결같이 전례에 의거하여 무가환퇴하고 분반타작하여 역민을 보존하는 터전이 되도록 분부하시고, 그들이 살 때 준 값은 역인들에게 침징(侵徵)[72]할 수 없다는 뜻을 또한 아울러 각 지방관에게 관문으로 분부해 달라는 연유로 첩보하옵는 일.

제사. 책자를 보니 일이 매우 해괴하다. 첩보가 합당하여 첩보대로 관문에 덧붙이니, 엄중하게 나무란 뒤에 빼앗은 땅을 돌려주도록 할 일.

9월 초10일

兼爲牒報事 當初朝家區劃田地 以給驛民者 盖欲勤力其中 以爲保存應役之意 而本驛異於他驛 大少別星 往來絡繹 僕夫撥卒 長立路上 不能服田力穡 驛長馬戶 連爲供饋 常在負債稱貸之中 每年如此 勢難堪當 則必賣睹地 許多田畓 盡歸於各驛近處兩班民人家是如乎

採問物議 則其中豪强兩班 或有橫奪作農是遣 平民富漢等 廉價買賣之習 已成規例 疲殘驛卒 不顧來頭之弊 暫懷目前之利 輒爲許諾 莫敢下手 於其近處兩班及富漢等 逐年因循 使莫重位畓 便作民田 同驛卒長在飢困 不能支吾 擧皆離散 將至絶站之境矣

去戊申年分 朴使道按道時 詳知此弊 有所狀請毀撤其驛近處所居兩班家舍 及其私相買賣田地 盡爲無價還退 又爲分半打作 以給驛民之故 至今保存傳命之事 皆是朴使道按道之力是如爲臥乎所

法久禁弛 復踵前習 兩班及民人等 與驛民私相買賣橫奪之弊 宛如昔日 雖當樂歲 其在重傳命杜後弊之道 事當論報推給 而況於今年年事孔慘之時乎

如許之弊 不可不嚴爲提防是乎等以 頃日現謁時 旣已詳細面稟爲有如乎 還驛後 所屬各驛馬位田畓 別爲搜括 買賣人姓名及斗數形止 修正成册 監封上使爲乎旀 及其馬位所居官後錄馳報爲去乎 道以參商敎是後 各別發關 分付各邑 一依前例 以爲無價還退 分半

---

70) 상사(上使): 하급 관청에서 상급 관청으로 글월을 올리는 것. 또 상급 관청이 하급 관청에 명하여 죄인을 잡아오게 하는 것도 상사라고 한다.
71) 후록(後錄): 글이 끝난 뒤에 다시 덧붙이는 기록이다.
72) 침징(侵徵): 위세를 부려 불법으로 남의 물건을 빼앗다.

打作 保存驛民之地爲乎旀 其所買本價 不得侵徵於驛人之意 亦爲一倂發關分付於各其
地方官事 緣由牒報爲臥乎事

題 成册捧上 事極可駭 所報得宜 依所報粘關 嚴飭使卽退給向事

九月初十日

報監營草 <08>
감영에 첩보하는 초안

겸찰방이 감영에 첩보하는 일.

본역 소속 상주 구화의 낙동 역리(驛吏) 신세필(申世必)과 선산 구화의 영향 역리 박상기
(朴尙己)와 선산 구화의 상림 역리 심걸아리(沈乞牙里)·이득세(李得世)·박봉이(朴奉伊)·
박승주(朴承柱) 등이 연명(聯名)한 등장(等狀)73) 내용에, "저희 선조는 본래 본역의 속역(屬
驛) 역리가 된 지가 오래되었습니다. 형지안(形止案)74)에 대대로 적혀 있으며, 역역을 담당
한 것이 얼마나 오래된 세월인지도 모르는데, 선산부에서 일없이 떠돌아다니는 한민(閑民)
이라고 여겨서 군역(軍役)에 충정(充定)75)시키고 끝내 탈하(頉下)76)하지 않으니 매우 원통하
옵니다. 이에 감히 일제히 하소연하오니, 군역에 충정시키지 않도록 감영에 논보하여 탈하
하여 주시옵소서"라고 하였습니다.

본역이 오래되어 각 식년(式年)77)의 형지안을 살펴보니, 등장에 들어 있는 자 중에 박승주

---

73) 등장(等狀): 여러 사람이 연명(連名)하여 관부(官府)에 올리는 소장(訴狀)이다.
74) 형지안(形止案): 어떤 물건의 형상 및 사건의 역사적 경과를 상세히 서술한 문서이다. 형지기(形止記)라고도 한
   다. 여기서는 역민들의 호적을 상세하게 적어 놓은 문서를 말한다.
75) 충정(充定): 다른 것을 가져다가 충당시켜 정하는 것. 군역 따위에 보충하여 정하다.
76) 탈하(頉下): 특별한 사정이나 탈로 인하여 대상에서 빼내다.
77) 식년(式年): 과거를 시행하는 시기로 정한 해이다. 곧 태세(太歲)가 자(子)·오(午)·묘(卯)·유(酉)가 드는 해인
   데, 이 해에는 호적도 조사하였다.

는 아버지와 할아버지가 모두 역리인 것이 명백하게 기록되어 있고, 그들의 신공(身貢)[78]도 매년마다 받아들여 경삼역(京三驛)[79]에 들어가서 사는 역리의 입거목(入居木)[80]과 삼등마를 개립(改立)[81]할 때 보충하는 밑천으로 삼았습니다.

선산읍에서 부역이 없는 한민처럼 여겨서 군역에 충정한 뒤에 끝까지 탈하지 않았으니 역인이 군역을 맡는 것은 규칙에도 어긋납니다. 또 한 몸에 두 가지 부역을 맡는 것은 실로 민망할 뿐만 아니라 각 읍에서 잇따라 모방하여 한 역의 역인을 다 뽑아가도 감히 누구냐고 묻지도 못하는 지경에 이른다면, 막중한 전명을 전달하는 중요한 곳에서 장차 역의 임무를 보존할 길이 없어질 것이기 때문에 감히 이처럼 첩보하옵니다. 사또께서 헤아리시어 위의 역리 박승주 등에게 충정된 군역을 취소하라는 뜻을 선산부에 따로 관문으로 분부하소서.

제사. 과연 역속(驛屬)[82]이 맞다면, 군역에 충정하는 것은 원망을 일으키기에 마땅하니, 오래된 문서와 형지안을 상고(相考)[83]하여 취소하라는 뜻을 배관하여 분부할 일.

9월 11일

兼爲牒報事 本驛所屬尙州仇火洛東驛吏申世必 善山仇火迎香驛吏朴尙己 同府仇火上林驛吏沈乞牙里李得世朴奉伊朴承柱等 聯名等狀內 矣徒等先祖 本以本驛屬驛吏久遠 形止案中 世世錄案 驛役對答者 不知其幾年之久是如乎 善山府敎是 以無故閑民樣 充定軍役 終不頉下爲臥乎所 極爲冤痛 敢此齊聲來訴爲白去乎 軍役勿侵次 論報營門頉下之地爲只爲 等狀是乎所

本驛上久遠 各式年形止案 流伊相考 則狀者朴承柱父與祖 俱是驛吏 明白載錄 其所身貢 每年良中收捧 以爲京三驛入居木及三等馬改立時 添補之資是如乎

善山邑以無役閑民樣 罷定軍役後 終不頉下是乎所 驛人軍役 有違事目是遣 一身兩役 誠甚悶慮叱分不喩 各邑鱗次效顰 以至於盡一驛 而莫敢誰何 則傳命重地 將無以保存驛

---

78) 신공(身貢): 노비가 신역(身役) 대신에 삼베나 무명, 모시, 쌀, 돈 따위로 납부하던 세금이다.
79) 경삼역(京三驛): 경기도에 있는 세 역인데, 어느 역인지는 알 수가 없다.
80) 입거목(入居木): 삼남 및 영동 지방의 각 역의 입마(人馬)를 경기감영에 立番하게 하였는데 경역의 침학이 심하여 폐지하는 대신에 입거목을 징수하여 경기 6역에 분급한 데서 유래. 원래 입거목은 주로 기역(畿驛)의 역마 고실(故失)에 따른 역마가를 보충하기 위하여 각 지방의 역민으로부터 징수하여 경기감영에 상납한 것을 말한다.
81) 개립(改立): 짐승을 죽게 하였거나 잃어버렸을 때에 대신할 짐승을 마련하다. 탑이나 기념물 따위를 고쳐 세우거나 다시 세우다. 여기서는 역마를 바꾸어 입마(立馬)하는 것이다.
82) 역속(驛屬): 역리와 역졸을 통틀어 이르던 말로 역인(驛人)이라고도 한다.
83) 상고(相考): 어떤 대상을 서로 비교하여 고찰하다.

役之路是乎等以 敢此牒報爲去乎 道以參商 上項驛吏朴承柱等 所定軍役 勿侵之意 善山
府良中 別關分付爲只爲

題 果是驛屬 則充定軍役 宜乎稱冤 久遠帳籍 及形止案相考 勿侵之意 背關分付向事

九月十一日

報統營草 <09>
통영(統營)[84]에 첩보하는 초안

겸찰방이 통영에 첩보하는 일.

지금 바로 접수된 관찰사의 관문 안의 비국(備局)[85]에서 밀봉한 관문 내용에, "무릇 모든
시급하게 진상(進上)하는 봉진(封進)[86]을 알리는 관문은 항상 동봉(同封)하여 부쳐 보냈는
데, 근래에 파발길의 지방관들이 곳곳에서 뜯어보아 피봉이 찢어지고 늦게 전달되는 것이
특히 심해져서 번번이 뜻밖의 일이 발생하게 되었으니 매우 해괴한 일이다.

관문을 보낼 때에 명령을 엄격하게 하지 않은 것이 아님에도 지금 비국과 내의원(內醫
院)[87]에서 보낸 관문이 지난달 27일 진시(辰時)에 유곡역에서 비국과 내의원의 관문이 합쳐
져서 이달 초이튿날 술시(戌時)에 비로소 통제영에 접수되었다. 내의원의 관문은 곧 '수라(水
剌)[88]에 쓸 반쯤 건조된 전복을 밤을 새워 봉진하라'는 내용인데, 그 파발 문서를 살펴보니
파발역 중에서 한두 시진(時辰)[89] 지체되었고, 심지어는 세 시진이나 늦어졌으니, 시급한 밀
봉 관문은 성화(星火)처럼 파발하라는 규칙을 통제영에서 전후로 명령한 뜻이 과연 어디에

---

84) 통영(統營): 삼도 통제사(三道統制使)의 군영(軍營)인 통제영(統制營)으로 1593년 한산도(閑山島)에 처음으로
    설치되었다가 1895년에 폐지되었다.
85) 비국(備局): 군무(軍務)와 국정(國政)을 맡아보는 관청으로 비변사(備邊司), 주사(籌司)라고도 한다.
86) 봉진(封進): 대전(大殿)에 진상하는 물건을 밀봉하여 올리는 것이다.
87) 내의원(內醫院): 조선조 때 궁중의 의약을 맡아보는 관청이다.
88) 수라(水剌): 임금께 올리는 진지이다.
89) 시진(時辰): 하루를 열두 개의 지지(地支)를 사용하여 구분한 것으로 1시진은 현재의 2시간과 같다.

있단 말인가?"라고 하였습니다.

이는 본 유곡역에서 엄격한 명령을 잘 전달하지 않은 소치가 아님이 없으니 매우 미편하옵니다. 이에 늦게 전달한 각 역의 지체한 시각을 아울러 관문 뒤에 기록하였고, 해당 역의 장리(長吏)[90] 등은 본 역으로 잡아들여 종중결곤(從重決棍)[91]하여 뒷날의 징계가 되도록 하는 내용을 즉시 보고하여 빙처(憑處)[92]할 근거로 삼았습니다.

그런데 이와 같이 분부한 뒤에도 곧바로 거행하지 않는다면, 마땅히 실색(實色)[93]인 이방 · 병방을 엄중하게 추궁하여 예사로 시행하지 않도록 하고, 각 해당 지방관이 관문을 뜯어보는 일을 본 역에서 각 역의 장리 등에게 각별하게 신칙하여 다시는 늦어지는 일이 생기는 폐단이 없도록 하라고 하였습니다. 관문 안의 내용을 자세하게 살펴보니 파발길의 각 역에 전명이 늦어지는 폐단이 있다고 하였는데, 이곳의 찰방으로 부임한 뒤로 관문 등의 일을 성화처럼 빨리 전달하라는 뜻을 거듭 거듭 타이른 것이 한두 번이 아니었습니다. 그러나 지금 지체함으로써 사단이 생긴 것은 황송함을 이실 수가 없사옵니다.

위에 언급한 덕통(德通)과 낙양(洛陽) 두 역의 장리를 급히 잡아들여 엄중하게 문초했더니 그들의 초사(招辭)[94] 내용에, "세 시진이나 지체된 이유는 관문 뒤에 이미 분명하게 적어 넣었으니, 저희가 어떻게 거짓으로 꾸며서 변명할 수 있겠습니까? 대체로 물자를 전해주고 받을 때에 저절로 그렇게 지체가 되었습니다"라고 납초(納招)[95]하였습니다.

그러므로 덕통역 장리는 곤장 20대, 낙양역 장리는 곤장 15대를 쳐서 이 뒤로 늦어지는 버릇을 징계하였고, 지방관이 뜯어보지 않도록 각별하고 엄중하게 명령하였으며, 그 나머지 파발길 소속 장리에게도 지방관이 뜯어보지 못하도록 각별하고 엄중하게 분부하였사옵니다. 이러한 사연을 첩보하오니 사또께서 헤아리시어 지시하소서.

제사. 접수했거니와 차후에 혹 다시 예전처럼 전명이 늦어지는 폐단이 있다면, 실색 이방 · 병방을 잡아들여서 엄중하게 추궁하고, 조금도 용서하지 않도록 각별하게 타일러서 다시는 사

---

90) 장리(長吏): 외관(外官)을 보좌하여 지방 행정의 말단을 담당한 향리(鄕吏)로써 외리(外吏) · 아전(衙前)이라고도 한다.
91) 종중결곤(從重決棍): 해당 죄율(罪律)의 범위 안에서 중한 쪽을 택하여 곤장으로 치는 형벌로 중곤(重棍)이라고 한다.
92) 빙처(憑處): 빙고(憑考)하여 처리하다. 빙고는 여러 가지 근거에 비추어 상세히 검토한다는 뜻이다.
93) 실색(實色): 실제로 임무를 맡은 색리(色吏)이다. 색리는 감영이나 고을의 관아에서 잡무를 맡아보는 아전(衙前)을 이르던 말이다.
94) 초사(招辭): 죄를 지은 사람이 저지른 죄를 자세히 진술하다. 또는 그 진술 내용. 공초(供招), 공사(供辭)라고도 한다.
95) 납초(納招): 죄인이 신문에 응하여 자기의 범죄사실을 자세히 말하다. 납사(納辭).

단을 일으키지 않도록 할 일.

10월 13일

兼爲牒報事 卽刻到付使關內 備局封關中 凡諸時急進上封進知委之關 每每同封付撥
而近來撥路地坊官 處處拆見 皮封裂破 以致稽傳特甚 輒必生事 極爲可駭

發關申飭 不趑嚴截是如乎 今此備局與內醫院關文 去月二十七日辰時 自幽谷同封 今
月初二日戌時 始爲到付營門 而內醫院卽水刺饌品所用半乾全鰒 罔夜封進之關是去乙
考見其撥文 則或留一二時 甚至於三時稽滯 時急封關火撥之規 營門前後申飭之意 果安
在哉

此莫非本驛不勤嚴飭之致 殊涉未妥 稽傳各驛 稽留時刻 幷以關後錄爲去乎 該驛長吏
等 自本驛捉致 從重決棍 以懲日後爲旀 形止卽報 以爲憑處之地爲乎矣

如是分付之後 不卽擧行 則當有實吏兵房重究之擧 除尋常施行爲旀 各該地坊官拆見
一款 自本驛各別嚴飭於各驛長吏等處 更無稽滯生事之弊向事關是置有亦 關內辭緣 詳
細考見 則所屬撥路各驛良中 致有稽留之弊是乎所 察訪到任之後 凡於關文等事 星火飛
傳之意 前後申飭 非止一再 而今有遲滯生事之端 不勝惶恐是乎等以

上項德通洛陽兩驛長吏等乙 急發猛差 捉來嚴問是乎 則其矣等招辭內 矣身等驛 三時
稽留之由 關文後錄中 旣已明白書塡 則矣等何可餙辭發明 而大凡傳與傳授之際 自然遲
滯是如 納招乙仍于

德通驛長吏段 決棍二十度是遺 洛陽驛長吏段 決棍十五度 以懲日後稽頑之習爲乎旀
地方官拆見一款 亦爲各別嚴飭爲乎旀 其餘撥路屬驛長吏等處 以此地坊官不得拆見之
意 亦爲各別嚴飭分付爲乎旀 緣由牒報爲去乎 道以參商行下事

題 到付爲在果 此後更或有如前稽傳之弊 則實吏兵房 拿致重究 斷不撓貸 各別嚴飭
俾無生事之弊向事

十月十三日

報監營草 ＜10＞
감영에 보고하는 초안

겸찰방이 감영에 첩보하는 일.

본역 소속 선산 상림역 역인 등이 호소한 내용 안에, "저희 역 마위전은 원수(元數)가 부족하여 역역(驛役)에 관계되는 모든 일에 대하여 늘 감당하기가 어려웠습니다. 지난 경자년96)에 다시 측량할 때 영향역 마위전의 여결(餘結)이 자못 많았기 때문에 저희들이 여러 번 호소문을 올려서 영향역의 여결을 획득하여 역역에 이바지한 지가 여러 해가 되었습니다.

영향역 근처에 사는 김명수(金溟壽)가 저희들이 구획하여 얻은 땅에 와서 살면서 40여 마지기를 광점하여 뽕나무와 과일 나무를 많이 심어서 울타리를 만들고, 또 목화를 심어 사장(私庄)으로 삼았으나 땅을 빌린 세금을 내지 않은 지가 여러 해입니다. 그러므로 이런 뜻을 본역에 올렸고, 본역에서는 그들이 호소한 뜻을 감영의 사또님 전에 보고드렸사온즉 사또님의 제사에, '거두어야 할 땅세를 사실대로 조사하여 속히 내어주라'고 전에 이미 배관하여 선산부에 분부하였습니다.

그런데 선산부에서 사정을 조사하려고 그들을 잡아와서 '빨리 빠짐없이 내주라'고 하니 김명수가 단지 4냥을 내어 색책(塞責)97)하였고, 나머지 40여 마지기의 세금은 끝내 내지 않았습니다. 땅세로 받을 값은 한 짐[卜]98)마다 일 전(一戔)씩, 40마지기의 땅세를 모두 합하면 10여 냥이나 되는데, 감영 제사의 본의(本意)도 무시하고 단지 4냥만 내었으니 너무나 터무니없는 짓이옵니다"라고 일제히 하소연을 하였습니다.

위의 김명수가 공전(公田)을 제멋대로 빼앗은 상황은 일전에 뵈올 때 이미 직접 말씀을 드렸거니와 막중한 공전을 사사로이 빼앗아서 개인의 농토로 삼고 땅세도 내지 않는 꼴은 극히 무엄합니다. 만약 특별하게 징계하여 다스리지 않는다면, 피폐하고 잔약한 역졸들이 세

---

96) 경자년: 경자년(1720, 숙종 46)에 경상·충청·전라도에서 양전(量田, 토지 조사)을 실시한 것을 가리킨다.
97) 색책(塞責): 책임을 면하려고 겉으로만 둘러대어 꾸미다.
98) 짐[卜]: 결부법(結負法)의 단위이다. 결부법은 수확량을 기준으로 토지의 등급을 매기고 면적을 측량하여 그 결과에 따라 조세의 액수를 정하던 제도이며, 기본 단위는 파(把, 줌)·속(束, 뭇)·부(負·卜, 짐)·결(結, 먹)로서 곡식단 한 줌을 1파, 10파를 1속, 10속을 1부 또는 1복, 100부를 1결이라고 하였다. 1결의 수확량은 토지 면적에 관계없이 항상 같은 것이 원칙이다.

도를 부리는 양반에게 땅세를 거둘 방법이 전혀 없으니, 선산부에서 징수하여 주라는 뜻으로 각별히 엄중한 관문으로 분부하소서.

마위전을 조사하여 찾아내는 일로 말씀드리면, 전후로 배관한 것이 한두 번이 아닌데도 근래 인심이 매우 미련하고 사나워 감영의 제사를 조금도 두려워하지 않고, 무가환퇴와 분반타작의 뜻은 생각하지도 않은 채 서로 남의 핑계만 대면서 수수방관하고 있습니다. 본역에서 심부름 간 차사가 여러 번 독촉하면 양반과 마을 사람들이 말하기를, "처음 낸 값을 마땅히 계산하고 난 뒤에 절반씩 나누어 내겠다."고 운운하기 때문에 땅세 징수차 보낸 지가 이미 여러 달이 되도록 아직까지 결말을 내지 못하였습니다.

당초에 감영에 마위전을 수색하여 찾아내는 일을 첩보한 것은 대개 뒷날에 마을 사람과 역민들이 싼값으로 서로 사사로이 땅을 매매하는 법을 금지하려고 한 것이고, 또 땅세를 거두어들여서 내년 봄에 등마와 파발꾼을 먹여 살리려고 한 의도거늘, 지금 각 읍의 백성들이 한갓 시악(恃惡)[99]만 알고 관청의 명령을 따르지 않으니, 유곡역의 찰방 형편으로는 세금을 거두어들일 방법이 만무하므로 그들이 거주하는 읍을 관문 뒤에 기록하여 치보하오니, 사또께서 헤아리신 뒤에 관문을 발송하여 엄중하게 가두고 무겁게 다스려서 관문 뒤에 기록하지 않은 사람들에게서도 일일이 잘 거두어들일 수 있도록 징계하라는 뜻을 각별하게 시행할 일.

제사. 선산의 김가가 끝끝내 법대로 내지 않았고, 각 읍의 토호들이 절반씩 나누어 낼 뜻도 없다는 것은 대단히 해괴하다. 함께 엄중하게 다스려 거두어들인다는 뜻을 배관하여 분부하고, 각 읍의 해당 아전들은 앞으로 잡아다가 다스릴 차례를 다시 자세히 살필 것이니, 우선은 부과(附過)[100]할 일.

11월 초7일

兼爲牒報事 所屬上林驛驛人等呼訴內 矣驛馬位 元數不足 凡干驛役 每難勘當矣 去庚子年改量時 迎香驛馬位 頗多餘結乙仍于 矣徒等累度呈訴 劃得迎香餘結 以供驛役者 累年是如乎

迎香近處居金溟壽 來居于矣等劃得之地 廣占四十餘斗落只 多植桑木及果木 以爲藩

---

99) 시악(恃惡): 자기의 모질고 악한 성미를 믿고 버티다.
100) 부과(附過): 관원·군병이 공무상 과실을 범했을 때에 곧 처벌하지 않고 관원 명부에 적어 두던 일이다.

籬 且種木花 以爲私庄 而不給稅價者 已多年所是乎等以 以此意呈于本驛 則以矣等呼訴
之意 報于使道主前是乎 則題辭內 同收稅之價 從實查處 斯速出給 亦前已背關 分付于
善山府是如乎

本府招問委折次捉來 從速備給事言及 則金溟壽只以四兩錢 塞責以給是遣 其餘四十
斗落只稅價 終不備給爲臥乎所 收稅之價 每卜錢壹戔 而通計四十斗稅價 則將至十餘兩
是去乙 不顧營門題辭本意 只給四兩 極爲無據是如 齊訴爲有如乎

上項金溟壽 橫奪公田之狀 前日現謁時 旣已面稟爲有在果 莫重公田 私自攘奪 以爲
私庄 而不給稅價之狀 極爲無嚴 若無別樣懲治 則以疲殘驛卒 萬無徵稅於有勢兩班之理
是乎所 善山府良中 收捧懲捧之意 各別嚴關分付爲乎旀

以馬位搜括事言之 前後背關 非至一再 而近來人心 極爲頑悍 營門題辭 小無懲畏 不
思無償還退分半打作之意 互相稱托 袖手觀望爲臥乎所 本驛差使 累度催促 則兩班及村
民等言內 當推本價後 半分出給云云乙仍于 收捧次出送 已至累月 尙無決末是乎所

當初報營門搜括之舉 盖出於禁日後村民與驛民 以廉價私相買賣之法是遣 又欲懲稅
以爲明春等馬撥卒救活之意是去乙 今也各邑民人等 徒知恃惡 不遵官令 以察訪之勢 萬
無收捧之理 其矣等所居之邑 後錄馳報爲去乎 道以參商教是後 發關嚴囚重治 以懲他人
一一收捧之意 各別行下事

題 善山金哥之終不准給 各邑土豪之無意半分 萬分可駭 并只嚴治徵給之意 背關分付
爲旀 各邑該吏 更觀前頭拿治次 爲先附過向事

十一月初七日

報監營草 <11>
감영에 첩보하는 초안

겸찰방이 감영에 첩보하는 일.

본역은 조령 밑의 인후지지(咽喉之地)[101]에 자리잡고 있어서 크고 작은 사신과 별성 왕래 행차가 이 길을 지나가지 않음이 없어서 관개(冠蓋)[102]가 서로 이어질 정도로 인마가 길에 즐비하기 때문에 이미 온 도내에서 어떤 역보다 더 힘든 역이 되었습니다. 요성(聊城)과 소계 (召溪)에서 일곱 개 역까지는 좌병영(左兵營)[103]에서 진상하는 직로(直路)[104]이고, 또 동래 직로(東萊直路)로 통하기 때문에 역관(譯官) 및 경각사(京各司)[105]에서 초료(草料)[106]를 가진 사람들이 끊임없이 이어지니, 각 역에서 감당하기 어려운 폐단은 이루 말로 다 할 수가 없습니다.

그런데 며칠 전에 금부나장(禁府羅將)[107] 김국형(金國亨)이 영천(永川) 땅에서 전 청양현감 (靑陽縣監) 정권(鄭權)을 잡아 오는 일로 왕래할 때, 비안 구화의 쌍계역에 도착했는데, 타고 갈 말이 작다는 핑계로 역장을 채찍으로 때리고 대마(大馬)를 요구하자 무식한 역장이 구타에 겁을 먹고 나장이 시키는 대로 부득이하게 대마를 내어주었습니다.

크고 작은 공식 행차에 타는 말은 저절로 등급이 있고, 초료에 따라 음식을 제공하는 것도 정해진 수효가 있거늘, 위의 김국형은 마필의 등급도 알지 못하고 대마를 내어놓으라고 위협하였으니 이는 국법을 살피지 않은 것입니다. 이런 일이 한 번 시작되면, 뒷날의 폐단을 막기가 어려우니 참으로 한심합니다. 그러므로 이러한 연유를 첩보하오니 사또께서 참작하신 뒤에 이처럼 법을 어기는 무리를 법에 따라 처치하여 뒷날의 폐단을 막으소서.

---

101) 인후지지(咽喉之地): 목구멍과 같은 땅. 매우 중요한 길목의 땅을 비유적으로 이르는 말이다.
102) 관개(冠蓋): 높은 벼슬아치가 머리에 쓰던 관과 해를 가리던 일산(日傘)을 통틀어 이르던 말이다.
103) 좌병영(左兵營): 경상좌도 울산에 있었던 병마절도사(兵馬節度使)의 주둔 병영인 경상 좌병영이다.
104) 직로(直路): 곧은 길, 직접 통하는 길이다. 또는 서울에서 부산·의주에 이르는 큰길이다.
105) 경각사(京各司): 서울에 있는 관아를 통틀어 이르던 말. 경사(京司)라고도 한다.
106) 초료(草料): 관원(官員)이 공무로 여행할 때, 경유하는 길의 각 관(官)과 역참(驛站)에 대하여 마필(馬匹)과 숙식 등의 제공을 명령하는 문서이다.
107) 금부나장(禁府羅將): 의금부(義禁府)에 속하여 죄인을 문초할 때에 매질하는 일과 귀양 가는 죄인을 압송하는 일을 맡아보던 하급 관리이다.

제사. 일이 매우 해괴하나, 장문(狀聞)[108]하기에는 너무 자질구레한 일이니 마땅히 비국에 보고하여 엄중하게 처리하도록 할 일.

11월 13일

兼爲牒報事 本驛處在嶺底咽喉之地 大少使星往來之行 無不由是路 冠蓋相望 人馬長 立路上 已爲一道偏苦之驛是乎所 自聊城召溪 至七驛段 係是左兵營進上直路 而又通東 萊直路乙仍于 譯官及京各司 持草料者 連續不絶 各驛難堪之弊 不可勝言

而頃日良中 禁府羅將金國亨亦 永川地前靑陽縣監鄭權拿來事往來時 行到比安仇火 雙溪驛 稱以騎馬体少 鞭扑驛長 責騎大馬 無識驛長 怵於歐打 曲循其意 不得已出給大 馬是如爲臥乎所

大少公行 所騎馬匹 自有等級 供饋草料 亦有定數 而上項金國亨段 不知馬匹之等級 脅騎大馬 不顧國法是乎所 此路一開 後弊難防 誠爲寒心是乎等以 緣由牒報爲去乎 道以 參商敎是後 如許冒法之類 依律處置 以杜日後之弊爲只爲

題 事極可駭 而狀聞則亦涉細瑣 當爲報備局 重處向事

十一月十三日

---

108) 장문(狀聞): 장계(狀啓)를 올려 임금에게 아뢰던 일, 또는 그 글이다.

報統營草 <12>
통영에 첩보하는 초안

겸찰방이 통영에 첩보하는 일.

전부터 통영과 우병영(右兵營)[109]에 가는 비변사의 시급한 조보(朝報)[110]가 한꺼번에 왔으므로 본역에서 봉인을 하고 파발 문서를 만들어서 차례차례 밤낮을 가리지 않고 보냈습니다.

이달 초팔일 유시(酉時) 경에는 우병영에 가는 조보만 본역에 왔고, 통영에 가는 조보는 오지 않았으니, 일이 매우 해괴하여 본역의 위쪽에 있는 견탄(犬灘)[111]과 문경(聞慶) 역참의 파발장(擺撥將) 등에게 통영에 가는 조보가 오지 않은 이유를 상세하게 캐어물었더니 저들이 진술한 내용에, "조령 위에 있는 역참에서 보내오지 않았으므로 본역으로 전달할 수가 없었습니다"라고 하였습니다.

이런 사실을 통영 영문에 급하게 알려야 하는데, 이달 초이렛날에 본 찰방이 역졸을 진휼할 물자를 청하는 일로 순영에 갔다가 미처 돌아오지 못했기 때문에 빨리 보고할 수가 없었습니다. 12일에 본역에 돌아오니 역참을 지키는 하리(下吏)[112]들이 통영에 가는 조보 한 통이 오지 않았다고 보고하므로 놀라움을 이기지 못하여 나중에 참고하기 위하여 그들이 진술한 내용과 전후 사실을 상세하게 첩보하는 일.

제사. 지난달 24일 이후 조보가 이달 17일이 되어도 끝내 도착하지 않았으니 매우 해괴한

---

109) 우병영(右兵營): 경상우도(慶尙右道) 병마절도사(兵馬節度使)가 주재하는 병영(兵營)인데, 대체로 진주(晉州)에 두었다.

110) 조보(朝報): 조선 시대 관보(官報)로 조정의 소식 또는 조정에서 내는 신문이라는 뜻이다. 기별(奇別) · 조지(朝紙) · 저보(邸報) · 난보(爛報) 등으로도 불렸다. 조보 발행 절차는 승정원(承政院)이나 비변사에서 국가 통치상 필요한 사건들에 대한 소식을 취사 선택해 그 자료들을 산하 기관인 조보소에 내려보내면 조보소에서 이들을 발표하였다. 발표된 소식은 각 관청이나 기관으로부터 파견된 서리나 기별서리(寄別書吏)들이 그곳에 와서 베껴 써서 각자의 기관으로 발송하였는데, 그렇게 베낀 것이 조보이다.

111) 견탄(犬灘): 견탄은 경북 문경시 호계면(虎溪面)에 있는 지명으로 견탄 나루가 있었다. 서울에서 내려와 조령에서 유곡으로 가려면 영강(潁江)을 건너야 하는데, 영강을 건너는 곳이 견탄이다.

112) 하리(下吏): 관아에 속하여 말단 행정 실무에 종사하던 구실아치이다. 이서(吏胥), 서리(胥吏), 아전(衙前).

일이다. 그러므로 막 각 역에 캐어물어서 별도로 처리하려고 할 즈음에 24일부터 초닷샛날까지의 조보 두 통이 어제 저녁에 한꺼번에 도착했는데, 24일부터 29일까지의 조보는 종이의 품질이 보잘것없고, 또 비국 서리(書吏)[113]의 필적이 아니다.

이는 필시 조령 이하에서 본역에 이르는 문경과 견탄 두 역참 중에서 중간에 잃어버리고 고쳐 써서 보내었으니, 이런 일이 생긴 놀라움은 이보다 더 심한 것이 없다. 경사에서 보내는 관문은 매양 동봉해서 오는 것이 많은데, 만약 혹시라도 잃어버린다면 장차 반드시 큰일이 생기는 단초가 있게 되고, 지금 이곳에 첩보한 내용 중에 '조사하여 심문하였습니다'라고 한 것도 그 이유를 알아내지 못하였으나, 나중에 일어날 잘못을 징계하는 도리에 있어서는 조사하여 처리하는 방도가 없어서는 안 된다. 그간의 곡절과 경사의 관문에 동봉했는지 안 했는지를 빨리 조사하고 보고하여 사건을 처리하는 데 참고가 되게 할 일.

11월 12일

兼爲牒報事 自前良中 統營右兵營呈 備邊司時急朝報 一時來到是乎 則自本驛 加封成撥文 次次星火飛傳是如乎

今月初八日酉時量 右兵營了朝報叱分 來到本驛 而統營呈朝報 不爲來到是乎所 事極驚駭 本驛上站 犬灘聞慶兩站撥將等處 統營呈朝報 不來之由 詳細推問 則其矣等招辭內 嶺上站不爲來傳乙仍于 不得傳致於本驛是如 納招是乎所事

當以此意 急報營門是乎矣 今月初七日 察訪以驛卒賑資得請事 往于巡營 未及回還乙仍于 未及馳報矣 十二日還驛 則守官下吏等 統營呈朝報一度不來是如 有所陳告乙仍于 不勝驚駭 後考次 捧招之狀及前後事實 詳細牒報事

題 去月二十四日以後朝報 今十七日至 終不來到 故事甚怪駭 方欲查問各驛 別樣處置之際 自二十四日以後初五日至 朝報兩度 昨日夕時 一時來納是乎矣 自二十四日二十九日至朝報 紙旣劣薄 且非備局書吏之筆迹是乎所

此必是鳥嶺以下 本驛至二站中闕失 改書以送之 致事之駭然 莫此爲甚是於 京司關文 每多同封以來是如乎 若或闕失 則將必有生事之端是遣 今此所報中 查問云者 未知其由

---

113) 서리(書吏): 조선 시대에 중앙 관아에 속하여 문서의 기록과 관리를 맡아보던 하급 구실아치이다.

其在懲後之道 不可無查處之道 其間曲析及京關有無 星火查報 以爲憑處之地向事

十一月十二日

報統營草 <13>
통영에 첩보하는 초안

겸찰방이 통영에 사보(査報)[114]하는 일.

근래에 비국의 조보 한 통이 원래 도착하지 않은 사건을 첩보하였는데, 서목(書目)[115]에 대한 판결문 내용에, "조령 이하에서 본역에 이르는 두 역참 중 중간에 잃어버리고 고쳐 써서 보내었으니, 이런 일이 생긴 놀라움은 이보다 더 심한 것이 없다. 경사에서 보내는 관문은 매양 동봉해서 오는 것이 많은데, 만약 혹시라도 잃어버린다면 장차 반드시 큰일이 생기는 단초가 있게 되고, 지금 이곳에 첩보한 내용 중에 '조사하여 심문하였습니다'라고 한 것도 그 이유를 알아내지 못하였으나, 나중에 일어날 잘못을 징계하는 도리에 있어서는 조사하여 처리하는 방도가 없어서는 안 된다. 그간의 곡절과 경사의 관문에 동봉했는지 안 했는지 빨리 조사하여 보고하라"라고 하였습니다.

그러므로 조령 아래의 문경과 견탄 두 역참의 발장 등에게 사람을 보내어 잡아들이고 그 곡절을 캐어물었는데, 문경 역참 파발장이 말한 내용에, "이달 초이렛날에 각처의 조보가 한꺼번에 도착했으나, 통영에 보낼 조보는 원래 오지 않았습니다"라고 하였기 때문에 제가 바로 상주 진영에 아뢰었습니다. 그리고 조령 파발꾼을 붙잡아 와서 뒤에 참고하기 위하여 봉초(捧招)[116]를 받고, 그 진술서는 바로 바쳤는데, 견탄 역참 파발장이 말한 내용에, "위쪽에

---

114) 사보(査報): 사건의 경위를 조사하여 보고하다.
115) 서목(書目): 상급 관청에 올리는 보고서에 첨부하는 문서로서 보고서의 요지를 쓴 것인데, 감사의 처분을 받은 뒤에 하급 관청에 돌려주고 원장(原狀)은 감영에 두었다.
116) 봉초(捧招): 죄인을 문초하여 구두로 진술을 받던 일이다. 죄인을 신문하는 것을 취초(取招), 두 번 이상 신문하는 것을 갱초(更招), 죄상을 사실대로 진술하는 것을 직초(直招), 신문에 대해 구술로 답변한 내용을 공사(供辭) 또는 초사(招辭)라 하고, 죄인에 대한 신문과 답변을 통틀어 공초(供招)라고 한다.

있는 역참에서 전달해 오지 않았기 때문에 저도 전달하지 못했습니다"라고 하였습니다.

지금 두 역참 파발장이 아뢴 것과 그들이 봉초한 내용을 살펴보면, 당초에 전달되지 않은 사건은 경기도와 공홍도(公洪道)[117]에서 전달하지 않았기 때문이요, 원래 두 역참에서 잃어버려서 그렇게 된 것이 아니니 특별히 벌을 줄 이유가 없고, 당초부터 오지 않았다면 경사의 관문이 있었는지 없었는지도 마땅히 물어볼 바가 아닙니다. 그러므로 문경과 견탄 파발장에게 받은 고음(侤音)[118]을 감봉(監封)[119]하여 올려보냈사오니, 사또께서 참작하신 뒤에 뒷날에 빙고(憑考)할 수 있도록 두 사람의 봉초 기록을 도로 내려 보내주라는 연유로 첩보하는 일.

제사. 앞날에 빙고하기 위하여 접수하였거니와 차후로는 낱낱이 모두 엄중하게 타일러서 중간에 잃어버리는 폐단이 없도록 할 것이며, 봉초 기록은 도로 내려보낼 일.

11월 29일

兼爲査報事 頃以備局朝報壹度 元不來到事牒報爲有如乎 書目題辭內 鳥嶺以下 本驛至二站中 中間闕失 改書以送之 致事之駭然 莫此爲甚是旀 京司關文 每多同封以來是如乎 若或闕先 則將必有生事之端是遺 今此所報中 査問云者 未知其由 其在懲後之道 不可無査處之道 其間曲折及京關同封有無 星火査報亦敎是乎等以

鳥嶺以下 聞慶犬灘兩站撥將等 發差捉來 推問其曲折是乎 則聞慶站撥將言內 今月初七日 各處朝報封 一時來到 而統營呈朝報 元不來到 故矣身卽爲告官 推捉鳥嶺撥軍 後考次捧招是如乎 同招辭現納爲乎旀 犬灘站撥將言內 自上站不爲傳致 故矣身果無傳致事是如爲臥乎所

今觀兩站撥將所告 及其矣捧招辭意 則當初不來之事 自京畿公洪道 不傳之致 元非兩站闕先之致 則別無可罪之端 而當初不來 則京關有無 非所當問 故兩漢處 前後侤音 監封上送爲去乎 道以參商敎是後 日後憑考次 兩漢捧招記 還爲下送緣由牒報事

---

117) 공홍도(公洪道): 충청도의 별칭이다. 충청도의 별칭은 이밖에도 하남도(河南道)·양광도(楊廣道)·공청도(公淸道)·충홍도(忠洪道)·홍충도(洪忠道) 등이 있다.
118) 고음(侤音): 이두로서 '다짐'이라고 읽는다. 관에 대하여 다짐, 즉 맹세나 증언하는 내용이다.
119) 감봉(監封): 내용을 감사하여 봉인(封印)하는 것이다.

題 前頭憑考次到付爲在果 此後段這這嚴飭 俾無中間闊失之弊爲旀 捧招記還下送向事

十一月二十九日

報監營草 <14>
감영에 첩보하는 초안

겸찰방이 감영에 첩보하는 일.

역참의 토지는 사사로이 서로 매매할 수가 없다는 것은 분명하게 법에 있으므로 7~8년 전에 감영에서 무가환퇴하여 내어주었으니, 마땅히 그 일을 받들어 시행하는 데에 딴 짓을 할 겨를이 없어야 합니다. 그러나 각 읍의 토호들이 그만두어야 할 줄을 모르고 오히려 과거 버릇대로 백성들을 협박하여 농토를 빼앗아 경작하므로 막중한 전명을 수행하는 역졸들로 하여금 감히 손을 쓸 수 없게 하여 장차 전명을 보존하기 어려운 지경에 이르게 되었기 때문에 누차 첩보하고 각 읍에 엄중한 관문을 보내어 무가환퇴하고 분반타작하게 하였습니다.

이 법이 일제히 시행되면 뒷날의 폐단을 막을 수 있습니다만, 곡식의 경우에는 농사가 매우 흉년이어서 말로는 비록 절반으로 나눈다고 하나 실제는 삼분의 일에도 미치지 못하기 때문에 당초에 조사하여 찾아낼 때 전답의 마지기 수를 책으로 만들어 이미 보고하였습니다.

책 중에 이른 바 '장위답(長位畓)'[120]은 곧 역장 등이 매년 돌아가면서 차지하고 담당하여 오가는 길손과 크고 작은 역역(驛役)에 수응(酬應)하는 자본으로 삼는 것이므로 공용(公用)과 같습니다. 그러나 만약 전부를 절반으로 나누게 되면 뒤에 역장이 되는 자는 참으로 난감한 형편이 되므로 부득불 잠시 처리를 미루었고, 그 나머지 사사로이 서로 매매한 논을 찾아내어 타작한다면, 본역과 각 역에서 받을 곡식은 겨우 104섬 10말입니다.

대개 금년 농사는 참으로 혈농(穴農)[121] 중의 혈농입니다. 비록 초실(稍實)[122]한 역이 있다

---

120) 장위답(長位畓): 역참의 역장(驛長)에게 지급된 전지인데, 공수위전(公須位田)과 함께 그 전지의 수조권(收租權)을 행사하는 각자수세전(各自收稅田)이다.

고 하더라도 대체로 보면 흉년을 면하지 못하였습니다. 그들 역참의 전답에서 수확한 곡식은 마땅히 해당 역에 나눠주어야 합니다만, 그 중에 우심(尤甚)한 역을 만약 특별하게 돌보아주지 않는다면, 틀림없이 굶주리게 되어 앞으로 전명하는 절차가 매우 걱정이 됩니다. 그러므로 토지에서 생산한 것 전부 중에 절반은 해당 역에 주어서 역역에 이바지하도록 하고, 나머지 절반을 우심한 역으로 옮겨서 구활하는 것으로 삼는다면, 우심한 역도 그 역참에서 수확한 곡식 외에 또 옮긴 곡식을 받게 되니 거의 버틸 수가 있을 것입니다.

근래에는 인심이 매우 아름답지 못하여 간혹 그 역의 토지에서 난 곡식을 다른 역에 준다는 원망이 없지 않습니다. 각각의 역에서 수확한 곡식의 수량이 얼마나 되는지 모자라고 남는 것을 참작하여 차례차례 실어다가 나누어 준다면 일이 매우 합당할 것입니다만, 감히 제 마음대로 할 수는 없습니다. 그 가운데 속역 중에서 우우심(尤尤甚)·우심(尤甚)·지차(之次)로 등급을 나누고 옮겨서 공급하려는 뜻으로 책을 만들어 치보하옵니다.

또 내년에 보리가 살 익을시 잃을시는 미디 일 수게 없습니다. 지금 생산한 104섬 10말 중에서 50여 섬을 한편으로는 절반을 창고에 저장하여 두라는 예규(例規)에 따라 유치해 두었다가 내년의 형편이 어떨지를 살펴볼는지, 한편으로는 지금 전부 나누어 줄 것인지를 사또께서 헤아리신 뒤에 한 가지를 지정하여 지시해 달라는 일로 치보하옵는 일.

제사. 책을 받았으니 첩보한 바에 따라 절반을 먼저 나누어 줄 일.

12월 17일

兼爲牒報事 驛田地不得私相賣買 明有定式 七八年前 自營門亦以無價還退推給 則事當奉行之不暇 而各邑土豪輩 不知禁戢 猶踵前習 脅勒少民 攘奪耕食 使莫重傳命之卒 不敢下手 將至難保之境乙仍于 累度稟報 嚴關各邑 以至無價還退分半打作之地是如乎

此法一行 後弊可防 而至於禾穀 則以稽事之孔慘 名雖半分 而實未滿三分之一是乎所當初搜括時 田畓斗數 則修成册 既已稟報是在果

成册中所謂長位畓 卽驛長等 每年輪回次知擔當 以供往來行客及大小驛役酬應之資 則類同公用 而若爲一倂半分 則後當驛長者 實爲難堪之端 故不得不安徐是乎旀 其餘私

---

121) 혈농(穴農): 작황(作況)이 고르지 못하여 지역에 따라 풍작과 흉작이 엇갈린 농사이다.
122) 초실(稍實): 농사 작황을 나눈 등급이다. 기본적으로 곡식이 조금 잘 익은 초실(稍實), 다음의 지차(之次), 익지 않은 우심(尤甚)의 세 등급으로 나눈다.

相買賣之畓 搜括打作 則本各驛 所捧禾穀 菫至壹百肆石拾斗是乎所

　大槩今年年事 實爲穴農之穴農 而雖有稍實之驛是良置 原其大体 則未免凶歉 其矣驛田畓 所得禾穀 事當分給該驛是乎矣 其中尤甚驛 若無別樣顧恤 則飢餓丁寧 前頭傳命之節 極爲可慮乙仍于 欲爲一從土地所出 半給該驛 以供驛役是遣 半移尤甚之驛 以爲救活則尤甚之驛段 其驛所得禾穀外 又有移粟添給 則庶可支吾是乎矣

　近來人心 極爲不淑 或不無其驛土地所出禾穀 移給他驛之怨是乎所 各其驛所出禾穀石數多少中 參酌損益 次次輪運分給 事合便當是乎矣 不敢擅便 其中屬驛中 尤尤甚尤甚之次驛 分等移給之意 玆以修成冊 馳報爲乎旀

　且明年车麥實否 姑未預知 今所得壹百肆石拾斗中 伍拾餘石乙 一依折半留庫例留置觀勢未知何如是乎乙喻 一倂盡爲分給是乎乙喻 道以參商敎是後 指一行下事馳報事

　題 成冊捧上 依所報 折半先爲分給事

十二月十七日

報監營草 <15>
감영에 첩보하는 초안

　감영에 첩보하는 일.

　본역 마위 전답을 경자년(1720)에 다시 측량한 뒤로 민전(民田)과 땅이 닿은 곳이 점점 할경(割耕)[123]이 되었습니다. 만약 경계를 바르게 정하지 않는다면, 막중한 공전이 장차 다 없어지게 될 것이니 그 폐단이 작지 않습니다. 그러므로 다시 측량하여 경계를 정하는 일을 며칠 전 찾아뵐 때 직접 아뢰었는데, 지금 막 문경현에 이문(移文)[124]하여 중장(中帳)[125]과 양

---

123) 할경(割耕): 이웃한 남의 논밭을 침범하여 경작하다.

척(量尺)[126]을 가지고 와서 측량할 즈음에 비안 구화의 쌍계역 역인들이 이런 일이 있다는 것을 듣고서 그들 역의 마위전 할경이 매우 많다고 하면서 다시 측량하여 경계를 정해 달라고 문장(文狀)[127]하였습니다. 이 때문에 우선 색리(色吏)를 정하고, 중장과 양척을 내어준다는 뜻을 비안현에 이문하였으며, 유곡역과 쌍계역의 마위 전답 전체를 측량하여 경계를 정하려고 찰방이 직접 살피고 검사하겠다는 연유를 첩보하옵는 일.

제사. 접수함.

무오년(1738, 영조 14) 정월 24일

爲牒報事 本驛馬位田畓 庚子改量後 民田接壤之處 漸次割耕 若不釐正定界 則莫重公田 將至盡失 其弊不些乙仍于 改量定境界事 頃日塊詢時 有所面禀爲有如于 今力移文本縣 中帳及量尺持來 尺量之際 比安仇火雙溪驛人等 聞有此事 其驛馬位割耕甚多是如 改量定界次 文狀爲有等以 爲先定色吏 中帳及量尺出給之意 移文比安縣爲乎旀 兩驛馬位田畓一體 打量定境界次 察訪親自看檢 緣由牒報事

題 到付

戊午正月二十四日

報監營草 <16>
감영에 첩보하는 초안

감영에 첩보하는 일.

이번에 칙사(勅使)가 나올 때, 영접 도감(迎接都監)[128]에서 재인(才人)[129]을 인솔하여 인계시키기 위한 임시 관원을 차출하라는 관문이 어제 왔습니다만, 그 칙사가 압록강을 건너서 왔는지의 여부와 도성으로 들어오는 날짜가 정확하게 언제쯤인지를 알지 못하여 우선 각 읍의 재인들에게 와서 기다리게 하지 않았습니다. 이 일은 마땅히 모든 재인을 전부 점고한 뒤에 인솔하여 출발시켜야 하오나, 관문의 내용을 보면 빨리 밤을 새워 서울로 올려보내고, 기한에 맞추어 인솔하여 인계시키라는 뜻이었습니다. 그러므로 오랫동안 머물러서 기다리게 할 수가 없어 당일에 출발시킨다는 연유를 첩보하옵는 일.

제사. 접수하였거니와 칙사 행차가 서울에 들어온 것이 아마도 이달 15일에서 20일 사이인 것 같다고 하니, 상고하여 시행할 일.

정월 28일

爲牒報事 今此勅使出來時 迎接都監 才人領付次 差員關文 昨日來到是乎所 同勅使渡江出來與否及入城日子 不知適在何間 而各邑才人等 姑無來待之事是如乎 事當沒數照點後 領率發行是乎矣 關文內辭意 有斯速罔夜上京及期領付之意 故不敢久留等待 當日發行 緣由牒報爲有臥乎事

---

128) 도감(都監): 중요한 일을 관장할 목적으로 그때그때 설치하는 임시 관청이다.
129) 재인(才人): 노래와 춤과 줄타기를 업으로 하고, 농업 등의 정업(正業)에 종사하지 않는 광대(廣大)의 한 부류로 천민이었다.

題 到付爲在果 勅行入京 似在今月望念間云 相考施行向事

報監營草 <17>
감영에 첩보하는 초안

김영에 첩보하는 일.

본역 마위전을 경자년에 다시 측량한 뒤로 민전(民田)과 땅이 닿은 곳이 점점 할경이 되어 만약 경계를 바르게 정하지 않는다면, 막중한 공전이 장차 다 없어지게 될 것이니 그 폐단이 작지 않습니다. 그러므로 다시 측량하여 경계를 정하기 위하여 접때 논보하여 제사를 받은 뒤에 본 현에서 올린 경자년 양안(量案)130)을 가져와서 본역 마위전이 민전과 땅이 닿은 곳을 날마다 직접 살피고 측량하여 마위전이 할경된 곳을 일일이 찾아낸 뒤에 계산을 해 보니 거의 116마지기에 이르렀습니다. 이에 찾아낸 마위전을 마호(馬戶)131) 전답 부족분에 보충해 주었고, 그 밖에 남는 것은 본역에서 대마와 중마를 바꿀 때 땅세에 보태 주는 값으로 역인들에게 나누어 주었다는 연유를 먼저 첩보하오니, 사또께서 참작하신 뒤에 첩보의 뜻과 같음을 지적하여 시행하도록 해 주소서.

제사. 첩보한 대로 시행할 일.

무오년(1738) 삼월 초3일

爲牒報事 本驛馬位 庚子改量後 民田棱壤處 漸次割耕 若不釐正定界 則莫重公田 將至盡失 其弊不些乙仍于 改量定界次 頃日論報受題後 本縣所上庚子量案取來 同馬位棱壤處乙 逐日親自打量 馬位割耕 一一搜得後打算 則將至一百十六斗落只是乎所 所得馬

---

130) 양안(量案): 조세 부과를 목적으로 전지(田地)를 측량하여 만든 토지 대장이다.
131) 마호(馬戶): 각 역참에서 역마를 맡아 기르던 사람으로 마호주(馬戶主)라고도 한다.

位 充給馬戶田畓不足之數是遣 其外餘剩 則本驛大中馬 種種改立時 收稅添價次 分給驛人是乎 緣由爲先牒報爲去乎 道以參商敎是後 指一行下爲只爲

題 依所報 施行向事

戊午三月初三日

報監營草 <18>
감영에 첩보하는 초안

감영에 첩보하는 일.

본역 소속 용궁 구화의 대은역 역인 등이 하소연한 내용은, "저희 역 마위전 북읍(北邑) 안 덕곡원(德谷員)[132] 홍자(洪字)[133] 65번지의 밭 9복 2속(九卜二束) 곳을 경자년(1720)에 측량할 때, 감관(監官)[134] 등이 마위진(馬位陳)[135]으로 측량하여 지급하였고, 뒤에 아매원(阿每員)부터 측량할 때는 글자가 끝나는 곳까지 측량하였습니다. 또 민전인 것처럼 열자(列字) 32번지 밭 3복 4속을 겹쳐서 측량하여 민전에 지급하였으므로 용궁현에 사는 전석재(全石才)라는 자가 양명(量名)[136]이 전극준(全克俊)이란 자에게 사들여 이제 막 땅을 일구었는데, 이 묵정밭이 바로 마위전이요, 민전이 아니라는 것은 한마디로 증명할 수가 있습니다.

마위진으로 측량할 때는 자표(字表)[137]를 홍 자(洪字)에 현록(懸錄)[138]하였고, 민전으로

---

132) 덕곡원(德谷員): 토지가 있는 장소를 나타내는데, 그 장소를 원(員)으로 표기하였다.

133) 홍자(洪字): 양안(量案)의 자호(字號)이다. 자호는 5결(結)을 1자(字)로 한다는 원칙에 따라서 양전의 단위를 『천자문(千字文)』의 순서로 나타냈다.

134) 감관(監官): 조선시대 각 관아나 궁방에서 금전 출납을 맡아보거나 중앙정부를 대신하여 특정 업무의 진행을 감독하던 관직이다.

135) 마위진(馬位陳): 묵혀 놓았거나 경작하지 않는 마위전(馬位田)이다.

136) 양명(量名): 양안에 올라 있는 소유주(所有主)의 이름이다.

측량할 때는 자표를 열 자(列字)에 현록하였으며, 마위전의 척수(尺數)[139]는 땅의 모양과 서로 어긋나는 곳이 없으나 민전의 척수는 남는 것이 상당히 많습니다. 자표로 말하면 선후의 구별이 있는 듯하고 척수로 말하면 잘못이 뚜렷합니다만, 마위전이 확실하다는 것은 명백하여 의심할 것이 없습니다. 그러니 전석재가 사들여서 농사를 짓는 것은 지극히 분통할 뿐만이 아니라, 이 묵정밭의 득실이 대단히 중요한 것은 아닙니다만, 저희 역의 전답으로 말하자면 지금 이 묵정밭이 마위전 안에 있기 때문에 관계가 매우 중요하게 되었습니다. 지금 만약 잃어버린다면 앞으로 일어날 홍수에 남쪽과 북쪽 가의 마위전 20섬지기가 반드시 시내가 될 것이나 쇠잔한 역졸의 형편으로는 지키기가 어렵습니다"라고 하였습니다.

그러므로 찰방이 직접 적간(摘奸)[140]하였는데, 과연 하소연한 바와 같기 때문에 저들이 하소연한 뜻을 일일이 거론하여 치보하오니, 사또께서 참작하신 뒤에 용궁현에 별도의 관문으로 분부하고, 선후와 척수를 따라 서로 어긋난 것을 분간하여 역인들에게 내어줌으로써 해마다 시내를 막아서 농사를 짓게 하여 뿔뿔이 흩어지지 않고 모선아는 저시가 될 수 있도록 시행하소서.

제사. 배관하여 분부할 일.

3월 초3일

爲牒報事　本驛所屬龍宮仇火大隱驛人等呼訴內　矣驛馬位北邑內德谷員洪字六十五田九卜二束庫乙　庚子打量時　監官等以馬位陳　尺量以給　後自阿每員打量時　至字終　又以民田樣　列字三十二　田三卜四束　疊量以給民田乙仍于　龍宮縣居全石才稱云者　買得量名全克俊處　今方起耕爲臥乎所　唯此陳田　乃是馬位　非民田之狀　有一言可卞者

以馬位陳打量時　則字表以洪字懸錄是遣　以民田打量時　則字表以列字懸錄是遣　馬位尺數　則地形無相左處　而民田尺數　剩餘頗多　以字表言之　似有先後之別　以尺數言之　顯有違端　馬位之的實　明白無疑　而石才之買得耕食　極爲切痛叱分不喩　唯此一陳得失　不甚緊切　而以矣驛田畓言之　則今此陳田　處在馬位之內　關係甚重　今若見失　則前頭大水　南

---

137) 자표(字表): 양안의 자호(字號) 표기이다.
138) 현록(懸錄): 장부에 기록하다. 현부(懸付)라고도 한다.
139) 척수(尺數): 자로 잰 수량(數量)이다.
140) 적간(摘奸): 난잡한 행동이나 부정한 사실의 유무를 조사하고 적발하다.

北邊馬位 將至二十石之地 必至成川 至殘驛卒 勢難存亦爲有等以

　察訪親自摘奸 則果如所訴是乎等以 其矣等呼訴辭意 枚擧馳報爲去乎 道以參商敎是
後 龍宮縣了別關分付 從先後及尺數 相左分揀 出給驛人 以爲年年防川耕食 俾無離散
保存之地 行下爲只爲

　題 背關分付向事

三月初三日

報監營草 <19>
감영에 첩보하는 초안

　감영에 첩보하는 일.

　본역 소속 용궁 구화의 대은역 역인 등이 일제히 호소한 내용에, "저희 역 마위전은 원래
부족한 것이 17결이나 되어 매양 풍족하지 못함을 한탄하였습니다. 지난 병신년(1716, 숙종
42)에는 홍수에 휩쓸려서 시내가 되었고 모래가 뒤덮은 것이 10여 섬지기나 되었으니, 지극
히 어려운 역참이 거의 황폐한 지경이 되었습니다.

　그런데 뜻밖에도 지금 우리 용궁현 장평동(長坪洞)에 사는 권해근(權海根)·오필룡(吳必
龍) 등이 저희 역 마위전의 모래로 뒤덮인 곳에 일꾼을 시켜 흙을 쌓고 인하여 수로(水路)를
만들었지만, 저희들이 수습할 수가 없어서 항상 개탄스럽게 여기고 있었거늘, 지금 또 흙을
쌓았는데 쌓은 곳의 동쪽이 모두 민전이고 서쪽은 모두 마위전입니다. 만약 앞으로 장마가
진다면 허다한 마위전이 반드시 시내가 될 것이니, 관에서 적간(摘奸)한 뒤에 사또님께 보고
하여 변통해 주소서"라고 하여 찰방이 직접 가서 적간해 보았더니 과연 하소연한 것과 같았
습니다.

그러므로 예전부터 있던 수로를 물어보니 마을 사람과 역인 등이 옛날 수로를 가리키면서 하소연하기를, "옛날 수로는 토지 대장에 적혀 있지 않은 기름진 밭이 되어서 백성들이 스스로 몰래 경작하였고, 옛 마위전은 모래에 뒤덮여 버려둔 곳이 4~5섬지기이며, 그 나머지 공수위와 민전이 모래에 덮인 곳도 두세 섬지기입니다. 그러므로 지세를 따라서 다시 옛날 수로에 물길을 개통하면 마위전과 민전에 조금도 방해가 되지 않습니다"라고 하였습니다.

제 소견으로 살펴보니, 지금 만약 옛날 수로를 개통하지 않고 장평동 동민들이 하는 대로 맡겨둔다면, 장평동 동민들이 흙을 쌓아서 얻은 전답은 세 곳의 세 마지기에 불과하고, 역인의 마위답은 3결 28부 8속입니다. 만약 감영에서 특별한 관문으로 분부하지 않는다면, 나중에 홍수가 지면 허다한 마위답이 반드시 시내가 되는 것을 서서 기다려야 할 것이므로 이와 같이 첩보하오니, 사또께서 참작하신 뒤에 용궁현에 전례를 따라 다시 옛날 수로를 열도록 분부하여 마위답이 시내가 되지 않도록 시행하소서.

제사. 첩보한 대로 배관하여 분부할 일.

3월 초3일

爲牒報事 本驛所屬龍宮仇火大隱驛人等齊訴內 矣驛馬位 元數不足 至於十七結之多 每限不足是如乎 去丙申年大水 爲水漂落 成川覆沙 將至十餘石許是乎所 以至殘之驛 幾至陳荒之境矣

不意今者 矣縣長坪洞人權海根吳必龍等 矣驛馬位覆沙處 發軍築吐 因作水道爲臥乎所 矣等之不能收拾 猶常慨惋 而今又築吐乙 則吐之東邊 皆是民田是遣 吐之西邊 則皆是馬位 而前頭若有潦水 則許多馬位 必至成川是乎所 自官摘奸後 報使變通亦爲有去乙 察訪親往摘奸 則果如所報是乎所

問其古來水道 則村民驛人等 指示古道 而呼訴云 同古道段 作一量外良田 而民自隱耕是遣 同馬位段 覆沙陳荒 將至四五石落只是㫆 其餘公須位及民田覆沙 亦至二三石落只是乎所 因其地勢 還開古道水路 則馬位民田 少無所防是如爲臥乎所

以所見觀之 今若不開古道 而一任長坪洞人所爲 則長坪洞人 相率築吐 所得田畓 不過三三斗處是遣 驛人馬位畓 三結二十八負八束是乎所 若無營門別關分付 則日後潦水 許

多馬位 必至成川 可立而待乙仍于 如是牒報爲去乎 道以參商敎是後 龍宮縣了 一依前例
還開古道 俾無馬位成川之地 行下爲只爲

題 依所報 背關分付向事

三月初三日

報左兵營草 <20>
좌병영에 첩보하는 초안

　좌병영 병마절도사에게 상사(上使)하는 일.
　이번에 접수된 병마절도사의 관문 내용에, "도내에 사신이 행차하면, 각 역의 실색 이방·병방이 인마를 거느리고 대령하는 것은 자고로 변치 않는 규칙이거늘, 지금 이 도에서 행차할 때에 본역의 실색 이방·병방은 자기 집에 누워 있었고, 외역(外驛)[141]의 가색(假色)[142]이 대령하였으니, 이 일이 참으로 해괴하다. 특별하게 징계하여 다스리고자 하니 해당 실색 이방·병방을 관문이 도착하는 즉시 잡아서 올려 보내라"라고 하였으니 참으로 놀랍고 황공하옵니다.
　찰방이 고향에 계신 부모님을 뵈러 지난달 16일에 말미를 얻어서 귀가하였다가 이달 초열흘날에 비로소 역으로 돌아왔는데, 그 전에 사또의 선문(先文)[143] 치보가 이달 초이렛날 신시(申時)에 본역에 접수되어 실색 이방·병방이 인마를 거느리고 밤을 새워 달려가 고과(告課)[144]하였습니다. 날짜를 계산해 보니 찰방은 달려갈 형편이 못 되어 가지를 못했고, 이방

---

141) 외역(外驛): 찰방이 거처하는 역을 본역(本驛)이라 하고, 거기에 속한 역을 외역(外驛) 또는 속역(屬驛)이라고 한다.
142) 가색(假色): 임시 색리(色吏). 즉 임시로 임명한 아전이다.
143) 선문(先文): 외국에 가는 사신이나 관리가 지방에 출장을 갈 때, 도착할 날짜와 일행의 수효 등을 목적지에 미리 알리는 공문(公文)으로 후에는 노문(路文)이라고 하였다.

과 병방 무리가 삼가서 모시지 못하여 이처럼 상사하라는 절도사의 관문이 있게 되었으나, 이는 참으로 실색 이방·병방이 한 짓이고 본역은 사또 행차에 원래부터 외역 가색을 보낸 일이 없었습니다만, 관문의 내용이 이와 같기 때문에 역에 있었던 이방과 병방을 밤을 새워 기한에 맞추어 상사(上使)하는 일.

제사. 역리배가 일을 늦게 처리하는 버릇이 해괴하니 조금 벌을 주겠거니와 근래에는 찰방의 휴가 때문에 역참의 일이 버려지게 되었지만, 지금 이후로는 각별하게 타일러서 이러한 폐단이 없도록 할 것.

4월 16일 언양(彦陽)에서[145]

爲上使事 節到付使關內 道內別星行次 各驛實吏兵房 領人馬侍令 自占不易之常規足去乙 今此道行次時 本驛實吏兵房段 僵臥其家 以外驛假色待令 事極可駭 各別懲治次 當該實吏兵房 到關卽時執捉上使關事是乎所 誠爲驚惶是在果

察訪以覲親事 去月十六日 受由歸家爲有如可 今月初十日 始爲還驛是乎 則其前使道 先文馳報 今初七日申時 到付本驛 實吏兵房領人馬 罔夜馳去是如 告課爲乎等以 日字計之 則察訪萬無馳進之勢 不得作行是如乎 吏兵房輩 不謹陪把 有此上使之關是乎乃 果是實吏兵房是遣 本驛段使道行次 元無外驛假色定送之事是如乎 關內辭緣如此是乎等以 在驛吏兵房 罔夜及期上使爲臥乎事

題 驛吏輩稽緩之習 可駭 若干治罪爲在果 近來馬政抛棄 今後則各別申飭 俾無如此之弊向事

四月十六日 在彦陽

___

144) 고과(告課): 하급 관리가 윗사람이나 상사에게 신고하던 일이다.
145) 언양(彦陽): 울산광역시 울주군 언양읍으로 좌병영 병마절도사가 있던 곳이다.

감영에 첩보하는 초안

감영에 첩보하는 일.

근래 접수된 관찰사 관문의 요지는 "본역이 남창(南倉)에서 빌린 돈을 20일 안으로 빠뜨리지 말고 거두어들이라."는 것이어서 즉시 관문대로 거행해야 하고 변명할 겨를은 없으나, 이 돈 200냥을 받아온 것이 작년 겨울이었지만 달리 변통할 계책이 없습니다. 본전 200냥에서 60냥을 덜어내어 곡식을 사서 진휼하는 데에 보태겠다는 것은 전에 이미 감영에 보고하였고, 원전(元錢)[146]에서 부족한 것은 가을걷이를 끝낸 뒤에 바로 거두겠다는 뜻으로, 원하는 사람들에게 이자를 계산하여 나누어 주었습니다.

지금 만약 관문대로 이때에 징수한다면, 백성들을 속이고 너무 빨리 거두어들인다는 원망을 피할 수가 없을 뿐더러, 본전에 비하여 수량이 많이 줄어들게 됩니다. 또 보리와 밀이 아직 익지 않아서 민간이 매우 가난한 상태라 본역의 쇠잔한 형편으로는 수량에 맞추어 충당할 길이 없어 공사(公私) 간에 낭패함이 이에 이르러서는 끝이 없기 때문에 이러한 연유를 감히 이처럼 첩보하오니, 이와 같은 형편을 사또께서 각별하게 참작하신 뒤에 가을이 되기를 기다려서 바로 거두어들여서 바칠 수 있도록 지시하소서.

제사. 첩보한 것이 이와 같으니 7월 초순 전에 남창에 바치고, 지연시킨 뒤에 헤아려 달라고 하는 폐단이 없게 할 일.

4월 19일

爲牒報事 節到付使關內節該 本驛所貸南倉錢 二十日內 無遺收納亦敎是乎所 卽當依關文擧行之不暇是乎矣 此錢貳百兩受來 在於昨年冬間 而無他變通之策 本錢元數除出 陸拾兩 貿穀以補賑資次 前已修報營門爲有旀 元錢不足數段 以秋成後卽納之意 計利分

---

146) 원전(元錢): 꾸어 주거나 맡긴 돈에 이자를 붙이지 않은 돈이다.

給於願受各人爲有如乎

今若依關文 徵捧於此時 則未免罔民徑斂之冤分叱不喩 比本錢 多有所縮者是乎㫆 且
兩麥未登 民間赤立 以本驛殘簿之勢 末由准充之路 公私狼 狽 到此罔涯是乎等以 緣由
敢此牒報爲去乎 如許事勢 道以各別參商敎是後 待秋卽爲收捧輸納事乙 行下爲只爲

題 所報如此 七月初旬前 輸納本所 俾無遲延推論之弊向事

四月十九日

報監營草 <22>
감영에 첩보하는 초안

감영에 첩보하는 일.

경역(京驛)147)에 복호(復戶)148)에서 떼어 주었던 결복(結卜)을 환추(還推)149)하여 달라고
도내 각 역의 역인들이 등장(等狀)한 의송(議送)150)에 대한 제사에, "전후곡절을 상세히 조사
하여 보고하라"라고 판결하였습니다.

그 때문에 소속 역인들에게 그 곡절을 자세하게 물었더니 이노(吏奴)151)들이 아뢴 내용에,

"지난 신축년(1721, 경종 1) 즈음에 양주(楊州) 평구역(平丘驛)과 광주(廣州) 경안역(慶安驛)
의 두 찰방이 평구·경안의 역리들이 등장한 것을 듣고 비국에 보고하기를, '경역은 인마를
여러 가지로 세우고 부리는 역할이 경기 바깥 지방의 각 역보다 열 배나 많습니다'고 하여, 비
국에서 '도내 각 역의 복호에서 매년 결(結)마다 석 짐씩을 따로 떼어내어 획급하고, 지방 관

---

147) 경역(京驛): 경기도에 있는 역참이다.
148) 복호(復戶): 충신, 효자, 열녀 등에게 부역과 조세 따위를 일부 면제해 주던 일이다.
149) 환추(還推): 남에게 빌려준 논밭이나 물건을 도로 되찾거나 받아내다.
150) 의송(議送): 백성이 고을 본관에 제소하였다가 패소를 당하고, 다시 관찰사에게 상소하던 일이다.
151) 이노(吏奴): 관아에 딸려 말단의 행정 실무에 종사하던 서리(胥吏)이다. 아전(衙前).

아에서 대동미를 올려 보낼 때 한꺼번에 실어서 보내도록 하라'고 입계(入啓)152)하여 변통하였기 때문에 신축년부터 지금까지 18년 동안 해마다 수납하였습니다"라고 하였습니다.

지금 각 역의 이노들이 호소하는 일은 우리 본역이 조령 밑의 큰길에 있기 때문에 여러 가지 역역(驛役)에 관계되는 일이 경역보다 적지 않을 뿐만 아니라 당초 역을 설립할 때, 조정에서 경외(京外) 각 역의 역역 고헐(苦歇)153)을 살펴서 역의 결미와 복호에 차등을 나누어 더하거나 빼서 획급하도록 마련하였으니 참으로 염려를 적게 한 것이 아니거늘, 그동안 경역역인들이 이처럼 참작하여 획급한 본의를 알지 못한 채 멋대로 변통을 받아내어 탈취한 모양은 만 가지로 원통하다는 것입니다.

그러므로 일찍이 원통함을 호소하여 도로 복호를 찾아내려고 하였으나, 분주한 역역에 골몰하여 밤낮으로 원통함을 안고만 있다가 이제 비로소 일제히 하소연하오니, 이런 까닭을 일일이 들어서 사또께 보고하고 변통한 일을 이전처럼 환추한다면 역역에 도움이 될 것이므로 실상을 들어 첩보하옵니다.

대개 당초 조정에서 경외 각 역의 역역(驛役) 고헐을 따져 복호를 획급하였으니, 역역에 비록 사소한 고헐이 있다고 하더라도 전명에는 조금도 피차의 구별이 없습니다. 그럼에도 경역 이노들이 역역이 힘들다는 핑계로 공공연하게 밥을 빼앗아 여러 해 동안 복호를 획급해 주지 않으니, 외역(外驛)의 이노들도 경역과 같이 응역하고 있는 처지에 억울하다고 하며 환추하고자 하는 것은 일의 형세로 보아 당연한 일이므로 이에 첩보하오니 사또께서 참작하여 지시하소서.

제사. 이것은 이미 근 20년이나 복호에서 떼어내어 대동미로 붙여준 일이므로 지금 가볍게 의논하여 장청(狀請)154)하기 어려우니, 끝까지 헤아려서 처리할 일.

4월 17일

爲牒報事 京驛復戶還推事 道內各驛人爲等呈議送題音內 前後曲折 詳細查報亦題音教是乎等以

所屬驛人等處 詳問曲折 則吏奴等所告內 今去辛丑年分 平丘慶安 兩驛察訪 聽其該驛

---

152) 입계(入啓): 임금에게 상주(上奏)하는 글월을 올리거나 직접 아뢰는 것을 말한다.
153) 고헐(苦歇): 일이 어렵거나 쉬운 것이다.
154) 장청(狀請): 임금에게 글을 올려 청원하다. 장계 주청(狀啓奏請).

吏爲等呈狀 轉報備局爲乎矣 京驛則人馬各樣立使之役 十倍於外方各驛之役是如 道內各驛 劃給復戶 每年良中 每結三負式除出 自地坊官大同 一時添載上送事 入啓變通乙仍于 自辛丑至今十八年 而年年收納是如乎

今此各驛吏奴等呼訴事段 本驛處在嶺底孔道 凡干驛役 無減於京驛立役之煩重分叱不喩 當初設驛時 朝家參其京外各驛驛役之苦歇 同結復乙 分差等加減 磨鍊劃給是乎 則誠非細慮是去乙 乃者京驛人等 不識如許參酌劃給之本意 肆然變通奪取之狀 萬萬冤痛是乎等以

嘗欲伸冤還推 而汨於驛役之奔走 晝夜抱冤是如可 今始一齊來訴爲去乎 以此之由 枚擧報使 變通仍前還推 滲助驛役亦爲有等以 擧實牒報爲在果

大槩當初朝家參酌京外各驛驛役苦歇 劃給復戶 則驛役雖有些少苦歇 其所傳命 少無彼此 而京驛吏奴等 稱以役煩 公然奪食 累年不給 則外驛吏奴等 同是應役 稱冤欲推 勢所固然是乎等以 玆以牒報爲去乎 道以參商 行下爲只爲

題 旣是近二十年割屬之事 則今難輕議狀請 從當思量處之向事

四月十七日

報監營草 <23>
감영에 첩보하는 초안

감영에 첩보하는 일.

본역은 조령 아래 큰길에 있어서 왕래하는 사신이 끊임없이 이어지고 마부와 파발꾼이 늘 길 위에 늘어서 있으며, 대소 등마가 밤에도 달려가야 하니 대마 두 필을 부려도 항상 부족함을 걱정하여 매양 말썽이 생길까 염려하던 즈음에, 낙양역 대마의 걸음걸이가 적합하지 않다고 본역의 대마를 상주 진영에 대령시킨 지가 이미 석 달이나 되었습니다.

그러므로 본역에서는 한 필만 부리는데, 그마저도 비단 비쩍 말라서 일을 감당하기 어려울 뿐만 아니라 금번에 도사(都事)155) 사또께서 불시에 상경하여 또 서울 행차에 입파(入把)156)하였으므로 본역은 대마가 절참(絕站)157)한 것이 거의 열흘이나 되어 민망하고 답답함을 견딜 수가 없었습니다. 결국 낙양역 역인을 잡아 와서 그로 하여금 한편으로는 신마(新馬)의 점고를 받도록 하고, 한편으로는 본역을 수참(守站)하도록 낙양역의 구마(舊馬)를 끌어서 보내도록 신칙하였습니다.

그런즉 낙양역 역인이 아뢴 내용에, "감영 사또께서 '본역의 대마와 낙양역의 구마를 함께 낙양역에 대기시키고, 신마도 뒷날의 시재(試才)를 위해서 대기시키라'고 분부하셨습니다"라고 하였습니다. 그리고는 낙양역의 신마와 구마 및 시재 때문에 대기시킨 대마와 본역의 대마 등 모두 네 필 중에 한 필도 보내주지 않아서 인후지지(咽喉之地)의 첫머리에 있는 역참으로 하여금 열흘이나 절참하게 하였으니, 지극히 애타고 안타깝습니다.

낙양역으로 말씀드리자면, 본래 역인의 수가 적고 쇠잔한 역참이라 풍년이 든 해라고 하더라도 등마를 기르는 것이 매우 어려운 지경이거늘, 지금 같은 흉년을 당하여 그들이 이전부터 기르던 등마 외에 또 본역의 인마 및 신마와 대마, 그리고 그것들을 기르는 사람들이 여러 날 동안 더 보태어 기르게 되었으니, 어려운 중에 또 한층 어려움을 더하는 것입니다.

그러므로 이에 첩보하오니 사또께서 참작하신 뒤에 낙양역의 신마와 대마가 시재에 적합하지 않으면 도로 퇴출한 뒤에 바꾸어 세우도록 분부하시거나, 본역 대마를 도로 내주어서 본 역참을 지키도록 분부하시거나, 해당 낙양역에 있던 두 마리 대마 중에 본역을 수참하도록 한 필을 보내도록 하시거나, 이 중에 한 가지를 선택하여 분부하소서. 그리하여 한편으로는 전명의 중지인 본역이 절참으로 인하여 큰 일이 생기는 근심을 구제하고, 한편으로는 쇠잔한 역에서 인마를 중첩하여 기르는 난감한 폐단을 풀어주도록 각별하게 지시하소서.

제사. 첩보한 것을 살펴보니 낙양역 역장이 한 짓이 매우 놀랍고 해괴하다. 비록 여염의 선비가 한 말이라도 아래에 있는 사람의 도리로는 이같이 하는 것이 결코 온당하지 않거늘, 하물며 찰방의 말임에랴! 본역에서 대마를 대령시킨 것 외의 다른 마필에 대해서는 진영에서는 알 수 있는 것이 아닌데, 그들이 무슨 까닭으로 근거 없는 말을 지어내어 본역에 전달하여 이와 같이 치보하였는가? 그 사이에 말을 전한 사람이 반드시 있을 것이니, 그와 같은 말을 전달한 자를 형리(刑吏)와 압직(押直)158)을 정하여 잡아서 보냄[上使]으로써 이 일을 빙고하

---

155) 도사(都事): 중앙과 지방 관청에서 관리의 감찰, 규탄 등을 맡아보던 종5품의 벼슬이다.
156) 입파(入把): 파발(把撥)에 말을 넣거나 징용(徵用)하다. 파(把)는 고삐를 잡는다는 뜻이다.
157) 절참(絕站): 역참이 고유의 역할을 제대로 수행하지 못하다. 여기서는 대마(大馬)가 없다는 뜻이다.
158) 압직(押直): 죄인을 수송하고 감금하여 지키는 일을 담당한 사람이다.

여 처리하는 근거로 삼도록 할 것이며. 만약 이런 버릇을 통렬하게 다스리지 않는다면, 뒷날의 폐단을 막기가 어려워질 것이니 본역에서도 또한 상세하게 조사하여 치보할 일.

4월 21일

爲牒報事 本驛處在嶺底孔路 往來使星 絡繹不絶 馬夫撥卒 長立路上 大小等馬 星夜奔馳 以大馬兩匹使用 常患不足 每懷生事之際 以洛陽大馬 才步不合之致 本驛大馬 立待鎭營 已至三箇月

故本驛段 一匹使用 非但瘦瘠難堪叱分不喩 今番都事道不時上京 又爲入把於京行 故本驛大馬之絶站 將至旬日 不勝悶鬱 捉來洛陽驛人 使之一邊新馬逢点是遣 一邊本驛守站次 該驛舊馬牽送事申飭

則其矣所告內 營使道分付內 本驛大馬及該驛舊馬 倂爲留待該驛爲旀 新馬段置 後日試才次待令亦分付敎是如爲白遣 同洛陽新舊馬及次大馬本驛大馬 四匹中 一不上送 使咽喉初頭之驛 將至旬日絶站之境 極爲渴悶是乎旀

以洛陽驛言之 本以數小殘驛 常逢樂歲 等馬喂養之節 極爲難堪 而當此凶歲 其矣前來等馬喂養之外 又有本驛人馬及新大馬 人扶曠日添養 則難堪之中 又加一層

故玆以牒報爲去乎 道以參商敎是後 同洛陽驛新大馬 試才不合 則還爲退黜後 改立事分付敎是去乃 本驛大馬 還爲出給 以爲守站次分付敎是去乃 該驛前來兩大馬中 本驛守站次 一匹下送敎是去乃 指一行下 一以救本驛傳命重地絶站生事之患是遣 一以舒殘驛疊養人馬難堪之弊事 各別行下爲只爲

題 觀此所報 洛陽驛長所爲 極爲驚駭 雖閭閻士夫之言 在下人之道 決不當若是 況官長之言乎 本驛大馬立待之外 其他馬匹 非鎭營所可知 渠等以何故做出無根之言 傳于本驛 而如是馳報是隱喩 其間傳語者 想必有之 同傳語者 定刑吏押直上使 以爲憑處之地爲旀 此習若不痛治 則後弊難防 自本驛亦爲詳查馳報向事

四月二十一日

報鎭營草 <24>
상주 진영에 첩보하는 초안[159]

상주 진영에 첩보하는 일.

본역 대마 두 필 중에 한 필은 서울로 올라갔고, 한 필은 진영에 갔기 때문에 본역에는 사신에게 입파할 말이 없어서 말썽이 생길까 근심스러워 사실대로 감영에 첩보하였는데, 판결문의 내용이 지극히 엄절하여 황공함을 견딜 수가 없습니다.

대개 이 일은 따로 근거 없는 말을 만들어 내어 본역에 전함으로써 사건을 만들려고 한 것이 아니고,[160] 다만 본역이 절참된 일 때문에 찰방이 낙양역 장리에게 분부하고 신칙하여 본역을 수참하기 위하여 그들의 구마를 보내오도록 발패(發牌)[161]하였더니, 그들이 아뢴 내용 중에, "본역 대마와 낙양역 구마를 모두 대기시키라."는 진영의 분부가 있다고 하면서 낙양역 마필 중에 한 필도 보내오지 않았습니다. 그러므로 절참될 것이 걱정스러워 사실대로 보고하였사오며, 하관(下款)[162]에 있는 낙양역에서 등마를 기르는 것은 낙양역 말 외에 본역에서 보낸 말도 길러야 하니, 역민의 숫자가 적고 형편이 쇠잔한 역에서 가외로 더 기르는 일이 근심스러워 폐단을 줄여주려고 본역에서 논보하였사옵니다.

그런데 찰방의 뜻이 제대로 전달되지 못하여 진영장을 노엽게 한 점이 없지 않았을 듯하여 낙양역 장리들이 본역에 거짓으로 고한 것이 있는지를 의심해 보았는데, 서목(書目)에 대한 판결이 이처럼 엄격하였습니다. 찰방이 있는 역참에는 본래 형리(刑吏)가 없어 압송할 수가 없으므로 특별히 낙양역 장리를 보냈으며, 본역으로 하여금 상세하게 조사하라고 한 일은 전후 사실이 위에 말씀드린 것에 불과합니다. 그러므로 따로 자세하게 조사할 일이 없기 때문에 낙양역 장리와 그 당시에 분부를 받은 마부를 모조리 보냈사오니, 영장 사또께서 헤아리신 뒤에 지시하소서.

---

159) 상주~초안: 바로 앞의 <23번>은 유곡역 찰방이 경상 감영에 첩보한 것인데, 첩보 내용 때문에 감영에서 상주 진영을 꾸짖자 진영에서 다시 찰방에게 감영에 첩보한 사실을 보고하게 한 것이다.

160) 근거 없는~아니고: 이 내용은 <23번> 첩보에 대한 감영의 제사에 나오는데, 그렇지 않다는 것을 본역에서 해명한 것이다.

161) 발패(發牌): 패지(牌旨)를 발행하다. 패지는 상관이 낮은 사람에게 권한을 위임하던 공식 문서이다.

162) 하관(下款): 아래에 있는 조목(條目). 여기서는 <23번> 첩보의 아랫부분에 있는 내용이다.

제사. 어제와 오늘의 첩보가 어찌하여 이처럼 서로 다른가? 아랫사람의 말만 편청(偏聽)163)하여 멋대로 논보하였으니 참으로 매우 온당치 못하다. 진영이 비록 법외(法外)의 일을 범했다고 하더라도 진영의 아래에 있는 유곡역 찰방의 도리에서 이미 이와 같이 부당한 일을 하였고, 하물며 근거 없는 일을 가지고 이처럼 감영에 논보했으니 더 말할 것이 있는가? 해당 역의 이방·병방을 잡아와서 중곤(重棍)함으로써 뒷날을 예방하려고 하였으나, 십분 참작하여 이번만 우선 용서하였으니, 이 뒤로는 첩보하는 말을 십분 상세하게 살피는 것이 마땅할 일.

4월 22일

爲牒報事 本驛大馬兩匹中 一匹段上京是遣 一匹段往于鎭營 本驛則元無使星入把之馬 生事可慮 擧實牒報矣 題辭內辭意 極其嚴截 不勝惶恐是在果

大槩此事 別無做出無根之言 傳于本驛 欲爲生事之事是遣 特以本驛絶站之事 察訪分付申飭洛陽長吏 其矣舊馬 欲爲守站次 起送事發牌 則其矣所告內 本驛大馬及該驛舊馬 倂爲留待事分付教是如爲遣 同該驛馬匹中 一不起送 故悶其絶站 有所擧實論報是乎旀 下款該驛等馬喂養之節 其矣數外 本驛馬留養之事段 悶其數少殘驛數外添養之節 欲爲省弊論報矣

辭不達意 不無觸怒 疑其洛陽長吏輩 有所瞞告本驛是乎可 書目題辭 如是嚴截是乎矣 郵官本無刑吏 不得押送是遣 同長吏各別起送爲乎旀 使本驛詳査一節段 前後事實 不過如上所陳 故別無詳査之事是乎等以 同長吏及其時聽分付馬夫 一體起送爲去乎 道以參商敎是後 行下爲只爲

題 昨今所報 何如是相左是隱喩 偏聽下人之言 肆然論報 誠甚未妥 鎭營雖犯法外之事 其在營下之道 旣不當若是 況無根之事 有此論報者乎 該驛吏兵房 拿致重棍 以懲日後是乎矣 十分參酌 今姑安徐是旀 此後則報辭間言語 十分詳審宜當事

四月二十二日

---

163) 편청(偏聽): 소송(訴訟)이나 정사(政事)를 돌보는 데 있어 어느 한쪽의 말만을 듣고 결정하다.

報左兵營草 <25>
좌병영에 첩보하는 초안

좌병영에 첩보하는 일.

이번에 접수된 병마절도사의 관문 내용에, "금번 군점(軍點)[164] 행사에 본역에서 입파한 대마는 단지 노태마(駑駘馬)[165]를 대령시켰을 뿐만 아니라 실색 이방 · 병방은 자기 집에 편히 누워 자면서 외역(外驛)의 어리석은 놈을 가색(假色)으로 차임하여 보냈다. 그러므로 그 실색 이방 · 병방을 잡아와서 심문하여 다스렸더니 정채(情債)[166]라고 하면서 병영의 하인들에게 뇌물을 썼다는 소문이 낭자하였다.

그러므로 뇌물을 받은 사람을 모두 잡아들여서 특별히 엄격하게 조사하였더니 받은 돈이 11냥이었으므로 우선 추심하여 보내어 거둔 곳에 일일이 돌려주게 하였다. 그러나 실색 이방 · 병방은 제 편한 것만 꾀하여 집에 있으면서도 나타나지 않다가 잡아들이라고 한 뒤에도 각 역에서 돈을 거두었으니, 이렇게 제 마음대로 뇌물로 쓰는 버릇은 더욱 지극히 통탄할 일이다.

그들이 거두어들인 것이 반드시 적지 않았을 것이고, 뇌물에 쓴 수량도 11냥에 그치지 않을 것이다. 이러한 폐단은 늘 절실히 통탄할 일이니, 단연코 엄중히 조사하여 통렬하게 금지해야 하니, 위의 이방과 병방 등이 거두어들인 수효와 뇌물로 쓴 숫자를 본역에서 명확하게 밝히고, 낱낱이 조사하여 사실대로 첩보하라"라고 하였사온데, 관문의 의도는 뒷날에 일어날 잘못된 버릇을 막고자 하는 데에 있음이 명백하고도 엄절하였습니다.

대개 이 사건은 찰방이 휴가를 받아서 집에 간 사이에 실색 이방과 병방 무리들이 상부의 명령을 삼가 받들어 행하지 못했기 때문에 이처럼 죄인을 잡아 올리고 조사하여 심문하라는 일까지 있게 되었으니, 찰방이 평소 아전들을 단속하지 못한 부끄러움이므로 참으로 송구하옵니다. 근래 아전들의 버릇은 혹 사건이 생기게 되면 반드시 일당의 의견을 따라서 주선한

---

164) 군점(軍點): 삼도 통제사 관하에 있는 경상, 전라, 충청의 삼도 수군을 총집결시켜 군선, 군사, 집물 등을 점검하는 군사적 행사이다.

165) 노태마(駑駘馬): 보잘것없는 말. 걸음이 느리고 둔한 말이다.

166) 정채(情債): 지방의 관원이나 아전이 상급 관청에 청탁을 할 때 관례적으로 주던 절차비 조의 대가로 감채(勘債), 인정(人情), 정전(情錢)이라고도 한다.

뒤에야 무사하게 처리할 수 있다고 여기기 때문에 중간에서 정채를 쓰게 되는데, 이런 일이 아전들에게는 예사로운 일이 되었습니다.

지금 사또께서 조사하여 심문하라고 하신 일은 찰방도 이런 폐단이 있을까 염려하여 그들을 잡아서 올려 보낼 때 혹시 각 역에서 정채를 거두어들인 일이 있다면, 끝까지 탐문하여 엄하게 다스릴 것이라는 뜻으로 직접 재삼 타일렀습니다. 그런데 그들을 잡아들여서 죗값을 받게 한 지 며칠이 안 되어 과연 뇌물을 썼는지를 엄격히 조사하라는 관문이 도착하였습니다. 위의 이방·병방 등이 찰방이 신칙한 것을 저버린 죄는 우선 따질 겨를도 없습니다만, 사또께서 정사를 다스림이 신명스럽고 지극히 공평하심을 삼가 흠앙하옵니다.

그리하여 바로 그 이방과 병방을 잡아들여서 그들이 각 역에서 거두어들인 돈이 얼마나 되는지, 벌을 받을 때 뇌물로 쓰려고 한 돈이 얼마나 들어왔는지를 캐물었더니 그들이 진술한 내용에, "요즘은 인심이 과거와 달라서 각 역의 아전들이 수납에 응해야 할 일을 갖가지로 피하려고 꾀합니다. 그리하여 저희가 삼가지 못한 소지도 니닝새 낱집이 솔다가닌 일이 생겼는데, 외역(外驛)의 사람들이 어떻게 한 푼이라도 거두어서 도와주는 일이 있을 수 있겠습니까? 본역에서 병영까지는 닷새나 되는 거리이고, 왕래하는 노잣돈도 적지 않으며, 잡혀가서 벌을 받을 즈음에는 정채가 없을 수 없기 때문에 저희가 소를 팔고 또 빚을 내어서 벌을 받을 때 정채로 쓰려고 하였고, 실제로 외역에서는 한 푼도 거둔 일이 없습니다"라고 하면서 처음부터 끝까지 잘못이 없다고 하였습니다.

여러 번 끝까지 신문하였으나 진술한 내용이 똑 같아서 따로 자세하게 조사할 것이 없었습니다. 그러므로 그들의 진술 내용을 보고서에 붙여서 올려 보내오니, 진술 내용은 뒤에 상고하도록 하송(下送)¹⁶⁷⁾하여 주옵소서. 위의 정채 11냥은 그들에게 내어주었으며, 다가오는 5월 12일 비안(比安)에서 도회(都會)¹⁶⁸⁾가 열릴 때에 맞추어 죄인을 잡아 올리라는 일은 도회가 열릴 무렵에 잡아서 보내기로 첩보하옵니다. 이런 연유를 첩보하오니 병사 사또께서 헤아리신 뒤에 지시하소서.

제사. 본도의 별성은 한때에 지나가고 마는 별성과는 다르거늘, 요즘은 체통이 해이해져 상급 관청 대접을 마치 초월(楚越)¹⁶⁹⁾처럼 하는 행태가 아래 구실아치에게까지 이어져서, 자

---

167) 하송(下送): 밑으로 내려보내다. 윗사람이 아랫사람에게 보내는 것을 높여서 이르는 말이다.
168) 도회(都會): 지방에서 행하는 향시(鄕試)이다. 또는 유생들의 면학을 장려하기 위해 매년 일정 기간 열렸던 강습회이다.
169) 초월(楚越): 중국 전국시대의 초나라와 월나라처럼 서로 원수 같이 여기다. 또는 서로 멀리 떨어져 상관이 없다는 뜻이다.

기 집에 편히 누운 채로 끝내 나타나지 않는 버릇이 들었으니, 극히 놀라운 일이다. 치죄하여 징계하고자 잡아들였다면, 다스리고 다스리지 않고는 오직 윗사람의 처분에 달려 있을 뿐이다. 그럼에도 중간에 서서 뇌물을 쓴 상황은 아주 절통한 일이고, 조사하고 심문하는 때에 이르러서는 외역의 각 역참에서 두 냥씩을 거두어들인 것이 아주 분명한데도 본역에서 조사할 즈음에는 숨기고 아뢰지 않았으니 더욱이나 통탄할 일이다.

근래에는 찰방이 자주 휴가를 받아서 역참의 일이 전폐되었다. 그러므로 이방과 병방이 대령하지 않은 것도 대개 이 때문이고, 역마는 연한이 31개월이거늘 개립하지 않은 채 혹 10여 년, 또는 8~9년이나 된 노태마로 대령하여 각 역의 폐단이 점점 커지게 되었으니, 이러한 뜻을 잘 알도록 각별하게 신칙하는 것이 마땅할 일.

5월 16일.

爲牒報事 節到付使關內 今番軍點之行 本驛入把大馬 只以駑駘馬待令叱分不喩 實吏兵房偃臥其家 以外驛迷劣之漢 差送假色 故同實吏兵房 捉來推治爲有如乎 稱以情債 用賂於營下人處是如 所聞狼藉乙仍于

捧賂各人 一倂捉入 各別嚴查 所捧錢文十一兩 爲先推封以送爲去乎 一一出給於收斂處爲乎矣 實吏兵房段 取便在家 不爲來現爲有如可 及其推捉之後 徵斂各驛 恣意行賂之習 尤萬萬絶痛

其所收斂 必爲不貨 而用賂之數 亦必不止於十一兩 如此弊端 常切痛惋 決當嚴查痛禁是置 上項吏兵房等處 自本驛明覈其徵斂之數及用賂之數 一一推招 從實牒報事關是置有亦 關文辭意 杜閑日後之習 極其明白嚴截是如乎

大槩此事 出於察訪受由歸家之日 實吏兵房輩 以不謹奉行之致 有此上使推論之擧 其平昔不能束吏之恥 實爲懼然是在果 近來吏習 或有生事 則必以從中周旋然後 意謂庶可有無事之擧 中間用情 自是吏輩之例事

今此使道推論之事 察訪慮有此弊 其矣等上使時 或有以情債收斂各驛之事 則從當以探問重治之意 親自再三申飭矣 其矣等上使勘罪 不數日之後 果有此嚴查行賂之關 同吏兵房等 負其官長申飭之罪 姑不暇論 而竊自欽仰使道政令神明無私之至也

卽自捉致其吏兵房 推問其各驛收斂錢兩幾貫與否 及其受罪時行賂錢兩所入幾許 則

其矣招辭內 近來人心 異於前日 其矣等應納之事 種種謀避 而以矣等不謹之致 有此上使之事 外驛之人 有何一分錢收斂顧助之事乎 自本驛至兵營 將至五日程 往來路費不貨 而上使受罪之際 不無情債之事 故矣等果爲斥賣牛隻 又爲出債 以爲受罪時用情之物是遣 實無外驛分錢收斂之事是如 終始發明

累次窮治 供辭如前 別無詳查之事 故其矣等供辭 粘連上使爲去乎 後考次下送爲乎旀 同情債錢十一兩段 出給其矣等爲乎旀 來五月十二日 比安都會及良上使事, 臨時捉送之意 緣由牒報爲去乎 道以參商敎是後 行下爲只爲

題 本道別星 以一時過去別星有異是去乙 近來體統解弛 上司待之 有若楚越之致 延及下吏 偃臥其家 終不來現之習 事極可駭 治罪徵礪之意推捉 則治與不治 徒在處分而已 居間用賂之狀 萬萬絶痛 及其推論之時 外驛各站 收錢二兩式徵捧 昭然是乎矣 自本驛查問之際 掩置不告之狀 尤極絶痛

近來郵官頻頻受由 全廢驛政 故吏兵房不爲待令 盖由於此是遣 驛馬限年三十一朔是去乙 不爲改立 或十餘年 或八九年駑駘之馬 苟充待令 各驛弊端 漸致層加 知悉此意 各別申飭宜當事

五月十六日

報監營草 <26>
감영에 첩보하는 초안

감영에 첩보하는 일.

본역 역인과 역촌 백성들이 마위전답과 경계를 이룬 땅들이 할경(割耕)[170]되는 경우가 매우 많다고 하였습니다. 그러므로 실제대로 조사하여 찾아내겠다는 뜻을 봄에 감영에 논보하여 제사를 받은 뒤에 본 현에 올려서 보관해 있던 토지 대장을 즉시 찾아와서 본역 마위전과 접경이 된 곳을 상세하게 조사하여 도로 찾아내었습니다.

그 중에 본역 역리 전덕추(田德秋)는 본래 법을 악용하는 간사한 구실아치인데, 전에 기관(記官)171)으로 있을 때 그가 마위전을 조사하고 찾아내는 색리가 되었습니다. 경자년 양안172)에 기재된 논밭의 명칭을 예로 들어보면, 대암동(大巖洞) 왈 자(曰字) 오등(五等) 직전(直田)173) 8부 2속 8마지기를 민전(民田)인 것처럼 은닉하여 경작한 지가 지금까지 10여년이 되었다가 올봄에 측량할 때 드러났습니다만, 그는 죄가 없음을 밝히지도 못했고 자기 것이라고 고증할 만한 문서도 없었으며, 마위전으로는 명백하게 기록되어 실려 있습니다.

그러므로 바로 되찾은 뒤에 또 공암원(孔巖員) 진 자(盡字)에 갔더니 전덕추의 논 남쪽에 예전부터 큰길이 있었고 큰길 아래에 수로 흔적이 있었는데, 이는 유곡(幽谷)에 사는 사람들이 모두 아는 것인데도 감히 할경할 꾀를 내어서 핑계를 대기를, "병신년(1716, 숙종 42) 홍수 때 파진 것입니다"라고 하면서 앞서 말한 큰길과 수로를 그의 논 동쪽 가의 마위전으로 척량한 곳에 고쳐서 만들고, 전에 큰길과 수로가 있던 곳을 그가 경작하였습니다. 이처럼 수로를 바꾸어 놓았기 때문에 마위전을 파내어 없앤 수량이 매우 많으나, 역에 있는 사람들이 그의 횡포를 두려워하여 감히 말하지 못한 지가 이미 여러 해가 되었습니다.

올봄에 측량해 보니 그 마위답은 길이가 190자, 너비가 30자였는데, 길이는 비록 그대로이나 너비는 겨우 15자쯤이니 괴이함을 견딜 수가 없어서 전덕추의 논을 측량하였더니 마위답의 모자라는 15자 너비가 그의 논으로 들어가 있었으니, 이 마위답이 예전에 잃어버렸던 8마지기였습니다. 몰래 경작한 죄가 참을 수 없이 미울 뿐만이 아니라 많은 사람들이 말하기를, "한낱 전덕추가 제멋대로 큰길과 수로를 고쳐 놓았기 때문에 숱한 마위전이 물에 떠내려가 천번(川反)174)이 되었다"라고 하였습니다.

이로 말미암아 그때 그에게 우선 다짐을 받고 얼마간 벌을 준 뒤에 찰방이 직접 분부하기를, "네가 이미 여러 해 동안 마위전을 할경하였으니, 마위전에서 나온 곡식으로 속히 옛날처럼 논에 제방을 쌓아 옛날 수로를 다시 열어서 공전(公田)이 떠내려가는 폐단이 없도록 하라"라고 재삼 분부하였더니 그가 대답하기를, "분부하신 대로 옛날처럼 고쳐놓겠습니다"라

---

170) 할경(割耕): 이웃한 남의 논밭을 침범하여 경작하다.
171) 기관(記官): 지방 관청의 이속(吏屬)이다.
172) 경자년 양안: 1720년(숙종 46)에 경상·충청·전라도에 실시한 양전(量田), 즉 토지 조사를 가리킨다.
173) 직전(直田): 직사각형으로 길쭉하게 생긴 밭이다.
174) 천번(川反): 냇물이 다른 곳으로 터져 흘러서 논밭이 떨어져 나가다. 천번 포락(川反浦落).

고 하였습니다.

그렇게 말한 뒤에 찰방은 지난달에 반교(頒敎)175)의 임시 관원으로 차출되었고, 일을 마치고 말미를 얻어서 귀가하였다가 지금 와서 조사해 보니 올봄에 분부한 것이 이제 석 달이 되었는데도 분부를 따르지 않았을 뿐만 아니라 그놈이 도리어 큰소리로 지껄이기를, "내가 내 논을 손질했는데, 마위전을 고치는 것이 나와 무슨 관계가 있습니까? 죽더라도 고칠 형편이 아닙니다"라고 하면서 겨우 앞길에 수로는 개통시켰으나 마위전이 떠내려간 곳과 큰길은 전혀 고치지를 않았습니다. 애당초 이 마위전은 그놈 때문에 무너진 것인데도 그놈은 고칠 겨를이 없다고 하면서 이처럼 큰소리를 치는 상황이 괘씸하기 짝이 없어서 그놈 전덕추를 잡아와서 얼마쯤 벌을 주었습니다.

근래는 인심이 비록 좋지 않다고 하나 어찌 구실아치가 되어서 나라의 법을 어기고 관장을 깔보는 것이 이와 같이 방자할 수가 있습니까? 이렇게 법을 무시하는 무엄한 무리를 만약 특별하게 징계하여 다스리지 않는다면, 공전을 빼앗은 버릇과 관의 명령을 이기는 그를 막을 수가 없을 것입니다. 그러므로 이에 감히 치보하오니 사또께서 참작하신 뒤에 위의 전덕추를 법에 따라 징치하는 일을 지시하소서.

제사. 전덕추의 행위가 참으로 몹시 놀랍다. 그를 잡아다가 심문하고 각별히 엄하게 처벌한 뒤에 첩보하도록 함창현(咸昌縣)에 배관으로 분부할 일.

무오년(1738) 5월 초3일

爲牒報事 本驛民人及村民等 馬位田畓接壞處 割耕頗多云 故從實査出之意 春間良中 論報營門 受題後 本縣所上大帳 卽爲推來 同馬位所接處 詳査還推是如乎

其中本驛吏田德秋亦 本以弄法奸吏 前爲記官時 渠爲馬位搜括色吏 庚子量案所載田地 名若大巖洞 日字五等直田 八負二束八斗落只庫乙 以民田樣 隱匿耕食 今至十餘年是如可 今春打量時 果爲現露 無辭發明 而無可考文跡是遣 馬位則明白載錄

故卽爲還推之後 又到孔岩員盡字處 則同德秋畓南邊 自前有大路 路下有水道之狀 卽幽谷老少之所共知 而敢生割耕之計 稱云 丙申大水 有所掘破是如 同大路水道 改出於其矣畓東邊馬位尺量之內 前日大路水道處 則渠自耕食 以此水道改出之故 馬位掘破 其數

---

175) 반교(頒敎): 나라에 경사가 있을 때 그 사실을 백성에게 널리 반포하여 알리다.

甚多 而驛中之人 畏其肆惡 不敢發口 己至累年是如乎

今春打量 則同馬位畓 長一百九十尺 廣三十尺處 長雖存而廣則僅餘十五尺許是去乙 不勝怪駭 同德秋畓打量 則馬位之廣 入於其中是乎所 此畓之失前日八斗落只 隱耕之罪 不勝痛惡叱分不喩 人多傳言 因一德秋擅改大路及水道之故 數多馬位 爲水漂落 多至川 反是如乙仍于

其時爲先捧侤音 若干治罪後 察訪親自分付曰 汝旣累年割耕馬位 則以馬位所出之穀 斯速因舊築畓 還開古道 俾無公田漂落之弊事 再三分付 則渠云 依分付 因舊修治

云云之後 察訪前月 以頒敎差員 竣事後 受由歸家是如可 今來摘奸 則春間分付 今至 三朔 而不唯不從分付 渠反唱言曰 吾自修治吾畓 馬位修治 吾何關哉 有死而勢難修治云 僅自開道於前路 而同馬位漂落處及大路 則全不修治爲臥乎所 當初此畓 因渠掘破 則渠 自修治之不暇 而如是唱言之狀 不勝痛惋 同德秋捉來 若干治罪是在果

近來人心 雖曰不淑 安有身爲下吏 冒犯邦禁 而輕侮官長 若是其放恣乎 如許舞 法無嚴之類 若不別樣懲治 則無以杜公田攘奪之習 及違拒官令之罪 故玆敢馳報 爲去乎 道以參商敎是後 上項田德秋 依律懲治事 行下爲只爲

題 德秋所爲 誠極痛駭 咸昌縣了 捉來推問 各別嚴刑牒報事 背關分付向事

戊五月初三日

聞慶縣移文草 <27>
문경현에 이문한 초안

문경현에 상고(相考)하는 일.

지난번에 마위전을 할경한 사건 때문에 본역의 역리 전덕추를 잡아다가 결장(決杖)[176]으로 죄를 다스렸는데, 얼마 뒤에 병 때문에 죽었습니다. 그의 아들 세번(世番)이 감히 찰방을 해치려는 잔꾀를 내어서 그의 아비가 지형을 바꾸어 할경한 논은 볍씨 한 말 닷 되지기의 땅에 불과하다고 핑계를 대면서 대단한 사건에 관계된 것이 아닌데도 이 때문에 곤장을 맞아 죽음에 이르렀으니 몹시 원통하다고 하였습니다.

또 마위전이라는 사실을 숨기고 몰래 경작한 8마지기는 호계(虎溪)[177]에 사는 김순창(金順昌)에게 사들였다고 사칭하면서 다시 측량하기를 꾀하기에 문경현에 이문하여 토지 대장을 가지고 와서 아전으로 하여금 측량하게 하였더니 마위전이 분명하였습니다. 그의 매매 문서와 토지 대장이 서로 달라서 조금도 믿을 수가 없을 뿐만 아니라 소위 김순창이라는 자도 바로 전세번의 인척이었습니다.

전세번이 공중한다는 핑계로 다시 측량해 달라고 청한 것은 만약 혹시라도 그가 잃어버린 것이 마위전이 아니라 민전이었다면, 살못된 멍밀이라고 신인과의 모례히리고 히 였던 것입니다. 게다가 어제는 관아에 들어와서 큰소리로 외치기를, "아버지의 원수를 갚지 못했다고 사람마다 복수하지 못한 것을 꾸짖으니, 많게는 정거(停擧)[178]를 시켜야 한다."고 하였는데, 전후로 말한 것이 지극히 패악스럽고 그 마음 씀씀이도 참으로 헤아리기가 어렵습니다.

그러므로 우선 이런 뜻을 감영에 논보하였거니와 우관(郵官)[179]에는 본래 형벌을 내릴 감옥이 없으므로 잡아서 가둘 수 없기 때문에, 이에 문경현에 문이(文移)[180]하니 이 전세번을 엄한 차관[猛差]으로 하여금 잡아서 가두어 둠으로써 도망치지 못하게 하였다가 감영에서 회답 제사가 오거든 처치할 수 있도록 하는 것이 합당한 일임.

6월 21일

爲相考事 頃日以馬位割耕事 本驛吏田德秋 決杖治罪 仍病身死是如乎 其子世番亦 敢生謀害官長之計 同其父變幻畓庫 則稱以割耕畓不過一斗五升落只之地 不爲大段關係

---

176) 결장(決杖): 죄인에게 곤장을 치는 형벌을 집행하다. 결곤(決棍).
177) 호계(虎溪): 경북 문경시의 남동부에 있는 호계면을 가리킨다.
178) 정거(停擧): 유생에게 과거 응시자격을 일시적으로 박탈하던 제도이다. 여기서는 전덕추가 찰방의 자손에게 정거의 벌을 주어야 한다고 주장했다는 뜻인 것 같다.
179) 우관(郵官): 찰방의 별칭이다. 여기서는 찰방이 있는 역사(驛舍)를 가리킨다.
180) 문이(文移): 관아(官衙)와 관아 사이에 공사와 관계되는 일을 조회하기 위하여 공문을 보내다. 이문(移文).

而以此被杖 至於致死 極爲寃痛是遣

　且八斗落只隱耕處 稱以買得於虎溪人金順昌處是如 圖囑改量是去乙 移文本縣 推來
大帳 使吏輩打量 則馬位明白 其矣買賣文書與量案相左 少無可信分叱不喩 所謂金順昌
卽田世番姻姻間也

　稱以公證 改請打量 若或其矣所失 非馬位而民田 則宣言誤刑 欲爲謀害 昨入官庭 唱
言曰 以不能復父之讎 人人責以不能復讎 多所停擧云 而前後所言 極其絶悖 其心所在
誠爲叵惻

　故爲先以此意論報營門是在果 郵官本無刑獄 無以囚禁 玆以文移爲去乎 同世番隱 發
猛差 捉去嚴囚 俾無逃躱 以待上司回題 以爲處置之地爲遣 合行云云

六月二十一日

報監營草 <28>
감영에 첩보하는 초안

　감영에 첩보하는 일.

　지난 4월쯤에 본역 역리 전덕추(田德秋)가 공암동(孔岩洞)에 있는 마위전 엄 자(嚴字) 밭 8
마지기를 몰래 경작하였고, 공암동 진 자(盡字) 논 2마지기는 밭으로 바꾸어서 여러 해 동안
할경하다가 올봄에 탄로가 났는데, 옛날 수로를 고쳐서 원래대로 해 놓으라고 재삼 분부하
였으나 끝까지 거역하였습니다. 그러므로 치죄(治罪)한 연유를 일일이 첩보하였사온데, 지
시한 제사에, "덕추가 한 짓이 참으로 해괴하다. 함창현에 배관하여 공문을 보내어 분부하였
다"라고 하였으나, 그 당시에 덕추가 죽었기 때문에 그를 심문할 수 없었던 상황도 또한 이
미 첩보하였습니다.

　대개 덕추가 마위전을 몰래 경작하고 할경한 것이 볍씨 10말지기나 되는데도 끝까지 거역

하면서 옛날 수로 자리를 고쳐서 쌓지 않은 일은 만만 절통합니다. 그때 곤장을 친 것이 19대에 지나지 않았으나, 덕추는 본래 몸에 병을 가지고 있던 사람이고 조섭을 잘하지 못하여 그 병 때문에 죽었습니다. 그런데도 당시에 덕추의 아들 세번(世番)·세무(世武) 등이 무슨 의도인지는 모르겠지만, 머리를 풀어 헤치고 통곡을 하면서 관아 대문으로 들어가려고 하여 문지기 사령들이 문을 막고 들여보내지 않자 세번 등이 관아의 대문을 깨뜨렸습니다. 그들의 작란이 끝이 없었고, 덕추의 조카 민근(敏根)은 말하기를, "이는 바로 살인이니, 찰방을 결박하여 때려야 한다"라고 하였습니다. 그들의 말이 지극히 패악스러웠으니 그때 바로 논보하여 죄를 줄 것을 청했어야 하지만, 우선은 그놈들이 하는 짓을 끝까지 보고 나서 처리하려고 하였습니다.

이번 달 20일에 덕추의 아들 세번이 관아에 갑자기 뛰어들어 큰소리로 외치기를, "우리 아버지가 엄 자 마위전에 몰래 경작했다고 하는 곳은 사들인 것이고, 원래부터 마위전이 아닌데도 끝내 밝히지 않았으며, 신 사에 껭세글 심빔어 힐겅힌 밭도 볍씨 한 만 낟기한 땅에 지나지 않으니 이것이 어찌 큰 죄이겠습니까? 그럼에도 경솔하게 먼저 곤장을 쳐서 죽이는 데까지 이르렀으니, 이는 참으로 불공대천의 원수이옵니다. 자식 된 자로서 아비의 원수를 갚지 않는다면, 저희는 장차 사람들 축에 끼일 수도 없어서 온 마을 사람들이 침 뱉고 욕하지 않는 사람이 없습니다"라고 하며, 그 말투와 행동거지가 패악스럽기 짝이 없었습니다.

이는 실로 옛날에는 없던 변괴이며, 이러한 인심 때문에 의지할 곳 없는 찰방은 실로 헤아릴 수 없이 염려가 됩니다. 그리하여 문경현에 공문을 보내어 우선 세번을 잡아서 가두게 하였습니다. 그 아비 덕추의 전후 행위는 아주 나쁘기 때문에 한편으로는 조금 벌을 주었고 한편으로는 감영에 논보하였습니다. 설사 덕추가 곤장을 맞아서 죽었다고 하더라도 아래 구실아치가 된 도리로써 이처럼 위협하고 공갈하는 것이 부당하거늘, 하물며 죄를 지어 벌을 받은 지 여러 날이 지난 뒤에 다른 병 때문에 죽은 경우이겠습니까?

세번 등이 이와 같이 공갈 협박한 것은 그 뜻이 오로지 현착(現捉)[181]한 마위 전답을 관청에 헌납하지 않으려는 데 있으니, 그 마음 씀씀이가 더욱이나 교묘하고 참담합니다. 엄 자 표시 밭은 그 아비가 산 것이 확실하다고 계속하여 원망하기 때문에, 소위 사들인 문서를 바치게 하게 하여 살펴보니 그가 사들인 밭은 바로 양 자(量字) 표시의 밭이고 마위전은 엄 자 표시에 있습니다.

---

181) 현착(現捉): 잘못이 드러난 그 현장에서 잡다.

그리고 명문(明文)[182]을 작성한 시기는 임인년(1722, 경종 2) 11월인데, 토지 대장은 경자년(1720)에 이루어졌습니다. 이 전지를 만약 그가 사들였다면, 자호(字號)와 새로 측량한 것이 어찌 이처럼 맞지 않을 수가 있겠습니까? 만약에 토지 조사가 임인년 이후라면 문서 안의 자호가 서로 다르더라도 이상한 일이 아니지만, 경자년에 토지 대장이 작성된 뒤에 임인년에 이루어진 문서의 자호가 바뀐다는 것은 아주 이치에 합당하지 않습니다. 또 사들인 주인이 이미 덕추의 형인 만경(萬頃)이니 그에게는 더욱이나 부당하거늘, 핑계를 대어 모면하려는 잔꾀에 급급하여 자호가 서로 아주 다르다는 것을 생각하지 못했습니다.

또 그의 숙부가 사들였다는 다른 땅의 명문도 거짓으로 사들였다는 정황이 여기에서 더욱 더 탄로가 났습니다. 그러므로 토지 대장의 마위전 자호를 차례로 베껴 옮기고, 아울러 전세번이 바친 매매 문기도 감봉하여 올려 보내니 사또께서 참작하신 뒤에 그 전세번과 조카 전민근 등을 법에 따라 처벌하시고, 잃어버린 마위전을 토지 대장대로 도로 찾아서 받아내는 일을 각별하게 지시하소서.

爲牒報事 去四月分 以本驛吏田德秋 孔岩洞伏在馬位嚴字田八斗落只隱耕 及同洞盡字畓二斗落只 變幻田形 累年割耕 今春現露 修復古途之意 再三分付 終始拒逆 治罪之由 枚擧牒報 則題辭內 德秋所爲 誠極痛駭 咸昌縣背關分付亦敎是乎矣 其時德秋身死故不得推問之狀 亦已牒報爲有如乎

大槪德秋隱耕割耕馬位之地 至於十斗之多 而終始拒逆 不爲修築古址之事 萬萬絶痛其時決杖 不過十九度 而德秋本以抱病之人 不善調治 仍病致死是乎 則其時德秋之子世番武番等 未知有何意思 而散髮痛哭 欲入官門 則門直使令輩 拒門不納 世番等破碎官門其所作亂 罔有紀極是遣 德秋之姪 敏根則曰 此乃殺人 察訪可以結縛而打 其所爲說 極其悖慢 其時卽當論報請罪是乎矣 姑觀渠輩之末終而處之矣

今月二十日良中 德秋之子世番 突入官庭 唱言曰 其父嚴字馬位田隱耕處 則乃是買得之田 元非馬位是去乙 終不下別 盡字割耕田 不過一斗餘之地 則胡大罪也 輕先下杖 至於身死 此誠不共戴天之讎 而爲其子者 不能復其父之讎 則矣等將爲不齒人類 一村諸人莫不唾罵是如 言辭擧止 極其危悖

此實前古所未有之變怪 以此人心 孤單郵官實有不惻之慮是乎等以 同世番移文本縣使之爲先捉囚爲有如乎 其父德秋之前後所爲 萬萬痛惡乙仍于一邊畧干治罪 一邊論報

---

182) 명문(明文): 땅이나 집 따위의 소유권이나 어떤 권리 등의 사실을 증명하는 문서로 문기(文記)라고도 한다.

營門爲有如乎 設或使德秋被杖卽死是乎乃置 爲下吏之道 不當若是威脅恐恸是去等 況
被罪累日後 仍他病致死者乎

世番等如是恐喝者 其意專在於現捉位田畓之不欲納官也 其心所在 尤極巧且慘矣是
乎於 嚴字田買得的實是如 縷縷稱寃是去乙 所謂買得文記 現納相考 則其矣所買之田乃
量字 而位田則嚴字是遣

明文年月 則壬寅十一月 而量案則庚子所成 此田庫乙 渠若買得 則字號與新量 何如是
不同乎 量田若在壬寅之後 則成文中 字號之相左 不是異事 而庚子量案後 壬寅所成之文
換錄字號 萬無是理分叱不喩 且買得之主 旣是德秋之兄萬頃 則於渠尤爲不當是去乙 急
於稱托謀免之計 不思字號之判異

且其叔買得他田之文 假稱買得之狀 於此尤益綻露是乎等以 量案位田所付字號 第次
謄出 并與世番所納買得文記 而監封上使爲去乎 道以參商敎是後 同世番及敏根等 依律
科罪是遣 所失位田段置 從量案還推事 各別行下爲只爲

報監營草 <29>
감영에 첩보하는 초안

감영에 첩보하는 일.

역참의 대마는 비록 공적인 일로 왕래하더라도 사람마다 함부로 탈 수가 없다는 것은 나
라에 변치 않는 법규가 있기 때문입니다. 그런데 이번에 장교(將校)[183] 임시번(林時蕃)이 군
졸을 징발하는 일로 이달 초사흗날에 본 역에 도착하여 역장을 불러서 타고 갈 대마를 요구
하였습니다. 역장이 사체(事體)[184]로써 따지자 소위 장교라는 자가 그 역장의 머리털을 잡고
질질 끌면서 "빨리 대령하라"라고 하였습니다.

---

183) 장교(將校): 각 군영 및 지방 관아의 군무(軍務)에 종사하던 낮은 직급의 벼슬아치를 통틀어 이르던 말이다.
184) 사체(事體): 일의 이치와 당사자의 체면이다.

그러므로 역장이 함부로 손을 쓸 수가 없었고 이런 사정을 알려왔기에 찰방이 사람을 시켜서 전달하여 말하기를, "무릇 대마를 타는 것은 마땅히 임금의 명을 받든 선문(先文, 路文)이 있은 뒤에야 말을 달라고 할 수가 있고, 공무 행차 문서인 초료(草料)만 가진 장교가 함부로 탈 수 있는 것이 아니다"라고 재삼 전달하자 그 장교가 말문이 막혀서 중마를 타고 갔습니다만, 산하 각 역에서 다시 대마를 요구하자 역장 등이 감히 고집할 수가 없어서 차례로 내어주었습니다.

행차가 인동부(仁同府) 양원역(楊原驛)에 이르렀는데, 양원은 김천도(金泉道)에서 관장하고 유곡역 소속이 아니며, 양원역에는 본래 대마가 없습니다. 그러므로 유곡역 산하의 대마를 그대로 타고 가다가 고평역(高平驛)에 도착하여 비로소 돌려보냈습니다. 장교가 군졸을 징발하는 일이 비록 공적인 일이라고 하더라도 병조에서 정한 법에는 원래 대마를 내어주라는 조목이 없습니다. 월파와 가파에 대해서는 조정에서 신칙한 것이 한두 번이 아닌데도 하잘것없는 장교들이 국법도 돌아보지 않은 채, 말을 타고 역촌에 달려가 곳곳에서 소동을 일으키며 역졸들을 채찍으로 때렸습니다.

이러한 흉년에 이처럼 법을 무시하는 무엄한 무리를 만약 따로 특별하고 엄격하게 금지하지 않는다면, 가난하고 쇠잔한 역졸들이 앞으로 안심하고 살 수가 없을 뿐더러 함부로 역마를 타는 것을 엄격하게 금지한 법을 어겼으니 그냥 두어서는 안 됩니다. 이에 감히 첩보하오니 사또께서 참작하신 뒤에 빨리 계문(啓聞)[185]하여 법에 따라 논죄(論罪)[186]하소서.

제사. 사건이 매우 해괴하나 감사가 지금 후임을 기다리는 중이니 신임 사또를 기다려서 다시 보고할 일.

8월 18일

爲牒報事 驛之大馬 雖有因公務往來者 人人之不得濫乘 國有常典 而乃者將校林時蕃 以徵軍事 今月初三日 來到本驛 招入驛長 責騎大馬 驛長爭以事體 則所謂將校 同驛長 頭髮扶曳 從速立待云

故驛長不敢下手 以此意來告是去乙 察訪使人傳語曰 凡騎大馬者 當有奉命先文後 可

---

185) 계문(啓聞): 지방장관이 중앙에 상주(上奏)하던 일이다. 계품(啓稟), 계달(啓達), 계주(啓奏)라고도 한다.
186) 논죄(論罪): 죄의 성립 여부를 밝히거나 그 가볍고 무거움 따위를 따지다.

以責騎 而非持草料將校之所可濫騎 再三傳語 則同將校無辭可答 騎中馬下去 而其下各
驛 責騎大馬 驛長等不敢爭執 鱗次出給

行到仁同府楊原驛 則楊原乃金泉道掌 非幽谷所屬 而此驛本無大馬 故仍把幽谷大馬
行到高平驛 始乃還送 將校徵軍之行 雖曰公事 兵曹定式 元無大馬出給之文 越把加把
朝家申飭非止一再 而么麼將校輩 不顧國法 馳到驛村 處處作亂 鞭扑驛卒

如此凶歲 如許無法無嚴之輩 若不別樣痛禁 則貧殘驛卒 將不聊生分叱不喩 冒禁濫乘
之法 不可置之是乎等以 玆敢牒報爲去乎 道以參商教是後 從速啓聞 以爲依律論罪之地
爲只爲

題 事極駭然 而道方在須代中 待新使更報事

八月十八日

報監營草 <30>
감영에 첩보하는 초안

감영에 첩보하는 일.

본역 소속 상주 구화의 낙동과 선산 구화의 영향역은 재해를 입은 것이 더욱이나 비참하
여 재해를 입은 11개 역참 중에서 가장 심하니, 이와 같은 흉년을 맞아 폐단을 줄이는 방법
을 생각지 않을 수가 없기 때문에 이에 감히 치보하옵니다.

예전에는 서울에서 오는 별성과 동래를 오가는 역관 행차의 노문(路文)이 혹은 상주 죽현
(竹峴)에서 선산·인동을 지나는 것이 있고, 혹은 상주 낙동에서 선산의 영향역과 인동을 지
나는 것이 있었는데, 어느 것이나 노정(路程)이 모두 110리입니다. 그러나 만일 영남의 노정
을 자세하게 알지 못하는 행차가 있을 경우에는 상주 낙동에서 영향역으로 길을 잡는 경우

가 간혹 있었고, 이렇게 길을 잡으면 상주와 선산 두 읍에서 모두 출참(出站)[187]을 해야 합니다. 두 읍의 역참에서 이바지하는 일들과 물건을 날라야하는 폐단은 우선 버려두고 따질 것도 없습니다만, 혹시라도 행차가 정해진 날에 도착하지 못하면, 오로지 이 두 역참이 상주와 선산에서 마중 나온 관인들에게 행차가 도착할 때까지 음식을 제공해야 하는 폐단을 먼저 받기 때문에 버티고 감당할 수가 없어서 원망하는 소리가 길에 가득합니다.

가령 이 두 역이 풍년을 만난다면, 본부(本府)의 관인이 공무로 대령할 때에 하루 이틀 음식을 제공하는 것은 어려운 일이 아닙니다만, 금년은 역졸들이 하루 목숨을 이어는 것이 마치 3년을 보내는 것과 같은 지경이거늘, 하물며 뜻밖의 음식 제공이 겹쳐지가는 경우야 말해 무엇하겠습니까? 이러한 보고가 잗달다는 핀잔을 들을 수도 있습니다만, 구휼하는 도리에 무시할 수가 없을 뿐만 아니라 동래로 왕복하는 길이 조금도 서로 어긋나지 않는데도 노문 한 장 때문에 읍과 역이 모두 곤욕스럽습니다.

그러므로 이에 사실대로 논보하오니 사또께서 참작하신 뒤에 이 뒤로는 모든 대소 행차에 관계되는 일을 관청에서 교체하도록 문경현에 별도의 관문으로 분부하고, 상주 낙동과 선산 영향의 두 역은 출참하지 않도록 하여 역민들이 첩역(疊役)[188]을 지는 폐단을 면할 수 있도록 관문을 발송하여 분부하소서.

제사. 이는 사목(事目) 안에 있는 일이니, 첩보한 대로 관문을 발송하여 신칙할 일.

9월 26일

爲牒報事 本驛所屬尙州仇火洛東 善山仇火迎香驛 被災尤甚之慘 冠於所屬被災十一驛之首是乎所 當此歉歲 省弊之道 不可不念 故玆敢馳報爲去乎

曾前段京別星及東萊去來譯官之行 路文或有自尙州竹峴 善山仁同路者是遣 或有自尙州洛東 迎香仁同者 彼此程途 俱是百十里之地 而如有未詳知嶺南程途之行次 則自尙州洛東 迎香作路者 間或有之 以此作路 則兩邑皆爲出站 其兩邑支應等事 輪運之弊 姑

---

187) 출참(出站): 사신(使臣)·감사(監司) 등을 영접하고 전곡(錢穀)·역마(驛馬) 등을 이바지하기 위하여 그들이 숙박하는 가까운 역참에서 사람을 보내던 일이다.

188) 첩역(疊役): 신역(身役) 부담자 한 사람이 동시에 두 가지 이상의 신역을 수행하는 것이다. 신역은 개별적으로 파악된 인정(人丁)을 대상으로 특정한 공역(公役)을 부과하는 것으로 크게 직역(職役)과 군역(軍役)으로 나눌 수 있다.

捨勿論 或有行次未及定日 則唯此兩驛先受弊於其本邑官人供饋 不勝支堪 怨聲載路

假令此驛如逢樂歲 則其本府官人之因公待令時 一兩日供饋 不是惡事 至於今年驛卒之一日連命如度三秋 而況於疊當意外之供饋乎 以此文報 似涉細鎖 而其在顧恤之道 不可恝視分叱不喩 去來程途 小無相左 而因一路文 邑驛俱困

故玆以舉實論報爲去乎 道以參商敎是後 此後則凡干大小行次 自官門交替事 聞慶縣了 別關分付爲乎㫆 尙州善山良中 洛東迎香兩驛 勿爲出站 俾免驛民疊役之弊事 發關分付爲只爲

題 此是事目內事 依所報 發關申飭向事

九月二十八日

善山府移文草 <31>
선산부에 이문하는 초안

선산부에 이문하여 상고하는 일.

본 유곡역 소속 영향역 역리 박상기(朴尙己)가 하소연한 내용은, "저희 역촌이 연거푸 비참한 흉년을 만나 살아갈 방도가 없어서 제가 선산부 부내 근처로 이사를 하였습니다. 그런데 선산부 군관청(軍官廳)의 유사(有司) 등이 저희를 한유(閑遊)[189]하는 사람이라고 의심하고 관가에 무고하여 군관으로 차출하여 이른바 제번조(除番租)[190]를 납부하라고 지금 막 독촉을 하였습니다.

저희들이 과연 한유하는 시골 백성이라면 군관이 되는 것도 무방합니다만, 세상에 어찌

---

189) 한유(閑遊): 일정한 생업이 없이 떠돌아다니는 사람이다.
190) 제번조(除番租): 번[당직]을 면제해 주는 대가로 받는 세금이다.

누대에 걸친 역리의 자손을 군관의 반열에 집어넣을 수가 있단 말입니까? 이는 군관청 유사들이 군관의 이름을 빙자하여 번을 면제해 주는 세금을 빼앗으려는 것에 불과할 뿐입니다. 한 몸에 여러 가지 부역을 지는 첩역은 법에서 분간하여 못하도록 하였기 때문에 감히 이처럼 우러러 하소연하오니, 선산부에 이문하고 빨리 분간하여 첩역을 면하게 해 주시옵소서"라고 하였습니다.

이 소장을 살펴보면, 그들은 과연 누대에 걸친 역리의 자손으로 역역(驛役)을 수행하였으니, 그들이 비록 역역을 피하려고 잔꾀를 내어 군관으로 들어가려고 했더라도 그들이 맡은 임무가 전명을 중히 여기고 역로를 지키는 것에 있으니 마땅히 엄하게 막아서 물리쳐야 하거늘, 그렇게 하지 않고 마치 전례가 있는 것처럼 관가에 무고하여 군관으로 차출한 것입니다.

유곡도에서 관할하는 8개 읍 중에 유독 선산만이 인심이 사나워서 제멋대로 역민들을 괴롭히고, 또 유사들이 그들의 생각대로 뇌물을 요구하는 것을 스스로 잘하는 짓이라고 여깁니다. 그러므로 이러한 폐단이 반복하여 일어나고 있으니, 이후로는 특별히 엄중하게 막아서 번거롭게 이문하는 폐단이 없도록 하고, 박상기도 이문이 도착하는 즉시 분간하여 군관의 역을 면제시키고, 역민들이 그 일당들에게 뇌물을 바치며 생각지도 못한 첩역을 지고 하소연하는 폐단이 없도록 하는 것이 합당한 일.

爲相考事 本驛所屬迎香驛吏朴尙已呈訴內 矣身驛村 荐遭慘凶 資生無路 移接於府內近處是如乎 本府軍官廳所任等 疑是閑遊 誣告官家 差定軍官 所謂除番租備納次 今方督促爲臥乎所

矣身果是閑遊村民 則軍官之稱 似無所妨 而世豈有累代驛吏之子孫 參於軍官之列乎 此不過所任輩憑藉軍官之名 欲爲侵徵除番之租也 一身疊役 在法分揀是乎等以 敢此仰訴爲去乎 移文本府 從速分揀 俾免疊役之地是置有亦

觀此所訴 則渠漢果是累代驛吏之子孫 而隨行驛役 則渠雖謀避驛役 欲爲願入 其爲所任者 其在重傳命扶驛路之道 事當嚴辭退斥 而不此之爲 以有前例樣 誣告官家 有所差出爲臥乎所

本驛道掌八邑中 獨善山一邑 人心巧惡 侵漁驛民 以從中索賄 自謂能事 故如許之弊 比比有之 此後則各別痛禁 俾無煩移之弊爲旀 朴尙已段置 到移卽爲分揀頉下 使無驛民從中納賂 意外疊役呼冤之弊爲遣 合行云云

報監營草 <32>
감영에 첩보하는 초안

감영에 첩보하는 일.

본역은 조령 아래 첫머리에 있는 역이라 역역(驛役)과 관계되는 모든 것이 다른 역보다 10배나 많습니다. 올해와 같은 흉년을 맞아 피해가 우심(尤甚)한 지역은 말할 것도 없거니와 그중에 관개 시설이 조금 잘 되어 있는 역참도 앞날을 보존할 수가 없는 형편이라 앞으로 역참이 여한이 끊어지는 것이 눈앞에 박두하였습니다. 그 관계되는 바가 범연하게 등한시할 일이 아니기 때문에 감히 이처럼 사실대로 논보하옵니다.

대개 영남의 사족들이 선대의 음덕을 빙자하여 어리석은 백성들에게 위세를 부리고 시골 구석에서 무단(武斷)191)하며, 호강(豪強)192)으로 백성들을 잡아들이는 버릇은 일일이 예를 들기기가 어려울 지경입니다. 역참의 마위전으로 말하자면, 마위전 매매를 엄중하게 금지한 것은 국가의 법률이거늘 지금 영남인들은 국법도 무시한 채 역촌이나 역촌 근처에 살면서 역인들을 불러들여 제 마음대로 분부하기를, "어느 마을의 어느 논은 내년에 내가 씨를 뿌리겠다"라고 합니다.

역인들이 원하지 않으면 머리채를 끌고 사정없이 두드려 패기 때문에 그 고통을 감당할 수가 없어서 씨 뿌리는 것을 허락하면, 소위 1년치 도지(賭地)193) 값을 처음에는 주지 않고 가을에 타작을 한 뒤에라야 약간을 주지만, 역민들이 그 위세를 두려워하여 감히 손을 쓸 수가 없습니다. 이러한 버릇이 1년, 2년이 지나도 끝내 고쳐지지 않아서 역민은 비록 풍년을 맞더라도 항상 굶주림을 호소하게 되어 목숨을 보존할 수가 없습니다.

역마로 말할 것 같으면, 대청에 앉아서 역인을 불러들여 분부하기를, "내가 모처에 출입할 일이 있으니 네가 속히 말을 대령하거라"라고 하는데, 역인이 법에 근거하여 대령하지 않으면 머리채를 끌면서 꾸짖기를, "어느 곳의 수령이 나에게 어떤 친척이요, 어느 장령(掌令)194)

---

191) 무단(武斷): 권력이나 세력을 이용해 강제로 일을 처리하거나 다른 사람을 억압하는 일이다.
192) 호강(豪強): 향촌에 토착화한 재지(在地) 지배 세력으로서 관권(官權)과 어느 정도 대립적인 위치에 있으면서 국가의 수취 기반을 불법적으로 침탈하여 사적 이득을 충족하던 계층이다.
193) 도지(賭地): 곡식이나 돈 따위로 대가를 치르고 빌려 쓰는 논밭이나 집터이다. 도조(賭租).
194) 장령(掌令): 사헌부(司憲府)의 정4품 관직으로 정원은 2원(員)이며, 감찰(監察) 업무를 담당하였다.

이 나에게는 어떤 친척이며, 어느 지평(持平)[195]이 나에게는 어떤 친척이 되는데 너희들이 어찌 감히 이와 같이 한단 말이냐?"라고 합니다.

혹시 공적으로 나갈 때면, 그들끼리 도모하고 부탁하여 아무런 이유도 없이 일을 만드는 것이 한도 끝도 없습니다. 그러므로 역졸들은 그들이 빌린 위세가 두려워서 종종 말을 빌려 주는데, 이런 일을 스스로 잘하는 짓이라고 여깁니다. 그러므로 전 사또께서 도내를 안찰할 때 이러한 사정을 아주 자세하게 조목조목 아뢰었고, 사또께서 여러 읍에 관문을 보내어 이런 호강한 무리들로 하여금 역마를 빌려서 타지 못하게 하였으며, 마위전에 대해서는 각별하고 엄중한 관문을 보내어 본역 역리와 해당 읍의 아전들이 함께 조사하고 찾아내어 무가환퇴하고 분반타작하여 올봄에 진휼하라고 하였습니다.

그런데 지금은 전 사또께서 이미 체직되었습니다. 그러므로 그 무리들이 신관 사또께서 새로 부임하는 기회를 틈타서 말을 빌려 타는 예전의 버릇을 답습하고, 겁을 주어서 마위전에 씨를 뿌리는 것이 전날과 똑같기 때문에 역인들이 와서 호소를 하였습니다. 지난날을 가지고 말할 것 같으면, 만일 쌍방이 서로 합의하여 매매했다면 반드시 호소하는 일이 없어질 것인데, 오로지 겁을 주어 마위전을 빼앗아 씨를 뿌립니다. 이 때문에 역인들이 원통함을 참을 수가 없어서 하소연을 하기를, "타작할 즈음에 이르러 저희가 '도지 값을 주십시오'라고 하나, 예전부터 이미 무가환퇴와 분반타작의 법이 있었기 때문에 저희가 호소하여도 들어주지 않습니다"라고 하였습니다.

금년 농사는 지난해보다 더욱 나빠서 허다한 역졸들이 바야흐로 사방으로 흩어질 지경이니 금년은 모든 것을 전례대로 하시고, 마위전이 빼앗기고 매매된 곳을 자세하게 조사하고 찾아내어서 진휼하는 자금과 둔마를 먹이는 데 보탬이 될 수 있도록 하소서. 금년에는 타작할 때 아전들로 하여금 담당하지 못하게 하고, 찰방이 직접 검사하면서 타작할 계획입니다.

근래 각 읍에서 역민을 보는 것이 마치 군더더기 백성인 것처럼 여겨서 오직 읍민만 보호하고 역참 일에 관해서는 들어주지 않으므로 소속 지방관을 첩보 뒤에 기록하였사오니, 각별히 엄중한 관문으로 분부하시어 기어이 빠짐없이 찾아내고 빌려간 마필도 함부로 타지 못하도록 관문으로 분부하소서.

옛말에 이르기를, "풀을 베는 것은 뿌리를 없애는 것만 못하다"라고 하였습니다. 지금 비록 단호하게 금지하더라도 곧바로 옛날 버릇을 답습할 것입니다. 그러므로 이처럼 일일이 거론하여 첩보하오니, 사또께서 참작하신 뒤에 위에서 말씀드린 마위전을 찾아내는 일과 마

---

195) 지평(持平): 사헌부의 정5품 관직이다.

필을 빌려 타는 것에 대하여 특별한 관문으로 분부하여 거의 죽을 지경인 역민들을 구해주시고, 역촌에 거주하는 양반들은 해당 읍에 관문을 보내어 역촌에 있는 집을 헐어서 떠나게 하고, 그들로 하여금 다른 곳에 거주토록 하여 서로 침해하는 일이 없도록 각별하게 지시하소서.

제사. 사건이 매우 놀랍다. 각별하게 엄금하니, 일이 드러나는 대로 엄중하게 다스린다는 뜻을 배관하여 각각의 해당 관청에 분부할 일.

爲牒報事 本驛以嶺下初站 凡干驛役 十倍他驛 逢此荒歲 被災尤甚之驛 已矣無及 而其中有水根稍實驛段置 將無保存之勢 前頭絶站 迫在朝夕 其所關係 非泛然等閒事 故敢此據實論報爲去乎

大槩嶺南士族之憑藉先蔭 賣勢愚氓 武斷鄕曲 豪強作쬟之習 難以毛擧 以驛馬位言之 買賣禁斷之令 國有常典 而今也嶺人 不顧國法 居于驛村及近處 招致驛人 渠自分付曰 某洞某畓 明年吾當付種云

而驛人不願 則頭髮扶曳 鞭扑浪藉 不堪其苦 許令付種 則所謂一年賭地價 初不出給 待秋打作時 略干出給 而驛民畏其氣焰 莫敢下手 如許之習 一年二年 終不悛改 使驛民 雖逢樂歲 常常啼飢 不能保存

以驛馬言之 坐于廳上 招致驛人 分付曰 吾有某處出入處 汝馬速納云 而驛人據法不納 則扶曳叱責曰 某倅於吾爲某親 某掌令於吾爲某親 某持平於吾爲某親 汝等安敢乃爾云

或有因公出去 則從中圖囑 無中生事 罔有紀極 故驛卒畏其假勢 種種備馬 以此等事 自爲能事 故前使道按道時 縷縷條陳 發關列邑 使豪強輩 不得借騎是遣 馬位段各別嚴關 使本驛吏該邑吏 眼同搜括 使之無價還退半分打作 已爲今春賑資矣

今則前使道 旣已遞職 故渠等敢乘使道新到之隙 借馬騎行 復蹈前習 馬位慟種 一如前日 故驛人等 有所來訴爲臥乎所 以昔年言之 若以私相和賣 則必無呼訴之事 而專以慟奪付種 故驛人不勝冤痛 有所呼訴 及其打作之際 渠等乃曰 給價賭地云 而自前有無價還退半分打作之規 故渠等白活 不爲聽施是如乎

今年民事 比諸去年 更加一層 數多驛卒 將至散四之擧是乎所 今年段置 一依前例 馬位攘奪處及買賣處 詳査搜得 以爲添補賑資等馬喂養之物是乎矣 今年段打作時 勿使吏

輩句管是遣 察訪親自看檢打作計料爲去乎

近來各邑 視驛民有若贅民 專護邑民 至於驛事 不爲聽施爲臥乎所 所屬地防官 後錄牒
報爲去乎 各別嚴關分付 期於無遺搜得爲乎旀 所借馬匹段置 不得濫借騎行事 發關分付
爲乎矣

古語云 除草不如除根 今雖禁斷 旋卽復踵 故敢此枚擧牒報爲去乎 道以參商敎是後 上
項馬位搜得事及馬匹借騎事 各別發關分付 以救驛民濱死之命爲乎旀 驛村居兩班段 發
關該邑 使其驛村毁家出送 使之各居 無相侵凟事乙 各別行下事

題 事極駭然 各別嚴禁 隨現重治之意 背關分付於各其官事

報監營草 <33>
감영에 첩보하는 초안

감영에 첩보하는 일.

본역 소속 선산 구화의 영향 · 상림 · 구미 · 안곡, 상주 구화의 낙동, 예천 구화의 수산, 용
궁 구화의 대은 · 지보, 비안 구화의 안계 등 9개 역은 재해를 입은 것이 더욱 심한 역이고,
봄이 된 뒤로 굶주림이 특히 심하기 때문에 각각 그 역에 저장해 두었던 진휼 곡식을 조금씩
나누어 주었습니다. 또 지난번 찾아뵐 때에 위 역의 역졸 등은 직로(直路)에 있기 때문에 이
와 같은 흉년을 당하면 공무로 오가는 사람들에게 음식을 제공하는 것이 감당하기 어려운
상황이라는 것과 얼마 되지 않는 진휼 곡식으로는 구활할 수 없다는 연유를 이미 직접 뵙고
말씀드렸습니다.

만약 감영에서 특별하게 돌보지 않는다면, 앞으로 역민들이 흩어져 역참의 기능이 마비되
는 지경에 이를 것이니 매우 걱정이 됩니다. 그러므로 이에 감히 일일이 사정을 들어서 첩보
하오니, 사또께서 참작하신 뒤에 각각의 지방관에게 각별한 관문으로 분부하여 환곡 중에

쌀과 콩을 넉넉하게 지급하라고 명령함으로써 왕명을 전달하는 중지를 보존할 수 있도록 지시하소서.

　제사. 첩보한 대로 지급할 수 있도록 배관하여 분부할 일.

정월 15일

　爲牒報事 本驛所屬善山仇火迎香上林仇味安谷 尙州仇火洛東 呂泉仇火守山 龍宮仇火大隱知保 比安仇火安溪等九驛段 以被災尤甚驛 開春後 飢荒特甚乙仍于 各其驛留置賑穀 畧干分給爲乎旀 頃日現謁時 右驛驛卒等 在於直路 當此凶歲 公行供饋難支之狀 及數少賑穀 不能救活之由 旣已面稟是在果

　若無自本官別樣顧恤之道 則前頭移散絶站之境 極爲可慮 故玆敢枚擧牒報爲去乎 道以參商敎是後 各其地坊官 別關分付 還上中米太 優數題給 以爲保存傳命之地 行下爲只爲

　題 依所報 背關分付事

正月十五日

報監營草 ＜34＞
감영에 첩보하는 초안

　감영에 첩보하는 일.
　어제 찾아뵈었을 때에 예전부터 전해 오던 진휼 곡식을 절반은 나누어 주고 절반은 그대로 두었다고 이미 직접 아뢰었습니다. 또 금년에 마위전을 찾아내어 받아들인 세금 곡식과 자체로 준비해 두었던 곡식은 전날 첩보한 내용 중에 보리와 밀이 잘 익을지 않을지를 우선은 미리 알 수가 없어서 절반만 나누어 주었다고 논보하였습니다. 그런데 지금 각 역참의 형편은 대부분 매우 가난하여 공무로 오가는 사람에게 음식을 제공하는 것이 지극히 어렵습니다.

대개 이 곡식은 이미 백성들을 위하여 베풀어 둔 것이고, 또 올봄의 보리 농사가 지금까지는 좋을 듯합니다. 그러므로 이처럼 버티기 어려운 때를 당하여 마위전 곡식과 자체로 준비해 두었던 곡식을 전부 나누어 주어서 물고기가 입을 벙긋거리는 것처럼 급박한 역민들을 구제하는 것이 합당한 일입니다. 이에 첩보하오니 사또께서 참작하신 뒤에 각별하게 명령하시어 쇠잔한 역참을 보존할 수 있도록 해 주실 일.

제사. 첩보한 내용대로 시행할 일.

3월 10일

爲牒報事 昨日現謁時 自前流來賑穀段 折半分給是遣 折半留置事 旣已面稟是在果 今年馬位搜得禾穀租及今自備穀段 前日報狀中 前頭兩麥實否 姑未預知 亦爲折半分給之意 有所論報是乎矣 卽今各驛形勢 擧皆赤立 往來公行供饋之節 極爲難堪是如乎

大槩此穀旣是爲民而設 且今春麥事 迄可望稔 則當此難支之時 馬位禾穀及今自備穀段 盡爲分給 以救驛民魚喁之急 事合便當是乎等以 牒報爲去乎 道以參商教是後 各別行下 以爲殘驛保存之地事

題 依所報 施行向事

三月初十日

報監營草 <35>
감영에 첩보하는 초안

　감영에 첩보하는 일.

　본역 소속 군위 구화의 소계역 역장이 치보한 내용에, "소계역에 있던 진휼 곡식 2섬 3말을 손선채(孫善彩) 집에 받아 두었는데, 이달 11일에 우연하게 난 불로 다 타버렸습니다"라고 하였으며, 비안 구화의 안계역 역장의 문서 내용에, "안계역에 있던 진휼 곡식 9섬을 김세닦(金世談) 집에 받아 두었는데, 이달 12일에 불이 나서 모두 타버렸습니다"라고 하였습니다. 그러므로 이미 감영에 기부(記付)[196]된 곡식을 찰방이 멋대로 할 수가 없어서 감히 이처럼 첩보하오니, 사또께서 참작하신 뒤에 징수해야 할 것인지 아닌지를 지시해 주소서.

　제사. 가을 보리를 거둔 뒤에 거두어 바침이 마땅한 일.

3월 15일

　爲牒報事 所屬軍威仇火召溪驛長吏馳報內 同驛賑穀貳石參斗 孫善彩家捧置是如可 今月十一日 偶然失火燒燼是如爲乎旀 比安仇火安溪驛長吏文狀內 同驛賑穀玖石 金世談家捧置是如可 今月十二日失火燒燼是如 文狀爲有等以 旣已營門記付之穀 察訪不得擅便 敢此牒報爲去乎 道以參商敎是後 徵不徵指一行下爲只爲

　題 待麥秋徵上 宜當向事

三月十五日

---

196) 기부(記付): 사무를 인계할 때에 중기(重記)에 기록하는 것이다. 중기는 이전 관리가 신임 관리에게 사무를 인계할 때 전하는 재산 목록 따위의 행정 문서나 장부를 이르던 말이다.

報監營草 <36>
감영에 첩보하는 초안

감영에 첩보하는 일.

선산 구화의 안곡·구미·영향·상림과 예천 구화의 수산과 용궁 구화의 지보·대은과 상주 구화의 낙동 등 8개 역의 역인들이 일제히 호소한 내용은, "저희 각 역은 건조하고 척박한 땅에 있기 때문에 본래 물이 나는 곳이 적고 또 제방도 없습니다. 만약 빗물이 풍부하게 내리지 않으면 매양 모심는 시기를 놓치게 되어 비록 풍년이 들더라도 오히려 굶주림을 걱정해야 합니다. 하물며 이제 겨우 거듭된 흉년을 지났는데, 다시 또 예전에 없던 가뭄을 만났으니 말해서 무엇하겠습니까?

간혹 드문드문 모종을 옮겨 심을 곳이 있으나, 극심한 가뭄이 이와 같아서 논밭의 곡식이 거의 말라 죽을 지경이니 앞으로 먹고 살 희망이 없습니다. 흩어져서 사방으로 가려고 하면 국가 전명의 길이 끊기게 되고, 역참을 지키면서 응역을 하려고 하면 목숨을 이으면서 응역할 형편이 만무하오니, 관에서 이런 사정을 감영에 보고하고 제때에 변통하여 전명을 보존하여 이을 수 있도록 하시옵소서"라고 하였습니다.

그들이 하소연한 것은 제외하더라도 찰방이 지난달 10일 즈음에 좌병사를 지대(支待)[197]하는 일로 군위와 비안 등에 가서 농사 형편을 살펴보았습니다. 모내기를 하지 못한 것이 절반 정도인데, 그 중에서 간혹 모내기를 한 곳과 콩과 목화 등도 모두 말라비틀어졌으니, 눈에 보이는 것이 모두 근심스럽고 비참하였습니다. 그 뒤에 김천에서 말을 점고하는 일 때문에 우도(右道)를 지나갔는데, 각처의 농사가 좌도(左道)와 다를 것이 조금도 없었습니다.

대체로 본역은 조령 밑 첫머리에 있기 때문에 역역에 관계되는 모든 일이 다른 역에 비하여 몇 배나 되는데, 매년 흉년을 겪은 나머지에 또 이처럼 지독한 가뭄을 당하여 추수를 할 희망이 끊어졌으니 전명을 보전할 계책이 만무하고, 허다한 역졸들이 머리를 맞댄 물고기가 입만 뻥긋거리는 꼴이라 장차 너무 가난하여 어떻게 할 수가 없는 근심이 있을 것입니다. 앞날을 생각하면 참으로 어찌할 바가 없으나 관장으로서 그들이 죽는 것을 차마 눈앞에서 바

---

197) 지대(支待): 공적인 일로 지방에 나간 고관의 먹을 것과 쓸 물품을 그 지방 관아에서 바라지하다.

라볼 수는 없사옵니다. 이에 감히 사실대로 첩보하오니 사또께서 참작하신 뒤에 특별히 불쌍하게 여기시어 역민이 전명을 보존할 수 있도록 명령해 주소서.

제사. 각 역이 재난을 당한 것이 이처럼 혹독하다면, 앞날에 절참될 것이 걱정스러워 실로 민망하고 근심스럽다. 그러나 나는 며칠 뒤에 감영을 떠나기 때문에 돌보아 줄 방법을 변통할 수가 없으니, 신임 감사가 오기를 기다린 뒤에 논보하여 윗사람의 처분에 따를 일.

7월 초하루

爲報牒事 善山仇火安谷仇昧迎香上林 醴泉仇火守山 龍宮仇火知保大隱 尙州仇火洛東等八驛 驛人等齊聲呼訴內 矣徒各驛 處在高燥瘠薄之地 本鮮生水 又無堤堰 若無雨澤之周足 則每致移秧之愆期 雖逢樂歲 尙有阻飢之患 而況於纔經存饑之餘 又値無前旱半

或有間間移種處是乎乃 亢旱如此 田畬各穀 擧皆枯損 將無來頭仰哺之望 欲爲散而之四 則國家傳命之路絶矣 欲爲守站應役 則萬無連命應役之勢是乎 自官以此意 論報營門 以爲及時變通 保存傳命事連續爲有臥乎所

其矣等所訴除良 察訪前月旬間 以左兵使支待事 進去軍威比安等地 觀其農形 則未移秧居半之中 間或移秧處 及豆太木花之屬 盡爲枯損 滿目愁慘是乎旀 其後以金泉點馬事 行過右道 則各處農形 少無異同於左道是乎所

大槩本驛 以嶺底初頭 凡干驛役 比他倍蓰 而連歲凶荒之餘 値此孔酷之旱 望斷西成 則支保傳命 萬無其策 數多驛卒 聚首魚喁 將有顚連之患 言念前頭 實爲罔措 爲官長者 不忍立視其死 玆敢擧實牒報爲去乎 道以參商敎是後 各別矜恤 以爲驛民保存傳命事 行下爲只爲

題 各驛被災 若是孔酷 則前頭絶站可慮 實甚悶念 而道方數日後離營 矜恤之道 無以變通 待新使論報 從長處之向事

七月初一日

報監營草 <37>
감영에 첩보하는 초안

10월 14일

감영에 사보(査報)하는 일.

본역 역리 등이 연명으로 의송을 올려서 접수된 제사에, "이전의 제사에 의거하여 보고한 일은 찰방이 분명하게 하여야 할 것이므로 상세하게 조사하고 심문하라"라고 하였사온데, 그들의 의송 내용을 요약하면, "저희 본역은 고개 밑에 있는데, 도로가 세 갈래 길이 있습니다. 왼쪽은 병영(兵營, 병마절도사의 영문)·수영(水營, 수군절도사의 병영)으로 통하고, 중간은 순영(巡營, 순찰사의 감영)·동래·부산으로 통하며, 오른쪽은 병영·통영(統營, 통제사의 군영)으로 통하기 때문에 밤낮으로 분주하여 날마다 쉴 겨를이 없을 뿐만이 아니라 서울 각 관청의 사신 행차 및 도내의 온갖 별성 행차로 고관들의 수레가 서로 잇닿아 잠시도 끊어질 때가 없으니, 사람들은 자리에 앉아 있을 날이 없고 말은 안장을 풀 때가 없으며, 역참의 부역은 번거롭고 힘들어 다른 역보다 몇 배나 심하기 때문에 견디어 나갈 길이 아주 없습니다.

그러므로 모든 역리들이 뿔뿔이 헤어지려는 마음을 가지는 중에 또 과외(科外)[198]로 옛날에는 없던 부역이 덧붙여졌는데 이는 무엇 때문인가 하면, 대동법(大同法)[199]이 한번 설립된 뒤로부터 본 유곡 역참은 혁파(革罷)[200]되었고, 이미 지난 기미년(1619년. 광해 11년)쯤에 조정의 명령으로 유곡에 있던 객관(客館)[201]도 견탄참(犬灘站)[202]으로 옮겨 가서 봉안사(奉安使)·통신사(通信使) 및 경상좌도를 왕래하는 사신 행차도 모두 견탄을 경유하게 되었으

---

198) 과외(科外): 법규로 정한 범위의 밖이다.
199) 대동법(大同法): 각 지방에서 생산되는 특산물을 바치게 하였던 공납제(貢納制)를 폐지하고 쌀로 통일하여 바치게 한 납세 제도이다.
200) 혁파(革罷): 묵은 기구, 제도, 법령 따위를 없애다. 여기서는 유곡역의 기능을 대폭 바꾸었다는 뜻이지, 유곡역이 없어졌다는 것은 아니다.
201) 객관(客館): 예전의 숙박시설로, 객사(客舍)·관사(館舍)라고도 한다. 외국 사신이나 중앙과 지방의 사신 및 관리가 왕래할 때 묵거나 혹은 왜인이나 야인(野人)들이 무역을 행할 때 이용하였다.
202) 견탄참(犬灘站): 견탄은 경북 문경시 호계면(虎溪面)에 있는 지명으로 견탄 나루가 있었다. 서울에서 내려와 조령에서 유곡으로 가려면 영강(穎江)을 건너야 하는데, 영강을 건너는 곳인 견탄에 설치한 역참이 견탄참이다. 견탄참에서 동쪽으로 향하는 수영이나 통신사 행차는 강을 건너지 않고, 유곡역·순영·병영으로 가는 행차는 영강을 건너야 한다.

며, 인마에게 음식을 제공하는 일들도 호삼면(戸三面)[203] 백성들이 돌아가며 번갈아 한 지가 지금까지 100여 년이 넘도록 오래 되었습니다.

계축년(1733, 영조 9) 즈음에는 경상좌도 사신 행차의 선문이 도착했으나, 그때에는 시목탄(柿木灘)과 견탄 두 곳에 다리가 아직 놓이지 않았기 때문에 문경현에서 좌도 사신 행차에 논보하여 한 차례 이 유곡 역관(驛館)[204]을 빌려주었고 사신이 데리고 온 인마에게 음식을 제공하는 일과 문경현에서 출참한 삼반(三班)[205] 하인들에게 음식을 제공하는 일들까지 온전히 본 유곡역에서 맡았습니다.

본역이 그 당시에 한 차례 역관을 빌려주면서 음식을 제공하는 일을 독자적으로 담당한 것도 오히려 원통한데, 그 뒤로 사신이 왕래할 때마다 매번 역관을 빌려 주었고 뒷바라지하는 온갖 일들을 억지로 거행하게 되었으니 마치 이전에 그런 법규가 있었던 것 같았습니다. 그러므로 호삼면 백성들은 스스로 편안히 살게 되었으나, 유곡역만 유독 치우친 고통을 감내하게 되었으니 새치로운 우리 역졸들이 어떻게 견딜 수가 있겠습니까? 호삼면에서 100여 년 동안 전담해 온 전래의 법규는 아무런 영문도 없이 없애버렸고, 한 차례 역관을 빌려 준 것만 문득 잘못된 규칙으로 굳어졌으니, 본래부터 힘든 일에 종사하는 역졸들이 어떻게 이와 같이 잘못된 첩역을 짊어질 수 있단 말입니까?

가령 이 일이 본래 본역의 부역이라면 비록 아홉 번 죽더라도 후회가 없을 것입니다만, 호삼면 마을 백성들이 내려오면서 전담해 온 부역을 하루아침에 대신 맡게 되어 생계를 보존할 수도 없는 지경에 이른 것은 유독 무슨 액운입니까?

이에 억울한 심정을 이길 수가 없어서 연유를 갖추어 새로 부임하는 사또님께서 백성을 보살피는 절월(節鉞)[206] 아래에 호소하오니, 삼가 헤아리신 뒤에 전해 내려오는 촌민의 부역은 촌민이 감당하게 하고, 역민의 부역은 역민이 담당하게 하여 각각 그들의 부역에 힘쓰게 하소서. 접때의 견탄참을 예전대로 복설하는 일은 문경현에 이치를 따져서 명령해 주시기를 바라면서 의송을 올렸사온데, 제사 내용에 '본역에서 조사하여 보고하라'고 하여 하소연하러 왔습니다"라고 하였습니다.

그러므로 조사하여 보고하는 도리에 범연할 수가 없으므로 본역의 노소를 불러서 조사해 보았더니, 그들이 진술한 '견탄참을 예전대로 복구하는 일'은 여러 사람의 의견이 하나로 귀

---

203) 호삼면(戸三面): 당시 문경현의 방리(坊里)로서 호서면(戸西面)·호남면(戸南面)·호현면(戸縣面)의 세 면을 말하는데, 지금의 호계면과 점촌 일대이며, 견탄참도 이 행정 구역 안에 있었다.
204) 역관(驛館): 역마를 갈아타던 역참에서 사람과 말의 중계를 맡아 주는 일을 하던 집이다.
205) 삼반(三班): 지방 관아에 딸린 향리(鄕吏)·군교(軍校)·관노(官奴)를 이르는 말이다.
206) 절월(節鉞): 관찰사·유수(留守)·병사(兵使)·수사(水使)·대장·통제사 등이 부임할 때 임금이 내주던 절과 부월이다. 절(節)은 수기(手旗)처럼, 부월(斧鉞)은 도끼처럼 만든 것으로 군령(軍令)을 어긴 자에 대한 생살여탈권을 상징하였다.

착된 것이 앞에 말씀드린 바와 같습니다. 그리고 위에서 말한 본역이 고개 아래 첫머리에 있기 때문에 삼로(三路)[207]의 폐해를 받는다든가, 그들에게 전해져 내려 온 역참의 일이야말로 수행해야 하지만, 비참한 흉년까지 거듭 만나 아침에 저녁 일을 예측할 수가 없어 매양 사방으로 흩어져 달아날 생각을 품고 있던 즈음에 이전에도 없었고 생각지도 않았던 호삼면에 100여 년이나 내려오면서 응당히 행해지던 부역이 쇠잔한 역민들에게 덧붙여졌습니다. 이 상황을 비유하자면 오래되어 무너질 듯한 집에 다시 한 층의 건물이 더해져 지탱할 수 없는 것과 같으니 기울어 무너지는 우환을 그 자리에 서서 기다리는 형편입니다.

지금 붙잡아 버티고 보존하는 방법이 구관(舊館)인 견탄참에 옛날 부역을 돌이키는 것에 불과할 뿐인데도 이때를 놓쳐서 부역을 고르게 하지 않아 끝내 흩어지는 지경에 이르게 된다면, 비단 속담에서 이르는 '후회막급(後悔莫及)'일 뿐만 아니라 막중한 조정의 명령이 이에 이르러 끊어질 것이니, 받들어 행하는 도리에 있어서 과연 우정(郵政)을 설치하여 전명을 한다고 할 수가 있겠습니까?

이제는 긴 안목으로 돌이켜보는 방법으로는 예전의 규칙을 따르는 것보다 좋은 것이 없습니다. 역민은 역민의 일을 하게 하고, 촌민은 촌민의 일을 하게 하여 각각 그 부역에 힘쓴다면, 촌민이 해야 할 것은 저절로 옛날부터 내려오던 관례를 따르게 되어 조금도 원망하는 일이 없을 것이고, 역민은 부역을 감면하게 되어 거의 보존할 수 있는 형편이 될 것입니다. 이 때문에 역한(驛漢)[208]을 조사하고 심문하여 사실대로 치보하오니, 사또께서 헤아리신 뒤에 전에 없었던 첩역을 감면하고 전래되는 역역에 힘쓰게 함으로써 역민이 편안히 살면서 전명을 보존하는 일에 폐단이 없도록 각별하게 명령하소서.

제사. 유곡역에서 출참하는 일이 있게 되면, 그 폐단이 적지 않을 것이니 마땅히 고집을 부려서 양보하지 말아야 하지만, 사또 행차가 내려갈 때 살펴보아도 유곡에서 출참한 일이 없었는데, 지금 어째서 견탄으로 역참을 옮긴 것을 따지는가? 이제부터 유곡에서 출참하는 일은 법규를 정하여 영원히 막도록 할 것이니, 절목(節目)[209]을 만들어서 준행(遵行)하는 것이 마땅한 일.

무오년(1738) 10월 11일

---

207) 삼로(三路): 삼도(三道)와 같은 말로 보통 충청도 · 전라도 · 경상도를 일컫는다. 여기서는 수영로 · 순영로 · 통영로를 가리키는 듯하다.
208) 역한(驛漢): 역참에서 심부름하던 사내종이다. 역노(驛奴).
209) 절목(節目): 조목(條目)과 같은 말로 여러 가닥으로 나눈 항목(項目)을 가리킨다.

十月十四日

爲査報事 本驛吏等聯名呈議送 到付題辭內 依前題辭論報事 察訪的只教是乎等以 詳查推問爲齊 其矣議送內節該 矣徒本驛在於嶺底 路有三道 左通兵營水營 中通巡營東萊釜山 右通兵營及統營 晝夜奔走 日日無暇分叱不喩 京各司使星行次及道內各別星行次 冠蓋相望 絡繹不絶 人無坐席之日 馬無卸鞍之時 驛役煩重 倍蓰於他驛 萬無支堪之路

皆懷渙散之中 又添科外前古所無之役何者 一自大同設立之後 本驛站革罷是遣 已去己未年分 以朝令同客館移設於犬灘站 奉安使通信使及左道往來使星行次 皆由於犬灘 而人馬供饋等事 以戶三面民人等 輪回爲之者 今至百餘年之久是如乎

癸丑年分 左道使星行次先文來到 而其時柿木灘犬灘兩處橋樑 未及造成乙仍于 本縣教是論報行次 一借驛館 而凡所帶人馬供饋 及本縣出站三班下人供饋等事 全責於本驛

本驛其時 一借驛館 獨自擔當 猶爲寃痛 而其後使星往來之際 每借驛館 支應叱白 靭令擧行 有若前規 民自晏然 驛獨偏苦 哀我驛卒 其何支堪 戶三面百餘年專當流來之規 何其無端除弊 而一借驛館 便成謬規 素所服勞之驛卒 何其如是橫被疊役也

假令此役本是驛役 則雖九死靡悔 而三面村民流來專當之役 一朝替當 至於不得保存之境者 獨何阨哉

玆不勝抑鬱之情 俱由仰訴於使道主按節新莅之下 伏乞參商教是後 由來村民之役 使村民當之 驛民之役 使驛民當之 各服其役 向前犬灘站 依前復設事乙 本縣了論理行下 亦呈議送是乎 則題辭內 使本驛査報是如 來訴是乎等以

其在査報之道 不可泛然乙仍于 本驛老少人招致査問 則其矣招辭內 犬灘站依前復古事 衆論歸一 如上所陳是乎所 上項本驛以嶺底初頭 三路受弊 其矣流來驛役乙沙 荐遭慘凶 朝不慮夕 每懷散四之際 以無前意外 戶三面百餘年流來應行之役 加諸疲殘驛民之狀 譬猶年久傾仄之室 更加一層之屋 不能支撐 其傾覆之患 可立而待之勢也

及今扶持支保之道 不過仍舊館復古役而已 失今不爲均役 而終至流散 則非但諺所謂後悔莫及叱分不喩 莫重朝令 至此而絶 則其於奉行之道 果可謂置郵而傳命耶

今也長慮却顧之道 莫如因其舊規 使之驛民自驛民 村民自村民 各服其役 則村民當之者 自是舊例 少無寃懟之事是遣 驛民段庶有蠲役保存之勢是乎等以 玆以査問驛漢 擧實馳報爲去乎 道以參商教是後 蠲減無前之疊役 服其流來之驛役 無弊保存安接傳命事乙

各別行下爲只爲

題 幽谷若有出站之擧 則其弊不貲 固當爭執 而雖以道行次下來時觀之良置 亦無出站
之事 今何有犬灘移站之可論乎 自今定式本驛出站 永爲防塞 成置節目 遵行宜當事

戊午十月十一日

報監營草 <38>
감영에 보고하는 초안

감영에 첩보하는 일.

본역 소속 비안 구화의 안계역 역인 등이 호소한 내용은, "저희들이 거듭하여 참혹한 흉년
을 만나서 아침에 저녁 일을 예측할 수 없는 상황인데, 올봄에 대마를 새로 세운 뒤에 다시
중마를 잃어버리자 관에서 분부하기를, '빨리 다시 세우라'고 하였기 때문에 감히 명령을 어
길 수가 없어 입마(立馬)[210]할 사람을 차출하려고 각각 흩어지게 하여 말이 있는 곳을 물어
서 찾아보았습니다.

용궁의 정 양산(鄭梁山)[211] 댁에 말이 있다는 소문을 듣고 지난 6월쯤에 끌고 와서 점고를
받았습니다. 그 뒤에 신구 사또의 두 번 행차 및 기타 별성의 한두 번 행차에도 무사히 입파
하였습니다. 그러나 소위 가본(價本)[212]은 공무 행차가 분주하고 흉년이 들었기 때문에 그때
에는 바로 지급하지 못했다가 지난달쯤에 말 값 40냥을 양산댁에 가져갔는데, 그 댁에서 40

---

210) 입마(立馬): 각 역에서 역마를 세우던 일이다. 역에서는 거의 날마다 역마를 조발(調發)하고 공급해야 하는데
　　대개 그 고을의 목장에서 공급받았으나, 부족할 때에는 관이나 민간의 말을 대용하였고, 거의 역리(驛吏)가
　　도맡았다.
211) 정 양산(鄭梁山): 경상도 양산군의 수령을 역임한 것으로 추정되는 정 씨이다.
212) 가본(價本): 값, 가격(價格)이다. 가격은 일본말이니, 가본이란 말을 살려서 쓰거나, 값으로 쓰는 것이 좋겠다.
　　여기서는 말을 산 값이다.

냥은 애초에 서로 약속한 값이 아니고 부족하다는 핑계를 대더니 종놈을 보내어 길목에서 기다리다가 말을 빼앗아 가고 가본은 돌려주지 않았습니다.

그 뒤에 정 양산이 역촌에 와서 저희를 불러서 이르기를, '너희가 당초에 서로 약속한 값을 치르지 않았으니, 나는 이수(里數)와 행차에 입파된 횟수를 계산하여 말을 빌려준 값을 받아내는 것이 마땅하다'고 하면서 1리마다 2전씩 계산하여 18냥을 징수한 뒤에 말도 도로 빼앗아 갔습니다. 저희는 본래 역인이라 감히 조정에 출사했던 관리에게 항거할 수가 없어서 아무 말도 못하고 빼앗겼거니와 원통하고 억울합니다.

저희는 본래 나라의 명령을 전달하는 역졸로서 전후로 입마한 것이 그 수효를 알지 못할 정도로 많았으나, 일찍이 이와 같은 일은 본 적이 없습니다. 지금 이 양산댁 말은 대마가 아니고 또 특별히 좋은 중마도 아니며, 영남 지방에 비록 말 값이 조금 비싸다는 말도 있고, 흉년에 말을 빌린 값을 치르는 것도 처음 있는 일이 아닙니다. 그러나 말을 역에서 기른 지가 이미 근 다섯 달이 되었고 오랫동안 역참의 사료를 먹였으니, 쓸데없이 네 기간에 그냥 있었을 이유는 없습니다. 그런데 양반 세도로써 말을 빌려준 값으로 18냥을 받아 간다면, 역한의 입장에서 18냥은 쓸데없이 빌린 값으로 잃었다고 치더라도 다섯 달 가까이 먹인 값과 말편자 값은 유독 거론하지 않는 것이 옳겠습니까?

기왕에 '역에 팔았다'고 했으면 말을 빌린 값은 없어야 하고, 기왕에 빌려준 값을 받는다고 했으면 다섯 달 가까이 쓸데없이 길러 줄 이유는 없을 것 같습니다. 그러므로 감히 이처럼 우러러 하소연하오니 이런 사정을 감영에 논보하시어 그 말을 길러 준 값을 달수만큼 받아 내어 다른 말을 다시 세우는 밑천에 보태어 전명에 폐가 되지 않도록 호소하러 왔사옵니다"라고 하였는데, 과연 하소연한 것과 같다면 역인의 원망은 형세로 보아 그냥 둘 수가 없습니다.

이미 역한에게 팔았다면 마땅히 역말 값은 사고파는 법(法)으로 책임을 지우는 것이 마땅하고, 빌려준 값을 징수하는 일은 마땅치 않습니다. 반대로 이미 그 이수(里數, 거리)를 계산하여 빌려준 값을 거뒀다면 여러 달 동안 헛되이 길러 줄 이치가 없을뿐더러 이 말이 원래 대마가 아니고 또 특별히 좋은 중마도 아니거늘, 이와 같은 흉년에 역참에 들여보냈다는 명목으로 함부로 말 값을 거두는 것이 이치에 합당한지 모르겠습니다. 애초에 서로 약속한 것이 몇 냥인지는 모르겠으나, 말 값으로 40냥을 받은 뒤에 종놈을 보내어 길목에서 빼앗은 상황도 또한 마땅한 일인지 모르겠고, 이수를 헤아려 빌려준 값을 받아낸 것이 이미 18냥이나 되거늘, 여러 달 동안 말을 먹인 값은 따지지 않은 것 또한 합당치 못합니다. 말 값을 치르지 않고 말을 돌려받았다면 빌려준 값을 징수했다는 주장이 가능하지만, 말 값을 받은 뒤에 또 빌려 준 값을 받아낸다는 말은 일찍이 들은 바가 없습니다.

그러므로 이에 감히 치보하오니, 사또께서 헤아리신 뒤에 그 말을 다섯 달 가까이 먹인 값과 말편자 값을 날짜를 계산하여 받으라는 일로 용궁현에 별도 관문으로 분부하시고, 그 정양산의 일을 맡은 종놈을 엄중하게 가둔 뒤에 독촉하여 거두어들임으로써 다른 말을 다시세우는 값에 보태도록 각별하게 명령하소서.

제사. 정 양산이 어떤 양반인지는 모르겠지만, 영남의 호강한 풍습은 여기에서도 볼 수가있으니 용궁현에 배관하여 분부할 일.

무오년(1738) 10월 17일

爲牒報事 本驛所屬比安仇火安溪驛人等呼訴內 矣等荐遭慘凶 朝不慮夕 而今春大馬新立之後 又値中馬之失 才官分付內 斯速改立亦是乎等以 不敢違令 差出立馬人 各各分散 訪問有馬處

聞龍宮鄭梁山宅有馬 去六月分 牽來逢點後 其後新舊使道兩行次及其他別星一二行次 無事入把 而所謂價本段 緣於公行奔走及其歲飢 果未趁給是如可 去月分同價本四十兩 載納于鄭梁山宅是乎 則其宅以馬價四十兩 非當初相約 稱以不足 送其奴子 要路奪去 不還價本矣

其後鄭梁山來到驛村 招致矣等曰 汝等不給當初相約之價 則吾當計其里數及其行次所把數徵貰云 而一里每二戔式計數 徵錢十八兩後 還奪馬匹以去 矣等自是驛人 不敢抗拒於朝官 果爲無辭見奪是在果 矣等有冤鬱者

矣等本以國家傳命之卒 前後立馬 其數不知 而未嘗見如此之事是乎所 今此馬匹 旣非大馬 又非別中等 則嶺南雖有馬價稍優之語 荒歲馬價 似不濫觴 入驛喂養 已近五朔 而久食驛料 則似無空然在廄之理 而以兩班之勢 徵貰十八兩 則爲驛漢者 其可空失貰價 而近五朔喂養之資 馬鐵之價 獨無擧論耶

旣曰賣驛 則似無貰價 旣徵貰價 則似無近五朔空養之理是乎等以 敢此仰訴爲去乎 以此意論報營門 同喂養之價 隨朔徵捧 以補他馬改立之資 無弊傳命 亦來訴是置有亦 果如所訴 則驛人之稱冤 勢所不已

旣賣驛漢 則當責以買賣之法 而不宜徵貰之事 旣爲計其里數而徵貰 則似無曠月空養

103

之理分叱不喩 此馬元非大馬 又非別中等 如此荒歲 名爲納驛 而濫徵價本 未知得當 初
頭相約 未知幾兩 而捧價四十兩後 送奴要路 奪取之狀 亦未知得當 計里徵貰 已至十八
兩 而不論累朔抹馬之資 亦未得當 不給價而還其馬 則徵貰之說 猶可爲也 而捧價之後
又徵貰價之說 曾所未聞是乎等以

　　玆敢馳報爲去乎 道以參商敎是後 同近五朔抹馬之資及累月馬鐵之價 計日徵捧事 龍
宮縣了 別關分付 同鄭梁山事知奴子 嚴囚督捧 以補他馬改立之價事 各別行下爲只爲

　題 鄭梁山未知何樣兩班 而嶺南豪强之習 此亦可見 龍宮縣了 背關分付事

戊午十月十七日

報監營草 <39>
감영에 첩보하는 초안

감영에 첩보하는 일.

　새로 부임하는 사또를 마중할 때, 각 도의 인마와 각 읍의 잡물(雜物)[213]은 당일에 조점(照點)[214]하여 올려 보내되, 장수(長水)[215]와 안기(安奇)[216] 역 등은 감영 아전이 한꺼번에 조점하여 올려 보내며, 창락(昌樂)[217]과 김천(金泉) 역은 감영 아전이 지나간 뒤 당일 미시(未時) 무렵에 도착하였기 때문에 역시 뒤쫓아 조점하여 밤을 새워 올려 보냈으나, 각 도에서 보낸 마필은 대부분 야위고 열등하여 신영(新迎)[218] 행차에 적합하지 않지만, 날짜가 급박하여 점

---

213) 잡물(雜物): 대수롭지 않은 여러 가지의 물건이다.
214) 조점(照點): 살피고 점검하다.
215) 장수(長水): 『세종실록지리지』에 실려 있는 경상도 지역의 역도(驛道)는 모두 10개이고, 장수는 장수도(長水道)의 본역으로 현재의 영천시 신령면(新寧面) 부근이다.
216) 안기(安奇): 경상도 역도 중 안기도(安奇道)의 본역으로 현재 안동시 안기동 부근이다.
217) 창락(昌樂): 경상도 역도 중 창락도(昌樂道)의 본역으로 현재의 영주시 풍기읍 죽령 밑에 있었다.
218) 신영(新迎): 감영(監營)이나 고을에서 새로 부임하여 오는 감사나 수령을 장교(將校)나 이속(吏屬)들이 맞아

고하여 물릴 수가 없으므로 부득이 조점하여 올려 보냈습니다.

그 가운데 송라(松羅)[219] 인마와 경주·의성·성주·안동 등의 잡물은 기한에 맞추어 도착하지 않았고 날짜가 임박하였기 때문에 먼저 온 인마부터 우선 보냈으며, 아직 읍에 도착하지 않은 것은 본역에서 위의 잡물을 해당 읍으로 하여금 직접 서울로 올려 보내도록 이문하여 독촉하였다는 연유를 첩보하오니 사또께서 참작하신 후에 잡물이 아직 도착하지 않은 경주·의성·성주·안동 및 송라역에 별도의 관문으로 분부하시어 명령하소서.

제사. 접수함.

무오년(1738) 8월 초10일

爲牒報事 新使道迎來時 各道人馬及各邑雜物 當日照點上送爲乎矣 長水安奇等驛段
營吏一時照點上送爲旀 昌樂金泉驛段 營吏過去後 當日未時量來到 故亦爲追點 罔夜
上送 而各道所送馬匹 擧皆瘦劣 不合於新迎之行是乎矣 日子急遽 未及點退 不得已照點
上送爲旀
　其中松羅人馬及慶州義城星山安東等邑雜物 未及期限 日子忙迫乙仍于 先來人馬 爲
先治送爲在果 未到邑良中 自本驛上項雜物 使其該邑 直爲上送京中之意 移文催促爲乎
旀 緣由牒報爲去乎 道以參商敎是後 雜物未到慶州義城星山安東邑及松羅驛了 別關分
付 行下爲只爲

　題 到付

戊午八月初十日

오는 일이다. 신연(新延).
219) 송라(松羅): 송라도의 본역으로 현재의 경북 포항시 청하면 송라면 일대이다.

105

報左兵營草 <40>
좌병영에 첩보하는 초안

좌병영에 첩보하는 일.

이번에 접수된 병마절도사 관문의 내용은, "반쯤 마른 전복을 진상할 때, 연속해서 봉진해야 하는 경우에는 본 좌병영에서 감독하여 밀봉한 뒤 4일 안에 내의원에 납입해야 하는 것이 정해진 규칙인데, 진상품을 모시고 가는 군관 등의 답장 서목에 혹 닷새가 지났거나 혹은 엿새가 지난 뒤에 삼납했다는 것이 연달아 보이니, 일이 극히 놀랍다. 엄중하게 다스려 심문한즉 그들이 아뢴 내용에, '각 역에서 미리 인마를 대기시키지 않은 중에 또 간혹 노둔한 말을 내어서 운반하는 일에 구차스럽게 충당시켰기 때문에 막중한 진상이 기한을 넘겨서 상납하게 되었습니다'고 하니, 지극히 놀라운 사건이다. 각별하고 엄하게 신칙하라."는 관문이 도착하였습니다.

감영의 지시를 받들어 시행하는 도리에 있어서 마땅히 빨리 거행해야 하는 일이거늘, 경유하는 각 역이 진작 거행하지 못하고 이처럼 지체되었으니, 황공함을 이길 수가 없습니다. 소속 각 역에서 이 일을 담당하는 장리를 낱낱이 잡아다가 엄하게 다스려 뒷날에 일어날 폐단을 막고, 직로에 있는 역참에 방(榜)을 붙여서 신칙해야 하는 연유를 감히 이처럼 치보하옵는 일.

제사. 접수하였으니, 각별하게 신칙하여 이전과 같이 늦어지는 폐단이 없도록 할 일.

무오년(1738) 7월 28일

爲牒報事 節到付使關內 半乾全鰒進上 連續封進是在如中 自本營監封後四日內 納于內院 自是定式是如乎 連見陪持軍官等回納書目 則或過五日 或過六日後納上故 事極駭然 各別嚴治推問 則其矣等所告內 各驛人馬 不爲預待之中 或出給駑駘馬 苟充載運 莫重進上 過限納上 事極痛駭 各別嚴飭事關來到是乎所

其在奉行之道 事當急急擧行 而所經各驛 趂未擧行 如是遲滯 不勝惶恐 所屬各驛良中

次知長吏 這這捉來重治 以杜日後之弊爲乎旀 直路站驛段 揭榜申飭緣由 敢此牒報事

題 到付爲在果 各別申飭 俾無如前稽緩之弊事

戊午七月二十八日

報監營草 <41>
감영에 첩보하는 초안

감영에 첩보하는 일.

새로 부임하는 사또를 마중할 때 각 읍에 배정된 잡물을 해당 읍으로 하여금 직접 서울로 올려 보내게 하였다는 사정은 어제 이미 논보하였습니다. 지금 본역에서 신영하는 감영 아전의 사통(私通)²²⁰⁾을 보니, 의성현의 가교(駕轎)²²¹⁾는 올려 보내지 말라고 하였고, 경주 · 성주 등의 읍에 배정된 잡물은 아직까지 도착하지 않았다고 하니 놀랍고 황공함을 견딜 수가 없습니다.

그 뿐만이 아니라 전에 이미 누누이 이문하기를 재촉하였으나, 대수롭지 않게 간주하여 끝내 올려 보내지 않았으니, 본역에서 기한에 맞추도록 독촉할 형편은 만무하므로 다시 첩 보합니다. 이러한 사정을 사또께서 참작하신 뒤에 아직까지 잡물을 보내지 않은 경주 · 성산 등의 읍에 각별하고 엄한 관문으로 신칙하여 그 즉시 밤을 새워 올려 보내도록 하고, 송라 인 마도 사통대로 당일에 발송해야 하는 연유를 첩보하는 일.

제사. 두 읍에서 발송한 상황은 모두 보고가 왔으니 상고하여 시행하겠음.

---

220) 사통(私通): 공적인 일로 관리들끼리 편지 등으로 사사로이 연락하던 일, 또는 그 편지다.
221) 가교(駕轎): 말 두 마리가 각각 앞뒤에서 채를 메고 가는 가마이다.

爲牒報事 新使道迎來時 各邑卜定雜物 使其該邑 直爲上送京中之意 昨已論報爲有在果 卽見本驛了新迎營吏私通 則義城縣駕轎段 勿爲上送是遣 慶州星山等邑卜定雜物 尙未來到是如爲臥乎所 不勝驚惶分叱不喩

前已縷縷移文催促是乎矣 視若尋常 終不上送 自本驛萬無刻期催促之勢是乎等以 更良牒報爲去乎 如許事勢 道以參商教是後 同雜物未到慶州星山等邑良中 各別嚴關申飭 直爲罔夜上送爲乎旀 松羅人馬段置 依私通當日發送 緣由牒報事

題 兩邑發送狀 皆以報來是置 相考施行事

報巡營草 <42>
순영에 첩보하는 초안

순영에 첩보하는 일.

새로 부임하는 사또를 마중할 때 각 읍에 배정한 잡물은 해당 읍에서 직접 서울로 올려 보내도록 하겠다는 뜻으로 전에 이미 첩보하였습니다. 어제 접수된 의성현에서 돌려온 회답 공문에, "본 현에 항상 배정된 가교(駕轎)는 순영 사또께서 감영에 부임한 뒤에 천천히 만들어서 새로 오는 사또를 맞이하는데 대비하고 있습니다만, 이번은 이처럼 급박하였기 때문에 꾸미고 칠하는 일들이 모두 열흘이나 보름 만에 끝날 일이 아니므로 저절로 늦어지게 되었습니다. 그러나 밤낮을 가리지 않고 기한에 맞추도록 독촉하고 있으니 다 만들면 바로 수송하겠습니다."라는 회답 공문을 보내 왔습니다.

하지만 송라역의 인마가 가교를 실어 나르기 위하여 여러 날 동안 본역에 머물며 대기하고 있었어도 끝내 수송하지 못하게 되었으니, 이는 비단 송라역 역인들이 오랫동안 대기하고 있는 것이 민망하고 안타까울 뿐만이 아니라 신영 날짜도 대단히 걱정스럽고 급박하며, 잡물이 도착하지 않은 경주·성주 등의 읍은 잡물을 그들 읍에 두었다가 곧장 올려 보내도록 하라고 본역에서 전에 이미 이문하여 재촉하였으나 아직도 이렇다 저렇다 답이 없습니다. 이런 사정을 다시 관문을 발송하여 분부하시고, 의성현에 배정된 가교는 빨리 실어 와서 송라역 인마 편에 밤을 새워 서울로 올려 보내도록 각별하고 엄한 관문으로 지시하소서.

　제사. 의성현 가교는 어제 신영하는 감영 아전의 사통 때문에 우선은 올려 보내지 말라고 하는 뜻으로 해당 읍에 분부하였고, 경주·성주의 잡물은 함께 올려 보내겠다는 보고가 왔으니 송라역 인마는 빨리 올려 보낼 일.

　爲牒報事 新使道迎來時 各邑卜定雜物 使其該邑 直爲上送京中之意 前已牒報爲有如乎 昨日到付義城縣回移內 本縣恒定駕轎 巡使道上營後 徐徐精造 以待新迎 而今番則如是急迫 故糚漆等事 俱非旬望間訖工之事是乎等以 自爾迁延是如乎 不分晝夜 刻期督促 畢造即爲輸送事 回移來到爲有矣
　松羅人馬段 駕轎載運次 曠日留待本驛 終無輪送之擧 非但松羅驛人之久留切憫 而新迎日子 萬分可慮 急遽是乎旀 雜物未到慶州星山等邑段 置自該邑 直爲上送之意 本驛前已移文催促 而尙無黑白 以此意更爲發關分付爲乎旀 義城縣段 卜定駕轎 急速輪送松羅人馬便 罔夜上送京中事 各別嚴關行下爲只爲

　題 義城駕轎 昨因新迎營吏私通 以姑勿上送之意 分付該邑是遣 慶州星山雜物 幷以上送事報來 松羅人馬斯速上送向事

報巡營草 <43>
순영에 첩보하는 초안

순영에 첩보하는 일.

본역에서 쓰는 인신(印信)222)이 사용한 지가 오래되어 글자의 획이 희미해져 찍어도 온전하게 나오지를 않습니다. 오늘날처럼 온갖 간사하고 거짓된 것들이 튀어나오는 때를 당하여, 환란을 미리 생각하여 예방하는 도리로 불가불 때맞춰 다시 만들어야 하므로 이에 감히 치보하오니, 사또께서 헤아리신 뒤에 병조에 증빙 서류의 차례대로 시행하도록 하소서.

제사. 치보한 문서에 첨부한 증빙 서류의 차례대로 접수함.

爲牒報事 本驛所用印信 年久使用 字畫漫頑 印跡無全 當此奸僞百出之時 其在思患預防之道 不可不及時改造是乎等以 玆敢馳報爲去乎 道以參商敎是後 該曹了粘移次行下爲只爲

題 粘移次 到付

報監營草 <44>
감영에 첩보하는 초안

감영에 첩보하는 일.

본역의 역리와 역졸들은 근래에 견탄참이 폐지되어 다른 곳으로 옮겨졌기 때문에 본역이 받는 폐단이 견디기 어렵다는 상황을 의송으로 올려 접수하였고, '찰방이 확실하게 조사하여 보고하라'고 하셨기 때문에 그때 여론을 캐어물어서 논보하였는데, 제사 내용에, "유곡역에서 출참하는 일이 있게 되면, 그 폐단이 적지 않을 것이니 마땅히 고집을 부려서 양보하지 말아야 하지만, 사또 행차가 내려갈 때 살펴보아도 유곡에서 출참한 일이 없었는데, 지금 어째서 견탄으로 역참을 옮긴 것을 따지는가? 이제부터 유곡에서 출참하는 경우에는 법규을

---

222) 인신(印信): 개인이나 단체의 이름, 그와 관련된 기호나 글자 등을 새겨 일정한 표적으로 문건에 찍는 물건을 통틀어 이르던 말이다. 인(印), 인장(印章), 도장(圖章), 신장(信章) 등으로도 부른다.

정하여 영원히 막도록 할 것이니, 절목을 만들어서 준행하는 것이 마땅하다"라고 지시하였습니다.

본역에서 이 제사를 받은 이후로 중도와 우도로 왕래하는 사신에게 출참하는 일은 영영 폐지되었고 뜻밖의 부역도 경감되어 거의 소생할 희망이 생겼습니다만, 그 중에 좌도로 통하는 길에 나가서 바라지하는 일은 중도와 우도보다 거리가 멀고, 용궁에서 문경에 이르는 80리 사이에 오가는 행차는 반드시 유곡역에서 점심을 먹은 뒤에라야 목적지에 도착할 수가 있습니다.

그러나 서울 행차 중에 봉안사(奉安使)·통신사·포쇄(曝曬)[223] 행차는 모두 좌로를 경유할 뿐만 아니라 그 외에도 역말을 타고 가는 행차가 자주 있는데, 80리 사이에서 만약 점심을 먹지 않는다면 사람과 말이 주리고 피곤하여 전진할 수가 없습니다. 그러므로 이전에는 임시로 본역의 역관을 빌려서 음식 바라지를 하였습니다만, 그렇게 해 온 폐단이 문득 잘못된 규칙이 되어 역민이 견디기 어려운 일이 한층 더해졌습니다. 그러므로 지난번에 호소한 것도 바로 이런 이유 때문이었습니다.

찰방이 조사하여 보고한 내용 중에 뜻한 바가 제대로 전달되지 못하여 제사 내용에, "본 유곡 역참과 견탄참은 나가서 바라지하는 일을 하지 않도록 일정한 법규를 정하여 영원히 막도록 할 것이다."라는 판결이 있었습니다. 그런데 이 제사로 인하여 만약 출참이 폐지된다면 본 문경현은 절목으로 인하여 출참하는 일이 없어질 것이지만, 사신 행차도 80리를 넘어갈 방법이 없으니 형세로 보아 반드시 역촌에서 밥을 구한 뒤에라야 길을 갈 수가 있을 것입니다. 이는 이른바 편리함을 구했으나 얻지 못하여 해로움이 뒤따르게 된다는 말과 같습니다.

그러므로 번거롭고 귀찮게 한다는 잘못을 피하지 않고 이에 감히 다시 첩보하오니 사또께서 참작하신 뒤에 역졸들이 견디기 어려운 상황을 특별하게 돌보시어 견탄참을 예전처럼 복설하여 촌민과 역민이 각각 그들의 부역에 힘쓰고, 첩역을 감당하는 일이 없도록 문경현에 절목을 만들어 준행하라는 뜻을 관문으로 분부하여 시행하게 하소서.

제사. 견탄 역참에서 예전대로 출참하라는 뜻을 배관하여 분부할 일.

무오년(1738) 11월 초5일 감영에서

---

223) 포쇄(曝曬): 사고(史庫) 등에 보관된 서적, 혹은 물에 젖은 물건 등을 꺼내어 습기를 말리고 좀을 막기 위해 바람을 쐬고 햇볕에 말리는 일이다.

爲牒報事 本驛吏卒等 頃日良中 以犬灘站廢而移設 本驛受弊難堪之狀 呈議送到付 察
訪的只查報亦敎是乎等以 其時採問物議 有所論報是乎 則題辭內 幽谷若有出站之擧 則
其弊不些 固當爭執 而雖以道行次下來時觀之良置 亦無出站之事 今何有犬灘移站之可
論乎 自今定式本驛出站 永爲防塞 成置節目 遵行宜當 亦行下敎是乎所

本驛蒙此題辭以後 中右道往來使星 則永廢出站 蠲減意外之役 庶得向蘇之望是乎矣
其中左道一路出待等事 浮於中右兩道 自龍宮至聞慶程道八十里之地 其間去來行次 必
爲中火 然後可以得達

而京行次中 奉安使通信使曝晒行次 皆由左路分叱不喩 及其他乘駄之行 比比有之 八十
里之間 若無中火 則人馬飢疲 不能前進 故前有權借本驛驛館 有所支待 其流之弊 便作謬
規 驛民難支之端 更加一層 故頃日呈訴者 正以此也

察訪查報中 辭不達意 題辭內 有本驛站及犬灘站 勿爲出待事 永爲防塞 成置節目亦爲
題 因此題辭 若廢出站 則本縣因節目 無出站之事 使行無八十里越行之理 勢必責食於
驛村 而後可以前進 此所謂求利未得而害已隨之

故不避煩瀆 玆敢更報爲去乎 道以參商敎是後 特垂驛卒難支之狀 犬灘站依舊復
設 村民與驛民 各服其役 無至疊役事 聞慶縣了成節目遵行之意 發關分付 行下爲
只爲

題 犬灘依舊例出站之意 背關分付向事

戊十一月初五日 在營

報監營草 <45>
감영에 첩보하는 초안

감영에 첩보하는 일.

본역 소속 상주 구화의 낙동·낙원(洛原)·낙서(洛西)와 선산 구화의 영향·상림·구미·안곡과 예천 구화의 수산과 용궁 구화의 대은·지보와 비안 구화의 안계 등 10개 역은 재해를 입은 것이 더욱 심하여 참혹한 사정을 이미 지난번에 올린 첩보에 진술하였으니 지금 다시 쓸데없이 반복하지 않겠습니다만, 그 나머지 7개 역도 간혹 조금 나은 곳이 있으나 평년과 비교하면 재해를 입지 않은 곳이 없는 형편입니다.

내년 봄에 부역에 응해야 할 사람 중에 호수(戶首)[224]로서 역역(驛役)에 나가거나, 장리(長吏)로서 바로 말을 모는 파발졸 등으로 삼는 일은 특별히 선발하여 미리 정한 뒤에라야 전명에 폐단이 없을 것입니다. 그런데 그 중에 마위전을 탐하여 응역을 자원하는 자는 내년 봄을 버티기 어려운 자들이 아님이 없고, 곡식을 바치고 공명첩(空名帖)[225]을 받아서 역역을 피하려는 자는 대부분 내년 봄을 유지할 수 있는 자들입니다. 이처럼 거듭된 흉년을 만났으니 통상적인 사례에 구애되지 말고 그 가운데 형편이 조금 나은 자를 가려서 역역에 차정한 연후라야 절참의 근심이 없어질 것입니다.

만약 공명첩을 받아 역역이 면제된 자들을 징집하여 일을 시킨다면, 그들이 반드시 말하기를, "이는 이전에는 없던 사례이다"라고 하면서 원망하는 말이 없지 않을 듯합니다. 그러나 이러한 흉년에 작은 규칙에 얽매어 일을 시키지 않았다가 앞날에 절참되는 우환이 있게 되면 그로써 생기는 사건은 참으로 작지 않을 것입니다. 그러므로 금년에는 각 역의 호수와 장리를 각별하게 가려 뽑아서 부역에 응하도록 해야 할 것이라는 사정을 이에 감히 치보하오니, 사또께서 헤아리신 뒤에 각별하게 지시하소서.

---

224) 호수(戶首): 민호(民戶)의 대표자이다. 군역(軍役)이나 공부(貢賦) 납부의 책임을 진다. 조선은 초기부터 양인(良人, 평민)을 중심으로 한 병농 일치(兵農一致)의 개병제(皆兵制)를 확립하여 양반계급을 제외한 16~60세 평민에게 군역(軍役)을 부과하고, 이를 정규 군사로서 활동할 호수(戶首)와 그 경제적 뒷받침을 맡을 봉족(奉足)으로 구분하였다.

225) 공명첩(空名帖): 성명을 적지 않은 백지 임명장이다. 관아에서 돈이나 곡식 따위를 받고 관직을 팔 때 관직 이름은 써 주되, 이에 임명된 자는 실무를 보지 않고 명색만 행세하게 하였다.

제사. 공명첩으로 가자(加資)[226]된 것은 그 자신에게만 영광일 뿐이지 그가 져야 할 부역을 면제해 주는 것이 아니거늘, 장리·호수 등을 징집하여 일을 시키는데 어찌 공명첩을 받았다고 역역을 면제해 줄 수가 있겠느냐? 첩보한 내용이 지극히 마땅하니 잘못된 규칙에 구애되지 말고 각별히 가려서 맡기는 것이 마땅한 일.

무오년(1738년) 11월 초2일

爲牒報事 本驛所屬 尙州仇火洛東洛原洛西 善山仇火迎香上林龜尾安谷 醴泉仇火守山 龍宮仇火大隱知保 比安仇火安溪等十一驛 被災尤甚之慘 已陳於前呈報辭中 今不爲疊床之說 而其餘七驛 間或有稍實處是乎乃 比諸常年 無非被災之類是如乎

明春應役人中 戶首出役 長吏直使馬扶撥卒等 別擇預定 然後庶可無弊傳命 而其中貪其馬位 自願應役者 無非明春難支之類是遣 納粟受帖 厭避驛役者 擧皆明春支保之類是如乎 當此荐飢之歲 不拘常例 擇其稍實者 差定驛役 然後似無絶站之慮是乎矣

若爲差役於受帖除役之類 則渠等必曰 此乃無前之例 似不無怨言 而如此之歲 顧其小節 而不爲擇差是如可 前頭若有絶站之患 則其爲生事 誠非細慮乙仍于 今年段各驛戶首長吏 各別抄擇 差定應役之意 茲敢馳報爲去乎 道以參商敎是後 各別行下爲只爲

題 空名帖加資 只榮其身 未免其役是去乙 長吏戶首等差役 何可以受帖許免乎 所報極其得宜 勿拘謬例 各別擇差 宜當向事

戊午十一月初二日

---

226) 가자(加資): 정3품 통정대부(通政大夫) 이상의 품계를 올리거나 혹은 올린 품계, 그리고 일반 벼슬아치들의 품계를 한 등급 올려 주는 것이다.

報監營草 <46>
감영에 첩보하는 초안

겸찰방이 첩보하는 일.

본역에서 올해 감영에 바친 공명첩 곡식 105섬 안에 52섬 7말 5되는 조정의 명령에 의거하여 절반을 창고에 보관하였고, 52섬 7말 5되는 모곡(耗穀)[227]과 함께 받았으며, 창고에 보관한 곡식은 모두 110섬 3말 7되 2홉 5작입니다. 진휼할 곡식 118섬 20말 5되 2작 안에 59섬 6말 2되 5홉 1작은 절반을 창고에 보관하였고, 59섬 6말 2되 5홉 1작은 모곡과 함께 받았으며, 창고에 보관한 곡식은 모두 124섬 11말 26되 2홉 7작입니다.

유 사또(兪使道)께서 본도를 안찰할 때 내년 봄 진휼을 실시할 시기에 무상으로 나누어 주기 위하여 별도로 모은 보리는 100섬이고, 그 전후로 감영의 돈 400냥을 빌려서 본전을 제외하고 곡식을 산 것이 101섬 11말 5되이며, 찰방이 직접 준비한 곡식이 54섬이니, 이상의 모든 곡식[228]을 합하면 490섬 11말 8되 5홉 2작입니다만, 이것이 정월부터 나누어 줄 밑천인데 모아 놓은 각각의 곡식은 매우 보잘것없습니다.

본역 소속 11개 역이 재앙을 입은 피해가 우심(尤甚)한 참상은 이미 전에 올린 첩보 중에 진술했거니와 그 나머지 7개 역도 간혹 초실(稍實)한 곳이 있으나, 평년과 비교하면 재해를 입은 상황이 견줄 데가 없을 지경이라 돌보아 진휼하는 도리에 있어서 초실한 곳이라고 하여 괄시해서는 안 되고, 형세상 반드시 약간이나마 도와 준 뒤에라야 저들이 생활을 할 수 있을 것입니다. 그러나 이처럼 적은 곡식으로 재해를 입은 역에 응역한 사람 및 역에 있는 사람들에게 골고루 나누어 주고, 또 초실한 역에 응역하는 자금으로 보태주려고 하면, 이는 참으로 소위 '홍로점설(紅爐點雪)'[229]이니, 어느 것도 만족시키지 못할 것입니다.

형편상 반드시 그 소중한 곳을 살펴서 호수와 장리를 뽑아서 그로 하여금 발졸에 출역(出

---

227) 모곡(耗穀): 백성들에게 빌려주었던 곡식을 가을에 받을 때, 곡식을 쌓아 둘 동안에 축이 날 것을 생각하여 한 섬에 몇 되씩 덧붙여 받는 곡식을 이르던 말이다.
228) 곡식: 원문에는 곡(谷)으로 되어 있는데, 백화문(白話文)에서는 곡(穀)을 곡(谷)으로도 쓴다.
229) 홍로점설(紅爐點雪): 뜨거운 화로에 눈을 뿌린 것과 같다는 뜻으로, 큰일에 작은 힘을 보태도 아무 보람이 없다는 말이다.

役)하게 하든가 바로 마부나 삼등 말을 몰도록 나누어 주지만, 그 밖의 역인에 대해서는 똑같이 나누어 줄 형편이 만무합니다. 위에서 말씀드린 사람들은 이미 본역에서 나누어 주는 대열에 들어 있지 않고, 또 문경현에서 실시하는 진휼 곡식에 첨가되지도 않았습니다. 그런즉 애처로운 우리 역졸들이 동서로 방황하고 밤낮으로 굶주림을 호소하며 사방으로 흩어지는 고달픈 근심을 서서 기다릴 형편이오니, 관장이 된 자가 차마 가만히 선 채로 두고 볼 수만은 없습니다.

이에 감히 미리 소속 읍을 뒤에 적어 넣어서 치보하오니, 사또께서 헤아리신 뒤에 위에서 말씀드린 11개 역과 응역에 불참한 역인을 각각 그 지방관에게 별도로 가려 뽑게 하여 본 읍의 백성들과 함께 똑같이 나누어 주어 구활하라는 뜻을 각별한 관문으로 분부하소서.

제사. 각 읍에서 진휼함에 있어 어찌 역인이라고 하여 빠뜨린단 말인가? 이는 관문 발송을 기다리지 않더라도 빠지는 근심이 없어야 하며, 찰방이 사사로이 진휼하는 것은 본역과 각 역의 부역에 나간 자를 뽑는 것에 지나지 않으니 전력으로 구활하는 것이 마땅한 일.

무오년(1738) 11월 12일

兼爲牒報事 本驛今年所捧營付帖價穀 壹百伍石內 伍拾貳石柒斗伍升 依朝令 折半留庫是遣 伍拾貳石柒斗伍升段 幷耗收捧 留庫穀合計 則壹百拾石參斗柒升貳合伍夕是遣 賑穀壹百拾捌石拾貳斗伍升貳夕內 伍拾玖石陸斗貳刀伍合壹夕段 折半留庫是遣 伍拾玖石陸斗貳刀伍合壹夕 幷耗收捧 留庫穀合計 則壹百貳拾肆石拾壹斗陸升貳合柒夕是遣

俞使道按道時 明春設賑時白給次 晝給別會车 壹百石是遣 前後營錢肆百兩請貸 除立本貿穀 壹百壹石拾壹斗伍升是遣 察訪自備穀 伍拾肆石 都已上各谷合計 則肆百玖拾石拾壹斗捌升伍合貳夕是如乎 此乃自正月分給之資 而所聚各谷 極其零星是乎所

本驛所屬十一驛 被災尤甚之慘 已陳於前呈報辭中是在果 其餘七驛 間或有稍實處是乎乃 比諸常年 無比被災之類是如乎 其在顧恤之道 不可以稍實而恝視 勢必若干添補 然後渠等庶可支吾 而以此數少之穀 遍給被災驛應役人及在驛人 而又欲爲添補稍實驛應役之資 則眞所謂紅爐點雪 彼此不及者也

勢必顧其所重處 抄其戶首長吏 出役撥卒 直使馬夫及三等馬 而分給是遣 其他在驛人段 萬無一体分給之勢是乎所 右漢等旣不與於本驛分給之列 又不添於本縣設賑之穀 則

哀我驛卒東西彷徨 日夜呼飢 散四顚連之患 可立而待 其爲官長者 不忍立視

　茲敢預先所屬邑後錄馳報爲去乎 道以參商教是後 上項被災十一驛 不參應役
之驛人 各其地方官良中 別爲抄擇 與本邑民 一体分給救活之意 各別發關分付
爲只爲

　題 各邑賑恤 豈以驛人而見漏乎 此則不待發關 而可無不參之慮是旀 察訪私賑 則不
過本驛及各驛立役人抄出 專力救活 宜當向事

戊午十一月十二日

報營草 <47>
감영에 첩보하는 초안

　겸찰방이 감영에 첩보하는 일.

　본 역과 각 역의 역한들이 부경(赴京)[230] 행차에 마부로 갔다가 돌아오는데, 사람마다 다들 싫어하여 피하는 까닭에 그들이 일제히 모여서 의논하였습니다. 그 역이 쇠잔한 역인지 번성한 역인지를 나누어 돈을 거두어서 원금은 남겨 두고 이자만 취하여 왕래하는 경비로 25냥을 지급하고, 품삯을 주고 사람을 사서 부경 마부로 보냄으로써 응역에 폐단이 없도록 한 지가 이미 여러 해가 되었습니다. 세월이 오래 되면 폐단이 생기는 것은 늘 있는 일이어서 해마다 이자를 불리려고 출납할 즈음에도 폐단이 없지 않으니 빌려 쓰는 이는 많으나 이자는 주지 않거나 혹은 떠돌아다니는 빈 털털이거나 혹은 달아나 버려서 문서상에는 돈이 기록되어 있지만 실제로는 없습니다.

　그러므로 혹 갑자기 부경 행차가 있으면 친족에게 강제로 징수하는 폐단이 자주 있습니다.

---

230) 부경(赴京): 서울로 가는 것, 또는 청나라 수도인 연경(燕京)으로 가는 것을 말하는데, 여기서는 연경으로 가는 것을 말한다.

그 가운데 기반이 있는 자는 겨우겨우 바쳤으나, 지금 남아 있는 것은 종이 위의 빈 문서에 지나지 않을 뿐입니다. 마부들이 부경하고 돌아온 뒤에 빌린 값을 지급하면, 이른바 일족들이 원통하다고 소장을 내서 지극히 떠들썩하고 어지럽습니다. 그 친족의 갈래를 물으면 다 혈육과 관계가 없는 사람이 없습니다만, 상놈들이 그 일족의 사돈을 부르기를 '사(査)'라고 하는 것은 보통 있는 일입니다.

문서 속에 일족이라고 실려 기록된 자는 이런 종류가 아님이 없거늘, 관장이 된 자가 이렇게 관계없는 이에게 징수하는 것이 극히 온당하지 못함을 알 뿐만 아니라, 마부도 수만 리를 갔다가 돌아온 뒤에 이른바 품삯을 문서에 얽힌 대로 받으라고 하면, 애당초 빌려 쓴 사람과 일족이라고 칭한 자는 서로 핑계를 대며 끝내 지급하지 않으면서 시일을 끌어 받아 먹을 수가 없으니, 앞으로 있을 부경 행차에 마부인들 견디겠습니까?

그러므로 연경에 들여보내는 사람은 거의가 이것을 바라지 않으니, 품삯을 주지 않고 수만 리를 억지로 보내는 것은 참으로 좋은 일이 아니고, 그 혈족이 아닌데도 명목이 없는 논을 위협하여 받는 것도 좋은 일이 아닙니다. 그러므로 올해부터 처음으로 소속 각 역에서 북경에 들여보내는 사람은 정간(井間)[231]에 기재된 순서대로 돌려가며 보내고, 해당 역에서 마부를 뽑아 보낼 계획입니다.

빌려준 이자돈은 징수할 데가 없으니 문서에 실린 230냥 남짓은 특별히 탕감함을 허락하시어 역민의 친족에게 징수하는 폐단을 면하게 하신 뒤에라야 역참을 지탱하고 보존할 수 있을 것이므로 이에 감히 치보하오니 사또께서 참작하신 뒤에 그 이자돈을 탕감해 줄지 말지를 지적하여 지시해 주소서.

제사. 이런 규정이 시작된 것이 언제이며 본전은 얼마이고 이자는 얼마이며 다른 일에 옮겨 쓴 것은 얼마이고, 지금 나머지 수가 문서에 수록된 것은 얼마든지 간에 이처럼 대흉년을 당하여 이웃이나 친척들에게 징수하는 것은 결코 해서는 안 될 일이다. 변통하여 탕감하는 것은 사세가 부득이한 것이로되, 허다한 곡절을 우선 자세히 첩보하여 처리하는 데 참고가 되게 할 일.

기미년(1739)[232] 12월 24일

---

231) 정간(井間): 정(井)자 모양으로 줄을 친 괘선(罫線) 사이로, 횡간(橫間)이라고도 한다. 여기서는 정간에 기입된 순서대로 보낸다는 뜻이다.
232) 기미년: 뒤에 이어지는 내용으로 보아 기미년은 무오년의 오기(誤記)인 듯하다.

兼爲牒報事 本各驛驛漢等 以赴京馬夫往還 人皆厭避之故 渠等一齊會議 分其殘盛 收合錢兩 存本取利 往來役價 給錢二十五兩 貰人以送 無弊應役 已多年所是如乎 年久弊生 自是常事 每年殖利次出納之際 不無弊端 貸用者多 不與息 或有流亡者 或有逃走者 錢載文案 而實則亡矣

故或有不時赴京之行 則徵族之弊 比比有之 其中有根着者 則堇堇捧用是遣 卽今餘存者 不過紙上一空文書而已 馬夫赴京回還後 抄給貰價 則所謂一族等稱寃呈訴 極其紛紜 問其族派 則無非皮肉不干之人 而常漢之稱其一族之查頓 呼曰査 自是例事

而文券中一族載錄者 無非此類 爲官長者 知其如此而徵捧不干之人 極涉未妥分叱不喻 馬夫段置 數萬里往還後 所謂貰價 從其文券 抄給錢兩 則當初貸用人 一族稱云者 互相稱頉 終不備給 迁延時日 不得受食 前頭赴京之行 馬夫可堪

入送之人 擧皆不願是如乎 不給價而數萬里勒送 實非美事 非其族而無名錢脅捧 亦非好事 故自今年 爲始所屬各驛同赴京入送人 輪回井間 自該驛中 抄送馬夫計料是在果

貰價錢段 指徵無處 文書所載二百三十兩零 特許蕩減 俾免驛民徵族之弊 然後庶可支保是乎等以 玆敢馳報爲去乎 道以參商敎是後 同貰價錢 蕩減與否 指一行下爲只爲

題 此規創始 在於何年 而本錢幾許 殖利幾許 流伊用下者幾許 卽今餘數載於文書者幾許是隱喻 當此殺年 隣族侵徵 決不可爲 變通蕩減 勢不得已 而數多委折 爲先詳細牒報以爲憑處之地向事

己未十二月二十四日

報營草 <48>
감영에 첩보하는 초안

본역의 진휼 곡식을 모두 합한 수는 어제 이미 치보하였거니와 각 역에서 보고한 것을 이어서 보면 정월부터는 말을 기르는 데 드는 콩을 임시변통으로나마 먹일 방법이 전혀 없다고 합니다. 말을 살찌워 사용하는 데 폐단이 없게 하는 것은 모두 콩이 있는지 없는지에 말미암으니 콩이라는 곡식은 참으로 마정(馬政)에서 긴요하고 소중하나 올해는 가뭄 때문에 열매가 전부 충실하지 못하였습니다. 만약 미리 변통하여 나누어 주지 않는다면, 역마가 비쩍 말라 죽는 것을 가만히 서서 기다리게 됩니다.

내년 봄에 얼었던 것이 풀리면 사람들은 나물로 목숨을 잇겠지만, 말은 한때의 나물로는 목숨을 이을 수 없으니 절참(絶站)의 근심이 눈앞에 있습니다. 그러므로 내년 봄에 진휼할 곡식 중에서 조를 콩으로 바꾸고자 하나, 인근 고을에 있는 환곡 콩은 찾아낼 방법이 없습니다.

이에 감히 치보하오니 사또께서 참작하여 헤아리신 뒤에 특별히 굶주린 백성을 구제하는 데 마음을 쓰시되, 진휼하는 곡식은 조와 콩이 특별히 다를 게 없으니, 60섬에 한하여 바꾸어 주도록 인근 고을에 분부하시면, 본역에서 다른 곡식을 실어 보내어 콩으로 바꿔 와서 내년에 말을 키우는 데 폐단이 없도록 함으로써 역이 절참되는 일이 없도록 각별히 지시하소서.

제사. 합당하게 나누어 주도록 관문을 보낼 일.

무오년(1738) 12월 11일

本驛賑穀都數 前日旣已馳報爲在果 連觀各驛所報 則等馬所養之太 自正月萬無拮据喂養之路是如爲臥乎所 等馬肥澤 無弊使用 皆由太之有無 則太之爲穀 實馬政之緊重而今年以旱乾 全不成實 若無預先變通分給 則其瘦瘠致斃 可立而待

若明春解凍 則人可菜蔬連命 而至於等馬 不可以一時蔬菜而連命 則絶站之患 非朝卽

夕 故明春賑資 欲以粟換太 而隣近邑所在還太 末由探知

　兹敢馳報爲去乎 道以參商敎是後 特念救荒 賑穀別無粟太之異同 限六十石換給事 分付隣邑 則本驛載送換來 以爲明春等馬無弊喂養 俾無絶站事 各別行下

　題 從當分劃 發關向事

戊午十二月十一日

報營草 <49>
감영에 첩보하는 초안

　본역과 각 역의 역한들이 중국에 가는 사신 행차의 마부가 되는 것을 사람마다 모두 싫어하여 피하기 때문에 모두가 돈을 거두어 25냥을 주고 사람을 사서 보냈습니다. 그런데 여러 해가 되자 폐단이 생겨 문서에는 돈이 수록되어 있으나 실제로는 없습니다. 그러므로 친족에게 징수하는 폐단이 일어났는데, 당초에 빌려 쓴 자는 혹은 떠돌아다니고 혹은 달아나서 지적하여 징수할 곳이 없습니다. 이와 같은 흉년을 당하여 빌려 쓴 자의 이웃과 친족 중에 관여하지 않은 사람에게 함부로 징수하려고 하니, 일이 원통하고 억울한 데 이르기 때문에 지금 문서에 수록된 230냥을 특별히 탕감하도록 허락하시어 심한 흉년에 친족에게 거두는 폐단을 면할 수 있도록 사유를 갖추어 첩보하였습니다.

　그런데 제사 내용에, "이런 규정이 시작된 것이 언제이며 본전은 얼마이고, 이자는 얼마이며 유용(流用)하여 쓴 것은 얼마이며, 현재 문서에 수록된 남은 수가 얼마든지 간에 이처럼 대흉년을 당하여 이웃과 친척들에게 불법으로 징수하는 것은 결코 해서는 안 될 일이므로 변통하여 탕감하는 것은 형세로 보아 그냥 둘 수 없으니 수효와 사연을 우선 자세히 첩보함으로써 빙고하여 처리하는 근거로 삼도록 하라"라고 하셨기에 본역에 있는 문서를 살펴보니 이 규정은 지난 신묘년(1711, 숙종 37) 사이에 시작되었습니다.

　그러나 그 이전에 북경에 갔다가 돌아온 자에게는 품삯을 지급하지 않았고, 마부는 한결같이 정간에 기입된 차례대로 뽑아서 보냈는데 마부가 된 자가 대부분 도망을 쳤습니다. 그때 본역 및 각 역의 역인들이 일제히 회의를 하고 돈을 거두어 사람을 사서 보냈더니 사람마다 가기를 원하여 구차한 폐단이 없어졌습니다. 하지만 애초에 모은 돈은 200냥에 불과하였고, 그 돈을 각 역에 도로 나누어 주어 매년 연초에 이자를 놓아 받아낸 본전과 이자 중에서 30냥을 창고에 남겨두고 나머지를 또 각 역에 나누어 주어서 이자를 불리도록 하였는데, 해마다 이와 같이 하였습니다.

　신묘년부터 지금까지 29년 동안에 부경 행차가 없는 해가 없었는데, 간혹 북경에 갈 말을 뽑아서 올리라는 공문이 서울에서 오면, 감영에서 혹 한 필을 정하기도 하고 혹 두 필을 정하기도 하여 북경에 들여보내는데 사람마다 전례에 따라 25냥을 지급하였습니다. 신묘년 이래로 이자를 불린 수효와 유용하여 사용한 문서는 이미 세월이 오래 되어 잃어버린 것이 많아서 다 말씀 드릴 수가 없습니다.

　다만 병오년(1726, 영조 2) 이래로 10여 년 동안 출납한 장부가 남아 있는데, 10여 년 동안의 문서에 수록되어 있는 것 중에 사용한 수효와 탕감한 수효를 살펴보면 불린 이자 돈을 필요한 곳에 쓴 것이 거의 984냥이고, 이전에 유용되었기 때문에 감영에 보고하여 탕감한 돈이 184냥 4전 7푼이니, 이로써 추정하면 이는 신묘년 때의 본전인 200냥에 불과합니다. 그 사이에 잃어버린 문서는 우선 버려두고 병오년 이후에 남아 있는 문서만 살펴보더라도 이자를 불려서 쓴 돈이 984냥에 이르고, 더 이상 받아내기 어렵다고 판단하여 감영에서 탕감하도록 한 돈도 184냥 4전 7푼입니다. 그러한즉 처음에 모은 돈과 비교하면 그 이자가 100배가 됩니다. 이자가 100배인데 폐단이 없을 수가 있겠습니까?

　가령 애초에 빌려간 자가 지금 있다고 하더라도 받을 수가 없는 형편이라면 오히려 사정을 분간할 방법이 있을 터인데, 하물며 이런 큰 흉년에 관련도 없는 이웃과 친족에게 거두는 것이야 말해서 무엇하겠습니까? 지금 문서에 남아 있는 돈이 230냥에 이르지만, 기록된 사람 중에 당시부터 현재까지 있는 사람은 없고, 대부분 먼 친족이나 사돈 같은 이들이니 억지로 명령하여 불법으로 징수해서는 결코 안 될 뿐만이 아니라 이 한 가지 일로 인하여 매번 부경 때를 당하면 역민들의 어수선함이 끝이 없으니, 한 차례 변통하여 폐단을 없애지 않을 수가 없습니다. 그러므로 이에 감히 치보하오니 사또께서 참작하신 후에 남아 있는 이자 돈 230냥 남짓을 탕감하도록 특별히 허락하시어 역민들이 생각지도 못한 침징(侵徵)을 당하는 폐단을 면하도록 분부하소서.

제사. 200여 냥의 본전으로 이자를 취한 것이 900여 냥이나 되니 지징(指徵)[233]은 연관되지 않은 곳이나 보류할 곳을 따지지 말고 그냥 두고, 이자로 받아야 할 200여 냥도 특별히 탕감한 뒤에 받고 못 받은 문서도 효주(爻周)[234]하여 굳게 봉해 두며, 이웃이나 친족에게 다시는 책임을 추궁하지 않는 것이 마땅한 일.

기미년(1739) 정월 초4일

本各驛驛漢等 以赴京馬夫 人皆厭避之故 出沒錢兩 給錢二十五兩 貰人以送矣 年久弊生 錢載文案而實則亡矣 故徵族之弊起 而當初貸用者 或有流亡者 或有逃走者 徵指無處 當此殺歲 侵徵於貸用人隣族不干之人 事涉冤抑 故卽今文案所載二百三十兩 特許蕩減 俾免凶歲徵族之弊事 具由牒報矣

題辭內 此規創始何於何年 而本錢幾許 殖利幾許 流伊用下者幾許 卽今餘數載於文案者幾許是隱喩 當此殺年 隣族侵徵 決不可爲 變通蕩減 勢所不已 而數爻委折 爲先詳査牒報 以爲憑處之地是置有亦 取考本驛所在文案 則此規創始於去辛卯年間

而其前北京往還者 不給貰而一從馬夫 幷間抄送 故爲馬夫者 擧皆逃避 其時本驛及各驛驛人等 一齊會議 收合錢兩貰人以送 則人皆願往 無苟且之弊 而當初鳩聚之錢 不過二百兩錢 而還分各驛 每年歲首殖利 收捧本利中 留庫三十兩外 又爲出給各驛 又爲殖利 年年如此

自辛卯至今 二十九年之間 赴京之行 無歲無之 或有赴京馬匹推促關文 自京來到 則營門有或定一匹 或定二匹之時 而入送人處 每名例給二十五兩是如乎 辛卯以來殖利之數 及其流伊用下之文案 已至年久 頗多散亡 不可盡述

而只留丙午以來 十餘年出納帳册是乎所 以十餘年文案所載 用下數及蕩減數考閱 則殖利需用 幾至九百八十四兩是遣 自前流伊 報營門蕩減之錢 至一百八十四兩四戔七分是如乎 以此推之 則此不過辛卯年二百兩本錢 而其間散亡之文案 姑捨勿論 以丙午以後所在文案相考 則殖利取用之錢 至于九百八十四兩 營門難捧類蕩減之錢 亦一百八十四兩四戔七分是乎 則比諸初頭收合 其利百倍矣 其利百倍 而能無弊端乎

---

233) 지징(指徵): 세금을 낼 사람이 죽거나 달아나면 그의 일족이나 이웃에게 징수하는 것이다.
234) 효주(爻周): 문서 따위를 점검할 때, 잘못된 부분을 '효(爻)' 자 모양의 표를 그려서 지우다.

假令當初貸用者 至今現在 而無可捧之勢 則猶有分揀之道 而況於如此殺歲 侵徵於隣族不干之人乎 卽今文案遺在錢 至於二百三十兩 而載錄之人 元無當身現在 而擧皆疎遠族査頓之類 則勒令侵徵 決不可爲分叱不喩 因此一事 每當赴京 則驛民紛挐 罔有紀極不可不一番變通革弊是乎等 以玆敢馳報爲去乎 道以參商敎是後 同貰價錢二百三十兩零 特許蕩減 以免驛民意外侵徵之弊 行下爲只爲

題 貳百餘兩本錢 取利玖百餘兩 則毋論指徵爲無迄可休矣 同貰價錢來捧貳百餘兩 特爲蕩減後 捧未捧文書 亦爲爻周堅封以置 勿復侵責於隣族 宜當向事

己未 正月 初四日

報監營草 <50>
감영에 첩보하는 초안

감영에 첩보하는 일.

본역 소속인 낙동·낙원·연향·상림·구미·안곡·안계·수산·지보·대은 등 10개 역이 더욱 심하게 재해를 당한 상황은 이미 앞뒤의 첩보에서 말씀드렸으므로 이제 감히 다시 번거롭게 하지 않겠습니다. 대개 이 역참을 만약 사또께서 특별히 보호하고 유념하지 않았다면 역졸과 등마는 이미 굶어죽어 남아 있지 않았을 것인데, 다행히 각별히 불쌍하게 여기어 돌보아 주신 은덕을 입어서 지금까지 보존되었습니다.

춘궁기를 당하여 역인들이 굶주려 고달픈 것이 매우 가련하고, 그 가운데서도 등마를 기르는 한 가지 문제는 참으로 근심이 됩니다. 작년에 찰방이 여물 70여 바리를 사서 재해를 당한 역에 나누어 주었으나, 이제는 기르는 데 다 써서 이어서 공급할 길이 없습니다. 지금 각 고을에서 환곡을 나누어 주는 것과 구휼 정책이 한창 진행되고 있으니 허다한 빈 가마니가 필시 여유가 있을 것입니다. 만약 그 빈 가마니를 얻는다면 말을 먹일 수 있으니 아마도 굶어죽을 걱정은 없을 것입니다. 그러므로 각 역이 소속된 읍을 뒤에 기록하여 치보하오니 사또께서 참작하신 뒤에 각 읍에 있는 빈 가마니를 말 한 필마다 매일 한 가마니씩 넉넉한 숫자로 지급하라는 뜻으로 관문을 발급하여 분부하소서.

제사. 재해를 당한 읍에 있는 각 역마다 말의 수를 계산하여 빈 가마니를 나누어 주도록 벌써 분부하여 거행하였는데, 본역은 이제 처음 알려왔으므로 다른 역처럼 나누어 주도록 배관하여 분부할 일.

기미년(1739) 3월 초10일

爲牒報事 本驛所屬 洛東洛元延香上林仇尾安谷安溪守山知保大隱等十驛 被災尤甚之狀 已陳於前後報辭中是乎所 今不敢更煩 而大槩此驛 若無使道曲護軫念 則驛卒及等馬 已爲餓死無遺 而幸賴各別矜恤之德 至今保存矣

當此窮春 驛人之飢困 已極可矜 而其中等馬喂養一節 實爲切憫 年前察訪 貿草七十餘駄 分給被災驛 而今則已盡喂養 無路繼給 卽今各邑 還上分給及賑政方張 許多空石 想必有裕 若得空石 則可以喂養 庶無飢死之患是乎等以 所屬各邑 後錄馳報爲去乎 道以參商敎後 各邑所在空石 馬一匹每日一立式 優數題給之意 發關分付爲只爲

題 他各驛在災邑處 空石計馬數分給次 此曾已分付擧行 而本驛今始報來 故依他背關分付向事

己未三月初十日

감영에 첩보하는 일.

본역 소속 함창 구화의 덕통역 역인들이 일제히 호소한 내용은, "저희 역은 사영(四營)[235]과 직접 통하는 길에 있기 때문에 역에 관련된 모든 일이 다른 역보다 열 배나 많은데도 지금까지 전명이 보존된 것은 대소보(大召洑) 아래에 마위전이 있기 때문입니다. 뜻밖에 이번에 그 근처에 사는 산주 시란 정익적(鄭億赤)이라 자가 관의 명령도 없이 대소보 아래에 예로부터 묵혀 버려둔 모래사장을 샀다고 하면서 마음대로 논을 만들고, 마위전에 예전부터 흐르던 물길을 제멋대로 옮겨 바꾸었습니다.

공전(公田) 위의 모래사장에 논을 만들어놓고, 중간으로 물길을 터놓아 아래쪽 수백 섬지기 마위전이 장차 묵어서 버려지게 될 상황이니, 아주 원통할 뿐만이 아니라 허다한 곳으로 흐르는 물길을 의적이 제 한 몸의 사사로운 욕심으로 함부로 고치고 바꾸어서 논이 높아지고 물은 낮아져 물을 끌어다 댈 수가 없기 때문에 마위전을 폐기해야 하는 지경에 이르렀으니 지극히 통탄스럽습니다. 만약 의적으로 하여금 그의 계획을 실행하도록 그냥 둔다면, 마위전을 묵혀서 버리는 것 외에는 다른 대책이 있을 수 없사오니, 관에서 각별히 적간하고 논보하여 가운데로 물길을 내지 못하도록 해 주시옵소서"라고 호소하였기에 놀라움을 이기지 못하여 찰방이 달려가서 적간해 보니 과연 호소한 바와 같았습니다.

대개 이 보 아래 묵은 곳은 볍씨 20여 말의 논이 될 수가 있고, 논을 만들면 땅이 본디 모래사장이어서 물을 대면 모두 바닥으로 빠져 나가 남는 것이 없어서 물이 아래로 내려가지 못하는 것은 불을 보듯이 뻔합니다. 그 뿐만이 아니라 아래쪽 백성 논과 마위답이 거의 300여 섬지기나 되는 많은 양인데, 모두 이 보의 도움에 힘입어 참혹한 재앙을 면할 수 있었습니다. 그러나 대소보가 만들어진 뒤로부터 그동안 흘러내리던 물길을 과연 제멋대로 고쳐서 물이 낮아지고 논은 높아져서 물을 끌어다 댈 수 없게 된 것도 또한 매우 분명한 사실입니다. 가령 이 논들이 비록 서너 섬지기밖에 안 된다고 하더라도 의적이란 자가 감히 사사로이 자기 논

235) 사영(四營): 감영(監營), 수영(水營), 순영(巡營), 통영(統營)을 가리킨다.

으로 만들어 물길을 고쳐 바꾸지 못할 것 같은데, 하물며 수백 섬지기의 땅이겠습니까? 백성의 밭이더라도 오히려 감히 범하지 못할 터인데, 하물며 전명의 위토답이겠습니까?

인심이 예와 다르고 국법이 행해지지 않아 이처럼 하찮은 백성이 능히 공전을 이와 같이 침해할 줄 아니, 역참이 유지가 되겠습니까? 이번에 적간한 것은 다만 의적만이 아닙니다. 또 전이건(錢以建)이란 자가 물길 서쪽 가의 밭을 논으로 만든 것이 두세 섬지기에 이르는데, 물길 곁을 따라서 구멍을 뚫어 사사로이 물을 대는 통을 만들어 중간에서 물을 끌어대니, 옛날에 흐르던 물이 멀리까지 미치지 않습니다. 이 때문에 옛날에는 논이었던 마위전이 지금은 밭이 된 것이 대여섯 섬지기나 되는데, 반드시 그 곁에 뚫어 놓은 구멍의 물길을 막은 뒤에라야 막중한 마위답이 묵혀서 버려지지 않을 것입니다만, 근래에는 백성들이 견줄 데 없이 간악해져서 관청의 명령을 따르지 않는 것을 능사로 삼습니다.

찰방이 엄한 말로 물길을 내지 못하도록 금지하였습니다만, 다른 읍의 백성이라고 핑계를 대면서 따르지 않으므로 이에 감히 치보하오니, 사또께서 참작하신 뒤에 함창현에 특별히 관문을 내려 분부하시어 그 정의적(鄭儀赤)과 전이건(錢以建) 등을 각별히 엄한 형벌로 무겁게 다스려서 한편으로는 공전을 침해한 죄를 징치하고, 한편으로는 역졸로 하여금 편안히 살 수 있는 터전이 되도록 명령하소서.

제사. 적간하여 엄히 금지하라는 뜻을 배관하여 분부할 일.

기미년(1739) 3월 21일

爲牒報事 本驛所屬咸昌仇火德通驛驛人等 齊聲呼訴內 矣徒爲驛處於四營直路 凡干驛役十倍他驛 而至今保存傳命者 以其有大召湺下馬位之故 而不意今者袱近處居尙州人鄭儀赤者 不有官旨 同湺下古來陳廢沙場 稱以買得 任自作畓是遣 矣馬位自前來流水道 擅自移易爲臥乎所

公田之上沙場作畓 居中決水 使下邊數百石馬位 將至陳廢之狀 萬萬絶痛分叱不喩 許多灌漑之水道 以儀赤一身之私慾 敢爲改易 畓高水卑 不能引水 至於廢棄之地 極爲痛惋 若使儀赤 售其私計 則位畓陳廢之外 萬無他策 自官各別摘奸論報 以爲禁斷之地 來訴爲有去乙 不勝驚駭 察訪馳往摘奸 則果如所訴是乎所

大槩此湺下陳處 可作二十餘斗之畓 而若爲作畓 則地本沙場 灌漑之際 滲漏無餘 水

不及下 明若觀火分叱不喩 下邊民畓與位畓 將至三百餘石之多 咸賴此洑 得免慘凶 而同
洑設立後 流來水道 果爲擅改 水卑畓高 不能引水 亦甚昭然 假使此畓 雖至三四石落只
儀赤者似不敢私自作畓 改易水道 而況於數百石之地乎 民田猶不敢侵犯 況於傳命之位
畓乎

人心不古 國法不行 如許小民 能知侵害公田如此 而驛可支保乎 今番摘奸 則非特儀赤
又有錢以建者 水道西邊以田作畓 至於二三石落只 從傍穿穴 私自水桶 居中引水 古水不
及遠 下邊馬位之昔畓今田 至於五六石落只是乎所 勢必防塞其傍穴水道 然後莫重位畓
可無陳廢 而近來民人 奸惡無比 以不遵官令 自爲能事

察訪嚴辭禁斷是乎矣 稱以他邑村民 不爲遵行是乎等以 玆敢馳報爲去乎 道以參商教
是後 咸昌縣了別關分付 同鄭儀赤錢以建等 各別嚴刑重治 一以懲侵害公田之罪爲乎旀
一以使驛卒 安接之地 行下爲只爲

題 摘奸嚴禁之意 背關分付向事

己未 三月 二十一日

報監營草 <52>
감영에 첩보하는 초안

감영에 첩보하는 일.

지금 들으니, 좌병사가 체귀(遞歸)[236]되어 올라갈 때에 조령을 경유하는 길로 행차를 한다
고 하였는데, 병조의 분로(分路)[237] 조목을 살펴보면, 순사또[238]·도사·상주 영장·대구

---

236) 체귀(遞歸): 병이 나거나 부모를 모시기 위해서, 혹은 나이가 들어서 벼슬을 내놓고 돌아가거나, 벼슬이 바뀌
어 다른 임지로 가는 것이다.

영장이 각각 행차할 때는 조령을 넘는 길로 오가고, 좌병사·우후(虞候)[239]·안동 영장·경주 영장은 죽령으로 오간다는 것이 명백한 분로의 정식(定式)입니다.

지금 이 좌병사 행차가 무슨 까닭이 있어서 조령으로 지나가고자 하는지 모르겠으나, 조정에서 이미 각 역참에서 이바지하기 어려운 형편을 염려하여 분로 정식을 임금께 아뢰어 변통하였으니, 이는 금석 같은 법령입니다. 찰방이 된 자가 어찌 감히 나라의 규정을 어기면서 인마를 데리고 나아가 마중하고 대접하는 일을 해야 하겠습니까? 이는 뒷날의 폐단과 관계가 되니, 한결같이 규칙을 따라서 대접하러 나가지 않는 것이 일의 도리에 당연하기 때문에 이에 감히 첩보하오니 사또께서 헤아리신 뒤에 좌병영에 분로 정식대로 죽령을 경유하는 길로 행차하라는 뜻을 별도의 관문으로 분부하여 지시하소서.

제사. 근래에 좌병사의 품보(稟報)[240] 때문에 허락을 하였다. 군사 요충지의 방어 상태를 자세히 보고 싶다는 좌병사의 요청을 허락하지 않을 수가 없었으나, 찰방이 법령을 지키려고 하는 뜻도 억지로 뿌리치기 어려우니, 반드시 죽령 길에 있는 역마로 행차하여 유곡역에 폐를 끼치는 일이 없도록 좌병사에게 논보하는 것이 마땅한 일.

기미년(1739) 4월 초6일

爲牒報事 卽聞左兵使遞歸上去時 由鳥嶺路作行是如爲臥乎所 考見兵曹分路節目 則巡使道都事尙州營將大丘營將各行次 踰鳥嶺路來去是遣 左兵使虞候安東營將慶州營將 來去竹嶺事 明白分路定式是如乎

今此左兵使行次 不知有何故而作路鳥嶺是乎喻 朝家旣慮各驛難支之勢 分路定式 入啓變通 則此乃金石之典 爲察訪者 安敢違越事目 至有領率人馬延逢出待之擧乎 後弊所關 一遵節目 不爲出待 事體當然是乎等以 玆敢牒報爲去乎 道以參商敎是後 左兵營了 依定式路 由竹嶺之意 別關分付 行下爲只爲

---

237) 분로(分路): 길을 나누어서 다니다.
238) 순사또(巡使道): 각 도의 으뜸 벼슬인 관찰사를 높여서 이르던 말이다.
239) 우후(虞候): 조선시대 각 도 절도사(節度使)에 소속된 관직이다. 각 도의 주장(主將)인 절도사의 막료로서 주장을 보필한 까닭에 아장(亞將)·부장(副將)이라고도 한다.
240) 품보(稟報): 웃어른이나 상사에게 말이나 글로 여쭈기 위하여 보고하다.

題 頃因左兵使禀報 有所許題是如乎 歷見嶺阨關防之請 不得不許 而郵官之欲守法意
亦難強拂 必以竹嶺路驛馬作行 勿貽本驛之弊事 論報左兵使 宜當向事

己未四月初六日

報左兵營草 <53>
좌병영에 첩보하는 초안

좌병영에 첩보하는 일.

찰방이 근래에 인동부(仁同府)에서 순사또를 찾아뵐 때 분부하신 내용 안에, "지금 좌병사가 체직되어 돌아갈 때 조령의 생김새를 보고 싶다고 품보하여 허락을 하였다"라고 분부하셨기 때문에, 돌아가서 본역에 있는 병조의 분로 정식과 계하(啓下)241)된 조목을 살펴보니 좌병사 사또가 좌병영에 오가는 행차는 죽령을 경유하는 길로 다니는 것이 명백한 정식이었습니다.

찰방이 욕되게도 관장의 반열에 있으면서 조정의 법령을 눈으로 보면서도 아무렇지 않게 법을 어기는 것은 황공함을 견딜 수 없고, 병조 정식의 공문도 있는데 순사또 제사에, "근래에 좌병사의 품보 때문에 허락을 하였다. 좌병사가 군사 요충지의 방어 상태를 자세히 보고 싶다는 요청을 허락하지 않을 수가 없었으나, 찰방이 법령을 지키려고 하는 뜻도 억지로 뿌리치기 어려우니, 반드시 죽령 길에 있는 역마로 행차하여 유곡역에 폐를 끼치는 일이 없도록 좌병사에게 논보하는 것이 마땅한 일."이라고 하였습니다.

순사또의 제사가 이처럼 명백하니 지금 권세가 없는 찰방이 삼로(三路)의 요충지에 있으면서 좌병사가 무단히 법령을 어겼다고 입계(入啓)하는 것도 너무 황공하고, 순영 제사에서 이처럼 법령에 근거하여 행동하라고 하였는데 따르지 않는 것도 황공하며, 감히 입계 정식

---

241) 계하(啓下): 임금에게 올려진 계문(啓聞)에 대한 임금의 답이나 의견으로 내려진 것이다. 임금은 계문을 보고 계자인(啓字印)을 찍어 친람(親覽)과 결재(決裁)를 마쳤음을 표시하였다.

과 순사또의 제사를 믿고 먼저 품보하지 않았다가 만약 좌병사 행차가 유곡도에서 관장하는 곳에 도착했는데도 모실 인마를 준비하여 대기시키지 않는다면, 공연히 사건을 만드는 것이라 사적인 도리에 있어서도 지극히 황공하옵니다.

그러므로 지금 법을 지키고 공익을 받드는 도리는 먼저 일의 형편을 보고하여 죽령 길의 역마로 행차하게 하는 것보다 더 좋은 방법이 없습니다. 이에 감히 치보하오니 좌병사 사또께서 참작하신 뒤에 본역의 형세를 통촉하여 전례를 파괴하는 데에 이르지 않도록 각별하게 명령하소서.

제사. 조령으로 다니는 것이 지금 처음으로 시작된 것이 아니고, 등록(謄錄)[242]을 살펴보면 간혹 있을 뿐만 아니라 전임 병사 또한 조령을 통과한 일이 있는데 찰방이 재임할 때이다. 내가 지금 조령으로 가겠다는 뜻을 비국에 첩보하였더니 비록 분로 정식이 있더라도 비국에서 허락하였으니 어느 곳인들 다닐 수 없겠는가? 상고하여 시행할 일.

기미년(1739) 4월 초10일

爲牒報事 察訪頃日 仁同府巡使道現謁時分付內 卽今左兵使遞歸時 欲覽鳥嶺形便 有所稟報 果爲許題 亦分付敎是乎等以 歸見本驛所在兵曹分路定式啓下節目 則使道左營去來行次時 路由竹嶺 明白定式是如乎

察訪忝在官長之列 目見朝家金石之典 恬然違越 不勝惶悚 以兵曹定式 有所文報爲有如乎 巡使道題辭內 頃因左兵使稟報 有所許題是如乎 歷見嶺阨關防之請 不得不許 而郵官之欲守法意 亦難强拂 必以竹嶺路 驛馬作行 勿貽本驛之弊事 論報左兵使 宜當亦敎是乎所

巡使道題辭 如是明白 則如今無勢郵官 居在三路要衝之地 入啓金石之典 無端違越 極涉惶恐是遣 巡營題辭如是據法 則不能遵行 亦涉惶恐是遣 敢恃入啓定式及巡使道題辭 不先稟報是如可 行次若到道掌 而所把人馬 不爲整待 有所無中生事 則在私分 亦極惶恐是乎等以

卽今守法奉公之道 莫如先報事勢 以竹嶺路驛馬行次敎是乎等以 玆敢馳報爲去乎 道

---

242) 등록(謄錄): 관청에서 조치하여 행한 일이나 사실 가운데 중요한 것을 주무 관서에서 그대로 기록하여 만든 책으로 훗날 참고 자료로 활용한다. 『비변사등록』이 대표적이다.

以參商教是後 洞燭本驛形勢 無至破壞前例事 各別行下爲只爲

題 鳥嶺作行 此非今始刱開 考見膽錄 則間或有之叱分不喩 前使亦以鳥嶺作行 察訪
在任時是遣 此意報備局爲有如乎 雖有分路 備局許題 則何處不往 相考施行向事

己未四月初十日

報監營草 〈34〉
감영에 첩보하는 초안

찰방이 김천도를 겸임하였기 때문에 인동부에 달려갔더니, 사또 행차를 배행한 김천역 이
방과 병방이 실색(實色)인지 가색(假色)인지를 엄격하게 조사하여 첩보하라는 뜻을 면전에
서 직접 분부 받은 뒤에, 곧바로 김천역에 달려가서 당초에 출대(出待)[243]하였던 이방과 병
방을 관문을 발송하여 잡아들이는데 이르렀고, 이방·병방과 역에 있는 아전 등을 모조리
불러들여서 그들이 받은 이·병방 차첩(差帖)[244]을 그 자리에서 바치게 하였습니다. 그리고
이런 상황이 되었으므로 간교한 행적을 숨길 수가 없을 것이니 사실대로 아뢰라고 재삼 분
부하고, 그들을 한곳에서 면질(面質)[245]하게 하였습니다.

관아에 있었던 병방 박망도(朴望道)가 진술한 내용은, "제가 마침 관아가 텅 빈 때를 당했
습니다. 이방 임우형(林宇亨)은 중기(重記)[246]를 수정하기 위하여 찰방을 모시고 서울로 갔
고, 이방 장한좌(張漢佐)와 병방 임득형(林得亨)은 순사또님을 마중하여 출대하기 위하여 보

---

243) 출대(出待): 나가서 기다리다. 나가서 대접하다.
244) 차첩(差帖): 하급 관리에게 내리던 임명장이다.
245) 면질(面質): 소송 사건의 관계자 양쪽을 대면시켜 심문하는 일이다. 증인의 증언 또는 당사자의 진술 사이에 모
순이 있을 때 행하여 정확한 심증을 이루려 하는 데 목적이 있다. 대질(對質).
246) 중기(重記): 예전에, 이전 관리가 신임 관리에게 사무를 인계할 때 전하는 재산 목록 따위의 행정 문서나 장부
를 이르던 말이다.

냈고, 이방 장만유(張萬維)와 병방 임도남(林道南)은 신임 병사또님을 마중하여 출대하기 위하여 보냈으며, 저는 관아에 있는 병방으로서 공사(公事)와 관련된 일을 담당하여 거행하였사옵니다.

이번에 순사또님을 출대한 이방 장한좌와 병방 임득형 등이 순사또님을 잘 모시지 못하여 잡아들이라는 명령이 있게 되었는데, 그들이 감히 사중구생(死中求生)[247]의 잔꾀를 내어 제게 책임을 전가하였으나, 그들도 실색 이방·병방인데 같은 지위에 있는 제게 책임을 전가한 것은 참으로 허망한 짓입니다. 저는 천만 애매(曖昧)[248]하옵니다"라고 누누이 잘못이 없다고 하였는데, 그가 바로 관아에 있었던 병방이니 죄를 줄 만한 잘못은 없는 듯합니다.

관문을 발송하여 잡아들인 병방 임도남이 진술한 내용은, "저는 병방의 임무를 맡았기 때문에 이번에 신임 병사또님께서 내려오는 날을 당하여 병방으로서 추풍령 역참에 출대하였는데, 관아에 있던 병방 박망도의 사통(私通)에 의하면 '순사또님의 관문에 제가 이방인 것처럼 이름을 써 넣었기 때문에 잡아들이라는 관문이 도착하였다'고 하여 놀라움을 이길 수가 없어서 급히 본역에 당도하여 관문을 보았더니 과연 틀림없는 사실이었습니다. 제가 이방인지 병방인지의 진위(眞僞)는 차첩에 있사옵니다"라고 하여 그 차첩을 바치게 하였는데 과연 틀림없는 병방이었습니다. 그러나 당초 출대한 이방과 병방 등은 스스로 죄를 짓는 것을 알면서도 거짓으로 차첩을 아뢴 것이 확실합니다. 그가 비록 병방이지만 이방으로 잘못 기재된 채로 추풍령 역참에 출대하였으니, 따로 문책할 만한 일이 없었습니다.

순사또를 마중한 이방 장한좌가 진술한 내용은, "저는 지난 아무 달 아무 날에 본역의 이방에 임명된 뒤로 이번에 순사또님을 마중하기 위하여 출대하였사온데, 순사또님의 행차가 인동부에 도착하였을 때 저희가 잘 모시지 못하여 이방과 병방을 잡아들이라는 명령을 내리시게 되었습니다. 그런데 저희가 미처 잡혀 들어오기 전에 우리를 데리고 가야할 역리가 제때에 데려가지 못하면 말썽이 생길 것을 염려하여 감히 동료를 위한답시고 잔꾀를 내어 이방·병방이라고 사칭하고 대신 들어가서 죄를 받으려다가 사또님의 밝으신 총명 아래에서 거짓임이 드러났고, 이어서 실색 이방·병방을 잡아들이라는 명령이 있게 되었습니다.

그리하여 제가 잡혀 들어온 뒤에 실색인지 가색인지를 엄하게 심문하라고 하셨사온데, 저는 이미 실색이니 가색이라고 거짓으로 아뢸 수가 없기 때문에 실색으로서 사실대로 정직하게 아뢰었습니다만, 가색이 드러난 뒤에는 비록 실색이라고 하더라도 변명할 길이 없어서 이방 차첩을 바치겠다는 뜻을 낱낱이 아뢰었더니 차첩을 바치라고 명령하셨고, 두려워서 벌벌

---

247) 사중구생(死中求生): 죽을 수밖에 없는 처지에서 한 가닥 살길을 찾다.
248) 애매(曖昧): 아무 잘못 없이 누명을 쓰거나 책망을 받아 억울하다.

떠는 중에 차첩을 찾아서 바치지 못하게 되자 다시 더 엄하게 심문하라는 명령이 내려오게 되었으며, 누차 엄중하게 심문하는 아래서 어찌할 바를 모르다가 결과적으로 가색으로 대신하였다고 허위로 자백을 하였사옵니다.

그러나 비록 정신없이 얼떨떨했지만 제 죄를 스스로 감당하지 않고 다른 사람에게 책임을 전가하게 되었사온데, 신임 병사또님을 마중 나간 병방 임도남은 바로 저와 아주 가까운 친척이므로 이방인 것처럼 거짓으로 아뢰고, 그로 하여금 대신 감당하게 한 것은 참으로 사중구생의 잔꾀에서 나온 것입니다. 지금 이처럼 엄히 심문하시는 아래에서 감히 숨기지 못하오니 이제 비로소 이방 차첩을 찾아서 바치옵니다"라고 하였습니다.

병방 임득형이 진술한 내용은, "제가 틀림없는 실색 병방으로서 순사또님 행차를 마중하기 위하여 송림(松林)·인동(仁同)에서부터 장참(長站)에 이르는 험한 길을 비를 맞으며 모신 나머지 밥을 먹지 못하여 기운이 혼미하고 인사불성이 된 상태에서 문득 잡아들이라는 명령을 받게 되었사옵니다. 엄히 심문하여 그 실색과 가색을 가려내라고 하신 데에 이르러서는 급하고 당황하여 어찌할 줄을 모르다가 단지 조금 미루어 목숨이 이어지기를 바라는 마음에 감히 사중구생의 잔꾀를 내어 가색으로 대신하였다고 사칭하며 같은 임무로 관아를 지키던 병방 박망도라고 거짓으로 고한 죄는 만번 죽어도 아까울 게 없사옵니다"라고 하였고, 그들이 각각 납초(納招)[249]를 하였습니다.

그들의 차첩을 살펴보니 사실이 명백하여 의심할 만한 것이 없었고, 또 서로 고인(告引)[250]하는 일도 없었습니다. 당초 마중하기 위하여 출대한 이가 바로 이방 장한좌이고, 병방 임득형이 실색인 것도 명백하여 의심할 것이 없습니다. 인동부에 도착하여 잡아들일 때에 가색이 대신했다고 사칭하며 허위로 자백하여 핑계를 댄 것은 참으로 근거가 없으나, 그 사정을 따져 보니 오로지 사중구생의 잔꾀일 뿐입니다.

그러므로 그 이방 장한좌와 병방 임득형 등을 형리를 정하여 압송하여 올려 보냈고, 그들의 차첩도 감봉(監封)하여 올려 보냈으며, 별도의 관문으로 잡아들인 임도남과 박망도 등은 이미 진술 내용과 차첩에 의심할 만한 것이 없어서 달리 잡아서 올려 보낼 일이 없기 때문에 그들의 차첩만 빙고하기 위하여 동봉하여 올려 보내는 연유를 이에 감히 치보하오니 사또께서 헤아리시어 지시하소서.

---

249) 납초(納招): 공초(供招)를 바치다. 납공(納供). 납사(納辭). 공초는 공사(供辭)·초사(招辭)라고도 하는데, 죄인이 자신의 범죄 사실을 진술한 내용이다.
250) 고인(告引): 죄를 지었을 때에 발뺌하기 위하여 두 사람 이상이 서로 남이 죄를 지었다고 일러바쳐 상대편을 끌어들이는 일이다.

제사. 형추(刑推)[251]하고 풀어 줄 일.

기미년(1739) 4월 초4일

察訪以金泉兼任 馳進于仁同府是如乎 使道行次陪行金泉吏兵房實假 嚴査牒報之意
面承分付之後 即爲馳往本驛 當初出待吏兵房 及發關推捉 吏兵房及在驛守官等 一併招
入 其矣所受吏兵房差貼 一邊使之現納 而到此地頭 奸狀莫迹 以從實直告之意 再三分
付 使之一處面質是乎

則在官兵房朴望道招內 矣身適當空官之時 吏房林宇亨段 重記修正次 陪察訪上京是
遣 吏房張漢佐兵房林得亨段 巡使道主迎逢出待次定送是遣 吏房張萬維兵房林道南段
新兵使道主延逢出待次 定送是遣 矣身段以在官兵房 凡干公事 擔當擧行是如乎

今此巡使道主出待吏兵房張漢佐林得亨等 以不善陪把之致 至有捉入之令 渠等敢生
死中求生之計 推諉矣身是乎乃 渠亦實吏兵房 則推諉同列 實爲虛妄 矣身段千萬曖昧是
如 縷縷發明爲臥乎所 渠是在官兵房 則似無可罪之端是乎旀

發關推捉兵房林道南招內 矣身以兵房之任 今當新兵使道主下來之日 以兵房出待秋
風站爲有如乎 在官兵房朴望道私通內 巡使道主關文內 矣身以吏房樣題名 推捉關文來
到是如爲有去乙 不勝驚駭 急到本驛 得見關文 則果爲的實是如乎 矣身吏兵房眞僞 在
於差貼是如 同差貼現納是乎所 果是兵房 而當初出待吏兵房等 自知罪犯 授差瞞告之致
的實是如乎 渠雖兵房 出待秋風 則別無可問之端是乎旀

巡使道延逢吏房張漢佐招內 矣身去月日 本驛吏房受差之後 今番巡使道主迎逢次出待
而行次到仁同府 以矣等不善陪把之致 至有吏兵房捉入之令 而矣等未及捉入之際 同行驛
吏 慮其遲滯生事 敢生爲人謀忠之計 詐稱吏兵房 代入受罪是如可 果不迸於明鑑之下 眞
假現露 繼有實吏兵房捉入之令是如乎

矣身捉入之後 嚴問其實假敎是乎所 矣身旣是實色 則不可以假色瞞告乙仍于 以實色
從實直告是乎矣 果是假色現露之後 雖是實色 卞白無路 吏房差貼現納之意 箇箇陳達是

---

251) 형추(刑推): 죄인을 고문하며 심문하다. 예전에 형사 사건의 심리는 오로지 죄인의 자백을 받는 것을 목적으
로 하였기 때문에, 특히 고려시대 이래로 법률상 고문(拷問) 제도를 규정하였다. 고신(拷訊)·신추(訊推)·고
략(拷掠)이라고도 한다.

乎 則至有差貼現納之令 而惶忙戰慄之中 不得搜納 更加嚴問教是乎所 累次嚴問之下 罔
知收措 果以假代誣服 而雖在蒼黃之 矣身之罪 不爲自當 推諉他人 新兵使道主迎逢兵
房林道南 卽矣身强近族儻 故以吏房樣 有所瞞告 使之替當者 實出於死中求生之計是如
乎 今此嚴問之下 不敢隱諱 吏房差貼 今始搜納亦是乎旀

　兵房林得亨招內 矣身果以實兵房 巡使道主行次迎逢次 自松林仁同 至長站險路 冒雨
陪行之餘 仍又失食 氣息昏倒 不省人事之中 奄遭捉入之令 至有嚴問 其實假之擧敎是乎
所 蒼黃失色 罔知收措 只冀差退延命之計 敢生死中求生之謨 詐稱假代 以同任守官兵房
朴望道 瞞告之罪 萬死無惜是如 其矣等各各納招爲臥乎所

　觀其差貼 明白無疑 且於面質 又無傳相告引之擧 則當初迎逢出待 是在吏房張漢佐 兵
房林得亨之爲實色 明白無疑是乎矣 到仁同府捉入之時 詐稱假代 誣告推托 實涉無據 而
原其情狀 則專在於死中求生之計是乎等以

　同吏房張漢佐兵房林得亨等 定刑吏 押領上使爲乎旀 其矣差貼 亦爲監封上送爲乎旀
別關推捉林道南朴望道等段 旣無供辭差貼之可疑 則別無押領上使事是乎等以 其矣差
貼叱分 憑考次同封 上使緣由 玆敢馳報爲去乎 道以參商 行下爲只爲

　題 刑推放送向事

己未四月初四日

報左兵營草 <55>
좌병영에 첩보하는 초안

이번에 좌병사 사또께서 체직되어 돌아가실 때는 죽령 길의 역마를 타고 행차하셔야 한다는 뜻을 논보하였는데, 제사에, "조령으로 다니는 것이 지금 처음으로 시작된 것이 아니고, 등록을 살펴보면 간혹 있을 뿐만 아니라 전임 병사 또한 조령을 통과한 일이 있는데 찰방이 재임할 때이다. 내가 지금 조령으로 가겠다는 뜻을 비국에 첩보하였더니 비록 분로 정식이 있더라도 비국에서 허락하였으니 어느 곳인들 다닐 수 없겠는가? 상고하여 시행하라"라고 하셨는데, 이 제사를 보면서 저도 모르게 멍해졌습니다.

지금 좌병사 사또께서 체직되어 돌아가실 때 찰방이 인마를 데리고 맨 앞에 나가서 출대하는 것에 무슨 어려움이 있겠습니까? 그러나 이처럼 첩보를 하게 된 것은 대개 한 차례 잘못된 법규가 처음 생겨나서 조정의 금석 같은 법령을 깨뜨릴까 염려가 되어 말씀드린 것입니다. 지금 받은 제사 중에, "조령으로 다니는 것이 지금 처음으로 시작된 것이 아니다"라고 하셨는데, 저는 이 법규가 어느 날에 변통된 명령인지를 알지 못하겠습니다.

그리고 전임 좌병사께서 체직되어 돌아가실 때는 선문(先文)을 출발할 당시에 급하게 보냈고, 또 선문 중에 조령의 형편을 보고 싶어서 감영에 품보하여 허락을 받았다는 제사가 있었으므로 날짜가 급박하여 미처 첩보를 올려 제사를 받지도 못한 채 행차가 있게 되었습니다. 그러나 이는 한때의 잘못된 법규이고 전임 병사 사또님께서 분로 정식을 어긴 것이니, 실로 법을 제정한 뜻이 아닙니다. 지금 행차하실 때 한때의 잘못된 법규를 그대로 지키려고 한다면, 금석 같은 법령을 따르지 않으려는 것이니 법령이 도모하는 바를 크게 잃어버리게 됩니다. 한 차례, 두 차례 분로 정식을 버려둔 채로 지키지 않는다면, 이 법이 어느 때에야 실행될지 알 수 없지 않겠습니까?

좌병사 사또께서 기왕에 조령으로 지나가신다면, 반드시 죽령 길에 있는 역마를 파정(把定)하여 행차하신 뒤에라야 조정의 금석 같은 법령이 준행될 것이고, 또 잘못된 규정이 공정한 법을 폐지시키는 상황이 없게 될 것입니다. 그러므로 이에 감히 다시 첩보하오니 좌병사 사또께서 헤아리신 뒤에 죽령을 경유하는 역참에서 사또님을 모실 인마를 파정(把定)하여 행차하도록 분부하시어 잘못된 법규가 다시 이어져 분로 정식을 파괴하는 폐단이 없도록 각별하게 지시하소서.

제사. 찰방이 있는 역은 본래 경상우도로서 기왕에 내가 하급 관청으로 관리하려는 것이 아님에도 이처럼 쟁집하여 논보하였으나, 창락역 인마가 조령을 왕래하는 경로를 계산해 보면 그 폐단이 어떠하겠는가? 소계·쌍계·안계·지보·대은 등의 역은 경상좌도 관하(管下)[252]에 있는 역이니 이 좌도 역의 인마로 조령을 지나갈 계획이다.

전례를 살펴보아도 전후로 조령을 경유하여 다닌 때가 많았던 것은 이루 다 기록할 수도 없다. 근래의 사례만 보더라도 갑신년(1704)에 정 병사(鄭兵使), 을유년(1705)에 채 병사(蔡兵使), 무자년(1708)에 윤 병사(尹兵使), 신묘년(1711)에 이 병사(李兵使), 병진년(1736)에 홍병사(洪兵使)가 모두 조령을 경유하였는데, 이번에 내가 조령으로 가려고 하는 것은 군사 요충지를 보고 싶어 하는 것에 불과하고, 또한 급작스럽게 처음 지나가는 것도 아니니 상고하여 시행할 일.

기미년(1739) 4월 21일

今番使道遞歸時 以竹嶺路驛馬行次之意 有所論報爲有如乎 題辭內 鳥嶺作行 此非今始創開 考見謄錄 則間或有之叱分不喻 前使亦以鳥嶺作行 察訪在任時是遣 此意報備局爲有如乎 雖爲分路 備局許題 則何處不往 相考施行亦敎是乎所 觀此題辭 不覺憮然

今此使道遞歸時 察訪之領率人馬 初頭出待 有何難事 而如是牒報者 盖慮一時謬規之叛出 有壞朝家金石之典而發矣 今此題辭中 鳥嶺作行 此非今始叛開亦爲題 未知此規何日變通之令

而前使道遞歸時 以馬頭先文 急時發行先文中 有欲覽鳥嶺形便 稟報營門 得題之文故日子急迫 未及稟報受題 果爲作行是在果 此乃一時謬規 前使道定式違越 實非法意而今此行次時 欲守一時之謬規 其於金石之典 欲爲不行 大失所圖 一次二次 分路定式廢閣不行 則不知此法何時可行乎

使道旣已鳥嶺作行 則必以竹嶺路所經驛馬 仍把行次 然後朝家金石之典 庶有遵行之理 且無謬規之廢公法是乎等以 玆敢更報爲去乎 道以參商敎是後 分付竹嶺所經驛 同陪把人馬 仍把行次 俾無復續謬規 破壞定式之弊事 各別行下爲只爲

題 察訪所駐之驛 自是右道 旣非下管之意 如是爭執論報是乎矣 昌樂驛人馬 鳥嶺往來計其程道 則其弊何如是乙喩 召溪雙溪安溪知保大隱等驛叚 左道所居之驛 以此人馬 踰嶺計料爲在果

考見前例 則前後多有由鳥嶺作行之時 而不能盡記是乎乃 以近例觀之是良置 甲申年鄭兵使 乙酉年蔡兵使 戊子年尹兵使 辛卯年李兵使 丙辰年洪兵使 俱由鳥嶺路是乎所 今

---

252) 관하(管下): 관할하는 구역이나 범위 안에 있다.

此作行 不過爲欲覽嶺阨 而亦非猝創是去乎 相考施行向事

己未四月二十一日

報監營草 <56>
감영에 첩보하는 초안

감영에 첩보하는 일.

찰방이 김천도의 겸관(兼官)으로 진휼할 물건을 나누어 주기 위하여 이달 21일에 본역인 김천역에 도착하여 들으니, '김천도에서 관장하는 양천역(陽川驛)[253]에 소속된 벽지(碧只)의 중마(中馬)가 신임 병사(兵使) 행차를 마중하는 곳에서 김산읍(金山邑, 김천)까지 오게 되어 있었는데, 중간에서 모르는 사람에게 무단히 말을 빼앗겨 신임 병사를 맞이하는 곳에 나타나지 않았다'고 하여 사람을 보내어 벽지를 잡아들이고 곡절을 심문하였습니다.

벽지가 진술하여 사뢰기를, "'네가 맡은 중마가 근래에 신임 병사 사또 마중에 파정되었는데도 마중은 하지 않고 다른 사람을 위하여 말고삐를 잡고 길 위에 출몰하였다고 하는데, 무슨 일 때문에 무단히 끌고 다닌 것인지 모르겠으니 그간의 곡절을 자세히 밝히라'고 하셨사옵니다. 제가 맡은 말이 이달 초8일에 신임 병사 사또님 행차를 모시도록 파정되어 말을 타고 김산읍에 도착하였더니 전혀 알지 못하는 패랭이를 쓴 마흔 살쯤 된 사람이 갑자기 말하기를, '네가 과연 벽지라는 이름을 가진 놈이냐? 네 마필을 지금 쓸 일이 있으니 나를 따라서 아산촌(牙山村)으로 가자'고 하였습니다.

그리고 또 말하기를, '오늘 병사를 마중하는 이방은 아무개이고, 병방은 아무개다'라고 성과 이름을 가리키며 말하는 것이 거침없이 꼭 들어맞았습니다. 그러므로 반신반의하면서 바로 말을 가지고 아산으로 달려갔더니 아산촌 앞 숲 속에 또 두 사람이 있었는데, 개 가죽과 털 깔개를 펼쳐 놓고 한 사람은 앉아 있고 한 사람은 누워 있었습니다. 검은 갓을 쓴 사람은

---

253) 양천역(陽川驛): 양천(楊川)이라고도 하는데, 김천시 개령면(開寧面)에 있던 역참이다.

누워서 일어나지 않았는데, 패랭이를 쓴 사람이 그 곁에 앉아서 말에게 여물을 먹이는 것이 어렵다고 서로 이야기를 나누었습니다.

그러다가 검은 갓을 쓴 사람이 제게 묻기를, '네가 있는 역이 여기서 거리가 얼마쯤이냐?' 라고 하여 '20리쯤입니다'라고 답했더니, '너는 너의 역에 돌아가서 있다가 이달 12일에 이 아산촌 앞에 와서 기다리거라' 하였는데, 과연 12일에 아산촌으로 가는 길목에서 초8일에 만났던 패랭이 쓴 사람을 만나서 함께 개령읍 저자 가에 갔더니 그 사람이 말하기를, '오늘은 처음이니 가지 말고, 14일에 아산촌에 와서 기다리거라' 하고 말했습니다.

또 감히 약속을 어길 수가 없어서 14일에 아산촌 앞에 당도하였는데도 끝내 볼 수가 없었 습니다. 다만 모판을 만드는 논 옆에 한 낯선 노인이 있기에, 그 세 사람의 소재를 알 수가 없 어서 '생김새가 이러이러한 세 사람이 가는 것을 보았습니까?'라고 물었더니 노인이 말하기 를, '나는 이 마을의 농부인데, 그 세 사람이 오늘 지례(知禮, 김천시 지례면)로 간다고 하면서 나한테 양천역의 마부가 오늘 올 것이니 하로촌(賀老村) 앞으로 오라고 전해 주라고 하면서 갔다'고 하기에 제가 급히 하로촌 앞으로 갔더니 그 세 사람이 또 길가에 나란히 앉아 있었는 데, 패랭이를 쓴 사람이 지고 있던 보자기 안에 안장 한 벌과 찬합 한 벌이 있었습니다. 그리 하여 제 말에 안장을 얹고 지례읍으로 향하다가 지례를 몇 리쯤 남겨 두고 안장을 벗겨서 다 시 전처럼 보자기에 싸서 짊어지더니 제게 이르기를, '이곳에도 역촌이 있으니 너는 역촌에 가서 말에게 여물을 먹이고 읍내 감옥 뒤에서 기다리거라' 하였습니다.

15일 날 밥을 먹은 뒤에 과연 감옥 뒤에 갔더니 세 사람이 손을 저어 잠시 물러나게 하였 고, 걸어서 몇 리를 간 뒤에 다시 제 말을 타고 김천 시장 가로 가서 도로 말안장을 벗겨 보자 기에 쌌습니다. 서로 흩어질 즈음에, 오직 조심하고 삼가서 함부로 입 밖에 내지 말라고 십분 위협을 하면서 뒷날에 반드시 서로 만나게 될 것이라고 하였습니다. 이렇게 한 뒤에 시장의 인파 속으로 갑자기 사라져 볼 수가 없게 되었사온데, 제 말이 길에 출몰하게 된 전체 곡절이 이와 같습니다.

제가 처음부터 수상한 행동을 의심하였지만, 함부로 물리치지 못하고 그들의 지시를 들으 면서 입을 막기를 마치 병마개 막듯이 하였습니다. 뒷날 마주치면 그들의 얼굴은 알 수가 있 으나, 성명과 거주하는 곳은 시종일관 숨기고 말을 해 주지 않았습니다. 제 말이 마중하는 곳 에서 무단히 나간 사유를 지금 심문하는 아래에서 사실대로 똑바로 아뢰지 않을 수가 없사 오니, 이 진술에 의거하여 처리해 주시옵소서"라고 하였습니다.

벽지는 본래 마부이고 세 사람의 행색이 어떤지 자세히 알 수 없었으니 마땅히 물리쳤어 야 할 것인데도 그렇게 하지 않고 약속을 받아들여서 며칠 동안 김산·개령·지례 사이에 출몰하다가 김산 시장에 도착하여 서로 흩어질 즈음에 위협하는 말에 겁을 먹고 입을 다물고 발설하지 않았습니다. 당초 신임 병사 사또 행차에 입파되었거늘, 무단히 빠져나간 것이 이미 지극히 놀라울 뿐만 아니라 막중한 공마(公馬)를 문서도 살펴보지 않고 행동거지가 수상한 인물에게 사사로이 빌려주었으니 극히 통탄스럽고 해괴한 일입니다.

마땅히 이웃 읍으로 옮겨서 가두고 그가 함부로 빌려준 죄를 조사하여 다스려야 합니다. 하지만 이 기밀이 널리 알려지면 혹 중간에 달아날 가능성도 없지 않으므로 우선은 잠시 미루어 두었습니다만, 위의 세 사람은 애초에 암행어사의 일이라고 자칭하지 않았고 또 염문(廉問)[254]하는 일이라고 거짓말을 하지도 않았으나, 이처럼 출몰하면서 역한을 우롱하며 역말을 잡아타고 세 읍 사이에서 횡행했으니 지극히 수상합니다.

벽지가 그들을 처음 만난 곳이 아산이었으니 만약 그들이 머물던 집을 알아서 그 주인에게 묻는다면 그들이 어떤 인물인지를 알 수 있을 것이나, 그 세 사람이 늘 길가에서 벽지가 오는지 안 오는지를 몰래 살펴서 길가에서 만나고 길가에서 보냈으니 앞에 말한 바와 같이 그들이 머물던 집을 들어서 알 방법이 없었고, 비록 모판을 만드는 논에 있던 노인에게 탐문해 보려고 하였으나 노인도 역시 길가에서 만난 사람이라 갑자기 서로 보았을 따름입니다.

이외에는 달리 알아낼 길이 없습니다만, 그 사람들이 종적을 감추어 사람으로 하여금 무엇이나 되는 것처럼 의심하게 한 것은 참으로 헤아리기가 어렵습니다. 그러나 초료(草料)가 없고 또 마패도 없으면서 역마를 요구하여 타고 다니며 마치 몰래 다니며 염문하는 것처럼 하였으니, 종적이 수상하여 그냥 덮어둘 수는 없으므로 세 사람의 생김새를 함께 뒤에 적어서 첩보함이 합당한 일.

제사. 벽지는 사기를 당한 것에 불과할 뿐이고, 달리 알 만한 사정이나 일부러 빌려준 행적이 없으니 각각의 사람을 잡아들인 뒤에 심문하기 위하여 대기시키고 우선은 벌을 주지 말라. 벽지에게 그들을 몰래 살피면서 끝까지 쫓아가서 잡도록 지시하되, 이처럼 행동거지가 수상한 자들은 심문하여 다스리지 않아서는 안 되니 진영에 비밀 관문을 보내어 체포하게 할 일.

기미년(1739) 4월 24일

---

254) 염문(廉問): 남의 사정이나 비밀 따위를 은밀히 알아보다.

爲牒報事 察訪以金泉兼任分賑次 今二十一日 到本驛聞之 則道掌陽川驛碧只中馬 自
新兵使迎逢所 行到金山邑底 爲人橫奪 仍爲出闕于迎逢是如爲有去乙 同碧只身發差捉
來 查問曲折

則上項碧只招辭內白等 汝矣所典中馬 頃日把定于新兵使道迎逢 則不爲迎逢 爲人橫
執 出沒道上 未知緣何事而無端牽去是隱喩 其間曲折 推問敎在亦 矣身馬匹 今月初八日
陪把于新兵使道行次下 騎而到金山邑底 則前後不知着蔽陽子 年可四十者 猝然語曰 汝
果碧只爲名者耶 汝之馬匹 今有使用事 從我而向往牙山村云云

而且曰 今此兵使迎逢吏房則某也 兵房則某也 指言姓名 蕩蕩吻合 故將信將疑 仍卽持
馬 馳去牙山 則牙山村前藪中 又有二人 設鋪狗皮毛芚 一坐一臥 而黑笠之人 則臥而不
起 着蔽陽子者 則坐於其側 以秣馬爲難之意 互相偶語是如可

黑笠者問曰 汝矣所居驛 自此距幾里許 答二十里許 則曰 汝歸汝驛是如可 今十二日
來待乎此村前 謂言是去乙 果於十二日 轉向之路 適逢初八日相對是在蔽陽子人 仍於開
寧邑市邊 則其人曰 今始勿往 十四日來待于牙山云云是去乙

又不敢失期 十四日到牙山村前 則終無所見 只有注秧畓邊 有一老人所昧面目者 而不
知其三人之所在 問曰 果見面貌如許三人所去處乎云 則老人曰 我則此村農夫 而其三人
今日向往知禮路云 而謂我曰 陽川馬夫 今將至矣 來及於賀老村前傳及云云而去是如爲
有去乙 矣身急往賀路村前 其三人又爲列坐于路邊是如可 蔽陽子一人 所負裳袱中 有鞍
裝一部 饌閣一部 而仍爲鞍裝于矣馬 轉向知禮邑中 而未及數里許 脫馬鞍 又如前裳袱
而負之 仍謂矣身曰 此處又有驛村 汝則往驛村秣馬 以待邑內獄後云

而十五日食後 果往獄後 則三人揮手姑退 而步行數里許 後又騎矣馬 向金泉場邊 還脫
馬鞍裳袱 相散之際 唯以愼勿出口之意 十分恐動 而後必相見 如是之後 市場多人叢中
因忽不見是乎所 矣馬之出沒道上 始末委折 大槩如此

而矣身自初 致疑於殊常之行 不敢退斥 听其指揮 守口如瓶 而後日逢着 則可知面目
而其姓名居住 則終始隱諱不言是如乎 矣身馬匹 自迎逢所 無端出于之由 今旣查問之下
不可不從實直告爲去乎 依此憑考處置是置有亦

渠是馬夫 未詳三人行色之如何 則事當退却 而不此之爲 聽其約束 數日出沒於金山開
寧知禮之間 而到金山場市 相散之際 㤼於恐動之說 緘口不發是乎所 當初入把新兵使道

行次 則無端出于 已極可駭分叱不喩 莫重公馬 無可考文籍 而私相假借於行止殊常之人 極爲痛駭事

當移囚隣邑 査治其濫借之罪 而此機徧徙 則或不無中間逃躱之擧 姑爲安徐是在果 上項三人等 初無自稱綉衣之事 又無假稱廉問之事 而如是出沒 愚弄驛漢 攬騎橫行於三邑之間 極爲殊常是如乎

碧只之當初相逢 在於牙山 若知其留宿之主家 則責問其主 可知其人是乎矣 其三人每於路傍 窺伺碧只之來否 逢之於路傍 送之於路傍 則上項所主處 無由聞知是遣 雖欲探問于注秧畓老人 而老人亦是路傍相逢人 猝然相見而已

此外他無探知之路 而右人等 藏蹤秘跡 令人疑似 誠爲叵測 旣無草料 又無馬牌 而責騎驛馬 若潛行廉問者然 跡涉殊常 不可掩置是乎等以 三人物色 幷以後錄牒報爲臥乎事 合行云云

題 碧只不過見欺而已 無他知情故借之跡 待各人等捉得後査問次 姑勿治罪 使渠仍行窺伺 以爲指示跟捕之地爲乎矣 如此行止殊常者 不可不推治 鎭營了秘關窺捕向事

己未四月二十四日

報左兵營草 ＜57＞
좌병영에 첩보하는 초안

좌병영에 첩보하는 일.

이번에 병사 사또께서 체직되어 돌아갈 때 죽령 길의 역마를 타고 행차해야 한다는 뜻에 대하여 재차 논보하였는데, 제사 내용에, "찰방이 있는 역은 본래 경상우도로서 기왕에 내가 하급 관청으로 관리하려는 것이 아님에도 이처럼 쟁집하여 논보하였으나, 창락역 인마가 조령을 왕래하는 경로를 계산해 보면 그 폐단이 어떠하겠는가? 소계·쌍계·안계·지보·대은 등의 역은 경상좌도 관하에 있는 역이니 이 좌도 역의 인마로 조령을 지나갈 계획이며, 전임 병사가 조령으로 왕래한 행차의 횟수를 살펴보면 지금 조령으로 가는 것이 급작스러운 것도 아니다"라고 판결하셨기에 이 제사를 보면서 황송함을 이길 수가 없습니다.

찰방이 주재하고 있는 역이 비록 우도라고 하더라도 병사 사또께서는 경상좌도의 관원이니, 체직되어 돌아가실 때 타고 가는 역마가 만약 조정에서 정한 법식을 따르는 것이라면 찰방이 된 자가 어찌 좌도니 우도니, 관하라느니 관하가 아니라느니 따지면서 감히 쟁집하여 논보함을 일삼겠습니까? 오직 그것이 법에 맞는지 불법인지를 따질 뿐입니다. 만약 관하에 있다면, 상관이 비록 법을 어기더라도 관하의 체모를 따라서 아무 말도 하지 않고 받들어 실행해야 하옵니까? 지금 이러한 제사는 황송함을 이길 수가 없습니다.

지금 병사 사또께서 조령으로 행차하는 것은 조령의 생김새를 보려고 하는 것에 불과합니다. 병사 사또께서 "창락역 인마가 조령을 왕래하는 경로를 계산해 보면 그 폐단이 어떠하겠는가? 유곡도 소속 역 중에 좌도 관할 역의 인마를 인솔하여 조령을 넘을 계획이다"라고 제사에서 말씀하셨습니다. 창락역 인마가 병사 사또를 모시는 것은 원래 마땅히 해야 할 일이니 조령으로 행차할 때 거느리고 가는 것은 한 번 호령만 하면 되는 것입니다. 그럼에도 이처럼 그들만 곡호(曲護)[255]하게 되면, 유곡역이 관할하는 좌도의 역들은 생각지도 못한 첩역을 지게 되고, 마땅히 해야 할 일도 오히려 감당하기가 어려운데 지난날의 잘못된 규정에 근거하여 뒷날에 일어날 무궁한 큰 폐단을 시작하려고 하시니, 사또께서 아랫사람을 내 몸처럼 사랑하는 어진 마음을 가지고 이 두 역 중에 어떤 것은 사랑하고 어떤 것은 미워하여 이러한 일을 하십니까?

전후로 보낸 첩보는 실로 다른 뜻이 없습니다. 대개 근래에 한 차례 잘못된 규정이 시작되어 도리어 조정의 금석 같은 법령이 부실해질까 염려한 것입니다. 지금 제사 중에 전임 병사 다섯 분이 등내(等內)[256]에 규정을 어긴 것을 근거로 삼아 마치 조정에서 변통한 법령인 것처럼 제시하였습니다. 찰방은 그 뒤에 온 사람으로 전임 병사 사또 다섯 분이 등내에 체직되어 돌아갈 때 조령으로 행차한 일에 대하여 그 당시 사실이 어떠하였는지를 모릅니다. 그러나 좌병영이 설치된 뒤로 체직되어 돌아갈 때 조령으로 행차한 것이 불과 다섯 분의 등내 행차라면, 이것이 잘못된 규정이 아니고 무엇이겠습니까? 만약 국가의 금석 같은 법령이었다

---

255) 곡호(曲護): 법을 굽혀서 감싸고 보호하다.
256) 등내(等內): 관원의 재임기간 또는 그 벼슬을 역임하고 있는 동안을 말하는데, 지방의 원이나 수령을 이르기도 한다. 등(等)은 관원의 녹봉과 조세의 납입 기간 등을 시기적으로 나눈 단위이다.

면, 조령으로 행차한 것이 단지 이 다섯 분의 등내 행차만 있지는 않았을 것입니다.

지금 병사 사또께서 다섯 분이 등내에 규정을 어긴 것을 가지고 마치 금석 같은 법전으로 간주하여 꼭 따르려고 하면서 국가의 금석 같은 법전은 마치 잘못된 규정처럼 여겨서 준행하지 않으려고 한다면, 이 법이 백성들에게 불신을 받을 것이니 과연 조정의 명령을 받들어 시행한다고 이를 수가 있겠습니까? 사또께서 법을 집행함에 지금의 이러한 행동은 일찍이 생각지 못했습니다. 사또께서 조령을 보고자 하는 것은 대개 국가를 위하여 멀리 생각하는 것이 있을 것입니다. 그러나 유독 역민에게는 뒷날의 폐해를 열어주는 길인데도 찰방의 제안을 들어주지 않으시니, 오직 저 유곡 역졸은 병사 사또의 역졸이 아니기 때문에 멀리 생각하지 않으시는지요?

지금 병사 사또께서 체직되어 돌아갈 때 만약 잘못된 전례를 계속한다면, 뒷날에 병사가 체직되어 돌아갈 때는 단지 다섯 수령의 등내 행차에 그치지 않을 것이 분명합니다. 유곡역 역졸은 원래 조정에서도 아는 바가 없는 끝없이 괴로운 부역이 겹쳐질 것이 당연합니다. 제가 관장의 신분으로 그들의 불쌍한 형편을 두고 볼 수가 없어서 이에 감히 치보하오니, 병사 사또께서 헤아리신 뒤에 관하도 아니면서 이처럼 쟁집하여 논보한다고 여기지 마시고, 특별하게 변통하여 죽령 길의 역마가 병사 사또를 모시고 행차하게 하라는 뜻을 각별하게 분부하소서. 오직 이 유곡·창락의 두 역이 각각 그들의 일을 담당하여 첩역의 원망을 호소하는 일이 없게 하시고 뒷날의 폐단을 막을 터전이 되도록 지시할 일.

제사. 세 차례의 번거로운 첩보는 너무 지루한 일이다. 비단 다섯 수령이 등내에 조령으로 행차한 것은 횟수가 많은 것이 아니되, 제사를 쓰는 것도 지루하여 다섯 수령의 경우를 제송(題送)[257]했거니와 그 이전에는 원래부터 창락역 인마를 잡아 온 일이 없었고, 유곡도에서 관장하는 인마도 경계를 벗어난 폐단이 없었거늘 이처럼 고집을 하니 그 까닭을 모르겠다. 이는 내가 못났기 때문에 이기려고 힘을 쓰는 계책에 불과한 것이지만, 좌병영도 또한 고집이 있으니 선문에 의거하여 거행할 일.

기미년(1739) 4월 27일

---

257) 제송(題送): 상부 기관이 하부 기관에 명령이나 취지를 공문서로 작성하여 보내는 일이다.

爲牒報事 今番使道遞歸時 以竹嶺路驛馬行次之意 有所再次論報爲有如乎 題辭內 察訪所駐之驛 自是右道 旣非下管之意 如是爭執論報是乎矣 昌樂驛人馬 鳥嶺往來 計其程道 則其弊何如是乙喩 召溪雙溪安溪知保大隱等驛段 左道所居之驛 以此人馬 踰嶺計料 亦爲有旀 考據前使道鳥嶺往來行次之數 今此作行 亦非猝創亦爲題 觀此題辭 不勝惶悚

察訪所駐之驛 雖是右道 使道以當道別星 遞歸行次之時 所把驛馬 若是朝家定式 則爲察訪者 何論左道右道管下不管下之間 而敢事爭執論報乎 唯當爭其法與不法而已 若在管下 則上官雖行違法 從以管下之體 而無辭奉行乎 今此題辭 不勝惶悚是乎旀

今此使道之鳥嶺作行 不過欲覽鳥嶺形便 使道以昌樂驛人馬 鳥嶺往來 計其路程 則其弊何如是乙喩 以幽谷左道所居驛人馬 踰嶺計料亦爲題是在果 昌樂驛人馬段 自是應當之役 鳥嶺路行次時 仍把作行 不過一號令之間 而如是曲護 幽谷左道所居驛段 自是意外之疊役 應行之役 猶難堪當 而授據前日之謬規 欲開日後無窮之巨弊 以使道體下之仁 有何愛憎於兩驛而作此擧耶

前後文報 實無他意 盖慮近來一時謬規之創 反浮於朝家金石之典 而今此題辭中 考據前使道五等內之謬規 有若自朝家變通之典 察訪自是後人 前使道五等遞歸時 以鳥嶺作行之事 殊未知其時事實之如何 而自左兵營設立後 遞歸時以鳥嶺作行 不過五等內行次 則此非謬規而何 若有國家金石之典 則鳥嶺作行 不但五等內行次而已

今使道以五等內之謬規 視若金石之典 而必欲遵行 以國家金石之典 視若謬規 而不欲遵行 是法不信於民 果可謂奉行朝令耶 以使道之執法 今者此擧 曾是不意 使道之欲覽鳥嶺 盖有爲國家長遠慮之意 而獨於驛民 開後弊之道 不爲聽施 唯彼幽谷驛卒 獨不爲使道之驛卒而無遠慮耶

今番使道遞歸時 若續謬規 則後日使道遞歸時 不但五等內而止耳 幽谷驛卒 元無朝家之所知 而疊當無窮之苦役 身在官長 而不勝可矜情勢 玆敢馳報爲去乎 道以參商敎是後 勿以非管下而如是爭執論報亦敎是遣 特賜變通 以竹嶺路驛馬 仍把行次之意 各別分付 唯此兩驛 各當其役 毋至疊役呼冤 有關後弊之地 行下事

題 三次煩報 事涉支離 非但五等鳥嶺作行數多是乎矣 書題支離 五等題遝是在果 其前元無昌樂人馬捉來之事 以幽谷道掌人馬 無弊過境是去乙 如是固執 未知其由 此不過道

以罷劣 欲爲務勝之計 營門亦有固執 依先文擧行向事

己未四月二十七日

報左兵營草 <58>
좌병영에 첩보하는 초안

5월 초8일 발송

좌병영에 첩보하는 일.

이번에 좌병사가 체직되어 돌아갈 때 역마 일로 잇따라 번거롭게 논보하였으니 또한 지루하게 되었습니다만, 사정이 크게 그렇지 않은 것이 있습니다. 전후로 올린 첩보는 전혀 다른 뜻이 없고, 실로 국법을 따르고 법령에 의거해야 한다는 논보만 세 차례 올렸습니다. 그러나 법(法)이라는 한 글자에 대해서는 끝내 답변을 내리시지 않았으니 이는 분로 정식이 실행할 수 없는 법이기 때문에 거론하지 않으신 것입니까?

찰방이 비록 매우 못났으나, 법이라는 한 글자는 늠름하여 범해서는 안 된다는 것을 알고 평소부터 지켜왔습니다. 스스로 생각하기를, 상관이 비록 법을 어기더라도 스스로 처신하는 도리에 있어서는 상관의 위법을 따라서 자신도 위법의 죄에 빠져서는 안 된다고 여겼습니다. 그러므로 지금 이처럼 선문에 의거하여 거행하라는 명령을 감히 받들어 시행할 수가 없어서 바야흐로 계문(啓聞)하려고 하니 계하(啓下)[258]가 내려오기를 기다려 거행할 생각이라는 연유를 치보하옵는 일.

제사. 임의대로 할 일.

기미년(1739) 5월 14일 신시(申時) 회제(回題)[259]

---

258) 계하(啓下): 임금에게 올려진 계문(啓聞)에 대한 임금의 답이나 의견으로 내려진 것. 임금은 계문을 보고 계자인(啓字印)을 찍어 친람(親覽)과 결재를 마쳤음을 표시하였다.

五月初八日 發送

爲牒報事 今番遞歸時 以驛馬事 鱗次煩報 亦涉支離 而第事大有不然者 前後文報 全無他意 實循國法據法論報 至于三次 而其於法之一字 終不賜答 無乃以分路定式 爲不可行之法 而不爲擧論耶

察訪雖甚罷劣 至於法之一字 常知凜乎不可犯 平日所守 自以爲上官雖行違法 其在自處之道 不可隨上官之違法 而自陷於違法之科 故今此依先文擧行之令 不敢奉行 方爲啓聞 待其回下 以爲擧行事 緣由馳報爲臥乎事

題 任意爲之向事

己未五月十四日申時 回題[259]

啓聞草 <59>
승정원에 올리는 계문 초안

승정원(承政院)[260] 개탁(開坼)[261]. 통훈대부 경상우도 유곡도 찰방 신(臣) 조(曹) 아무개[262]는 착서(着署)[263]함.

신(臣)이 하방(遐方)의 미천한 몸으로 지금 바야흐로 유곡역에서 처벌을 기다리고 있사옵거니와 조정에서 역졸의 편고(偏苦)[264]를 진념(軫念)[265]하사 특별히 분로 정식을 내렸사오

---

259) 회제(回題): 아뢴 내용에 대한 회답이다.
260) 승정원(承政院): 조선시대 국왕의 비서 기관으로 왕명의 출납을 관장하던 관청이다.
261) 개탁(開坼): 봉한 편지나 서류를 뜯어보는 것이다. 주로 손아랫사람에게 보내는 편지나 서류의 겉봉에 쓰는 말이다.
262) 조 아무개: 『승정원일기』에서 확인한 결과, 이 분은 조윤주(曹潤周)이다. 본관은 창녕(昌寧)이고, 1729(영조 5) 식년시에 급제하였다. 1735년 전적(典籍), 1736년 예조 좌랑을 거쳐 1737년에 유곡역 찰방에 임명되었다.
263) 착서(着署): 이름을 써서 적다. 서명(署名)하다.
264) 편고(偏苦): 비슷한 처지의 다른 사람보다 유독 더 많은 일을 해야 하기 때문에 받는 괴로움이다. 편(偏)은 치

니 한 차례 계하된 뒤로부터 당도 별성(當道別星)[266]과 봉명 사신이 모두 규정을 준수하여 감히 어김이 없었사온데, 지금 경상 좌병사가 체직되어 돌아갈 때 조령의 생김새를 보고 싶다고 운운하거늘, 신이 계하된 분로 정식 내용에 좌병사가 오가는 길은 모두 죽령을 경유해야 한다는 뜻을 네 차례나 첩보하였음에도 불구하고 시종일관 딱 잘라서 거절하고 들어주지 않았사온바, 분로 정식을 어긴다면 이는 법도를 굽히는 것이 명백하고 또 뒷날의 폐단에 관련되므로 신이 국법에 근거하여 강력하게 따졌사오나, 관하(管下)의 체모에 얽매어 함부로 끝까지 거절할 수가 없어서 감히 이처럼 치보하오니, 위의 좌병사 신 우하형(禹夏亨)[267]이 조령을 경유하고자 하는 일은 비국으로 하여금 빨리 전례를 고찰하고 품의하여 처리하게 하옵시라는 연유를 선계(善啓)[268]하는 일.

기미년(1739) 5월 14일 신시(申時)에 봉계(封啓)[269]하여 발송하다.

承政院開坼 通訓大夫 慶尙右道幽谷道察訪 臣 曹 着署

臣以遐方疎賤之蹤 今方待罪幽谷驛爲白在果 朝家軫念驛卒之偏苦 特賜分路之定式 一自啓下之後 當道別星奉命使臣 咸遵節目 無敢違越 而今此左兵使遞歸時 欲見鳥嶺形便云云是白去乙 臣以啓下定式內 左兵使去來 皆由於竹嶺之意 四次文報是乎白矣 終始牢拒 不爲聽施爲白臥乎所 旣違定式 則明是枉道 且關後弊 臣所當據法强爭是白乎矣 拘於管下之體 不敢一向違拒 敢此馳啓爲白去乎 上項兵使臣禹夏亨鳥嶺路作行一款 令備局急速考例稟處爲白只爲銓次 善啓向敎是事

己未五月十四日申時 封啓發送

우치다, 불공평하다, 지나치다는 뜻이다.

265) 진념(軫念): 존귀한 사람이 아랫사람의 사정을 돌보아 생각한다는 의미인데, 주로 임금이 백성을 생각한다는 뜻으로 쓰였다.

266) 당도 별성(當道別星): 각 도(各道)의 관찰사와 지방 수령들이다.

267) 우하형(禹夏亨): 생몰년 미상. 본관은 단양(丹陽), 자는 회숙(會叔)이다. 1710년(숙종 36) 무과에 급제하고, 1728년(영조 4) 이인좌(李麟佐)의 난 때 곤양(昆陽, 경남 사천) 군수로서 진주의 군사를 이끌고 거창에 이르러 선산부사 박필건(朴弼健) 등과 함께 난을 평정하였다. 1739년 경상도 병마절도사가 되었으나 남형(濫刑)으로 파직되었다. 그 뒤 1742년에 회령부사 등을 역임하였다.

268) 선계(善啓): 임금에게 서면으로 아뢰는 일을 높여 이르는 말로, 선신(善申)이라고도 한다.

269) 봉계(封啓): 소관 사항에 대한 서장(書狀)이나 서계(書啓) 등을 봉서(封書), 곧 밀봉하여 임금에게 아뢰는 것이다.

승정원에 올린 계문 초안을 베껴서 순영에 첩보함

승정원에 올린 계문 초안을 베껴서 순영(巡營, 감영)에 첩보하는 일.

신(臣)이 하방(遐方)의 미천한 몸으로 지금 바야흐로 유곡역에서 처벌을 기다리고 있사옵거니와 조정에서 역졸의 편고(偏苦)를 진념(軫念)하사 특별히 분로 정식을 내렸사오니 한 차례 계하된 뒤로부터 당도 별성(當道別星)과 봉명 사신이 모두 규정을 준수하여 감히 어김이 없었사온데, 지금 경상 좌병사가 체직되어 돌아갈 때 조령의 생김새를 보고 싶다고 운운하거늘, 신이 계하된 분로 정식 내용에 좌병사가 오가는 길은 모두 죽령을 경유해야 한다는 뜻을 네 차례나 첩보하였음에도 불구하고 시종일관 딱 잘라서 거절하고 들어주지 않았사온바, 분로 정식을 어긴다면 이는 법도를 굽히는 것이 명백하고 또 뒷날의 폐단에 관련되므로 신이 국법에 근거하여 강력하게 따졌사오나, 관하(管下)의 체모에 얽매어 함부로 끝까지 거절할 수가 없어서 감히 이처럼 치보하오니, 위의 좌병사 신 우하형(禹夏亨)이 조령을 경유하고자 하는 일을 비국으로 하여금 빨리 전례를 고찰하고 품의하여 처리하옵도록 치계(馳啓)[270]하였으며 그 연유를 베껴서 보고하는 일.

제사. 베낀 계문을 접수하였거니와 찰방으로서 국법을 굳게 지키려는 뜻이 참으로 매우 가상하다. 좌병사가 끝까지 들어주지 않고 유곡역의 역마를 책립(責立)[271]한다면 법을 어기는 허물을 면하기 어려우니 조령으로 지나가는지 않는지를 다시 즉각 치보하여 계문하여 처치하는 근거로 삼을 일.

5월 17일 감영에서

爲謄報事 臣以遐方疎賤之蹤 今方待罪幽谷驛爲白在果 朝家軫念驛卒之偏苦 特賜分

[270) 치계(馳啓): 왕명을 받고 외방(外方)에 나가 있는 신하가 특별히 빠른 방법으로 임금에게 서장(書狀)을 보내어 아뢰는 것이다.
271) 책립(責立): 필요한 인원이나 우마(牛馬) 등을 책임지고 차출하다. 책출(責出).

路之定式 一自啓下之後 當道別星奉命使臣 咸遵節目 無敢違越 而今此左兵使遞歸時 欲
見鳥嶺形便云云是白去乙 臣以啓下定式內 左兵使去來 皆由於竹嶺之意 四次文報是乎
白矣 終始牢拒 不爲聽施爲白臥乎所 旣違定式 則明是枉道 且關後弊 臣所當據法强爭是
白乎矣 拘於管下之體 不敢一向違拒 敢此馳啓爲白去乎 上項兵使臣禹夏亨鳥嶺路作行
一款 令備局急速考例稟處爲白只爲 馳啓爲乎旀 緣由謄報爲臥乎事

　題 到付是在果 察訪執法之意 誠甚可嘉 兵使終不聽施 果以本驛馬責立 則難免犯法之
科 過去與否 更卽馳報 以爲啓聞處置之地事

五月十七日 在營

報監營草 <61>
감영에 첩보하는 초안

　겸찰방이 감영에 첩보하는 일.
　이번에 좌병사가 체직되어 돌아갈 때 창락역 소속 역마를 입파하여 조령을 넘어가야 한다
는 뜻을 찰방이 본역에 있을 때에 이미 치보하였습니다. 당시에 분로 정식에 근거하여 네 차례
에 걸쳐서 보고하였지만, 끝내 들어주지 않았기 때문에 부득이 계문하였고 계문한 내용을 베
껴서 올려보냈는데 제사 내용에, "좌병사가 끝까지 듣지 않고 유곡의 역마를 책립한다면 법
을 어기는 허물을 면하기 어려우니 조령으로 지나가는지 아닌지를 다시 즉각 치보하여 계문하
여 처치하는 근거로 삼게 하라"라고 하셨습니다. 하지만 기왕에 계문하였고 계하가 아직 내려
오지 않았으니 출대할 이유가 없을 듯하여 말을 들여보내는 일과 마중하는 일 등을 소속 역에
지시하여 처음부터 보내지 않도록 하였습니다. 이 때문에 책립에 관해서는 원래부터 책임지고
나가야 할 곳이 없어졌고, 좌병사께서 창락역 소속 역마를 파정하여 조령을 지나가야 한다는
연유를 치보하옵는 일.

제사. 접수하였음.

기미년(1739) 5월 24일

兼爲牒報事 今番左兵使遞歸時 以昌樂驛馬入把踰嶺之意 察訪在驛時 已爲馳報爲有
在果 其時以分路定式 四次文報 終不聽施乙仍于 不得已啓聞是遣 啓聞辭意 謄報上使
爲有如乎 題辭內 兵使終不聽施 果以本驛馬責立 則難免犯法之科 過去與否 更卽馳報
以爲啓聞處置之地亦敎是乎所 旣以啓聞 回下未到 則似無出待之理 故入把馬匹迎逢等
事 知委屬驛初不起送是乎等以 責立一節 元無責出處 以昌樂驛馬仍把過去之意 緣由
馳報事

題 到付

己未 五月 二十四日

報監營草 <62>
감영에 첩보하는 초안

겸찰방이 감영에 첩보하는 일.

올봄에 진휼하기 위한 자금으로 지난해 가을 감영에서 400냥을 빌렸는데, 400냥 중에
240냥은 이자를 늘려서 갚기 위하여 재해를 입은 각 역에 나누어 주었고, 160냥은 당시에 곡
식을 사서 올봄에 진휼하는 데에 배분하겠다고 하였는데, 역의 운수가 불행하여 사또께서
체직되어 중기(重記)를 수정하는 일 때문에 빨리 갚으라는 관문이 도착하였습니다.

이 돈을 당초에 백성들에게 나누어줄 때는 추수를 한 뒤에 갚으라고 하면서 나누어주었는

데, 기한이 차지 않았음에도 빨리 갚으라고 독촉하시니 백성을 속인 죄를 면할 수가 없습니다. 뿐만 아니라 올해 보리농사가 비록 흉년은 면했다고 하더라도 허다한 역졸들이 굶주림을 견디지 못해 보리 이삭이 나오기 시작할 때부터 베어서 양식으로 삼았기 때문에 요사이 백성들이 대부분 찢어지게 가난하여 갚기가 지극히 어려우므로 이에 감히 치보하오니, 사또께서 참작하신 뒤에 특별히 변통하여 갚는 기한에 여유를 주도록 각별히 지시하소서.

제사. 지금은 진휼이 끝난 뒤이나, 입본(立本)[272]할 물건에 대하여 가을까지 기다리라고 하는 것은 애당초 감영에서 분부한 뜻이 아니고, 이처럼 돌아갈 날이 임박하여 장부를 정리해야 하는 때를 당하여 수효대로 갖추어 놓지 않을 수가 없으므로 다음 달 보름 이전에 남김 없이 실어다 바칠 일.

기미년(1739) 5월 21일

兼爲牒報事 今春賑資次 去年秋 營錢四百兩請貸爲有如乎 四百兩內 二百四十兩段 殖利還報次 分給被災各驛是遣 一百六十兩段 其時貿穀 以爲今春分賑是如乎 驛運不幸 使道遞職 以重記修正事 督納關文來到是乎所

此錢當初分給時 以待秋備納事 知委出給 而期限未滿 催促督捧 未免罔民之科分叱不喩 今年麥事 雖云免凶 數多驛卒 不耐飢餒 自發穗初 以爲刈食 卽今民間 擧皆赤立 收捧極難 乙仍于 玆敢馳報爲去乎 道以參商敎是後 特賜變通 以爲寬限督納事 各別行下爲只爲

題 此是畢賑後 立本之物 則待秋云者 初非營門之分付 當此臨歸修簿之日 不可不准數備上 來月望前及良 無遺輸納事

己未五月二十一日

---

272) 입본(立本): 본래 채워야 할 곡물을 비치해 놓는 것이다. 여기서는 감영에서 빌린 돈을 말한다.

감영에 첩보하는 초안

겸찰방이 감영에 첩보하는 일.

찰방이 정사년(1737, 영조13) 4월 초4일의 도목정사에서 유곡도 찰방에 제수되어 4월 20일에 부임하였으니, 근무 일수를 계산하면 올해(1739) 8월이면 30개월이 되어 임기가 만료되므로 전례에 따라 임기가 끝나기 전에 점이 문서를 첩보하오니 병조에 점이하여 찰방이 허귀(許歸)²⁷³⁾하도록 시행하실 일.

제사. 점이하여 보냈거니와 임기가 만료되어 체직될 때는 전임과 후임 관원이 직접 만나서 교대하는 것이 정해진 규칙이니 허귀할 수 없는 일.

기미년(1739) 6월 초하루

兼爲牒報事 察訪丁巳四月初四日政 本職除授 同月二十日到任 實仕計之 則今年八月當爲三十朔 瓜滿是乎等以 依例前期 粘移狀修報爲去乎 該曹良中 粘移爲乎旀 察訪許歸事 行下事

題 粘移成送爲在果 瓜遞面代 自是規例 不得許歸事

己未六月初一日

---

273) 허귀(許歸): 벼슬을 내어 놓고 고향으로 돌아가도록 허락하다.

報監營草 <64>
감영에 첩보하는 초안

기미년(1739) 6월 초10일

겸찰방이 감영에 첩보하는 일.

작년 가을에 본역과 각 역의 굶주리는 역졸과 등마를 진휼하기 위하여 윤 사또께서 안도 (按道)274)할 때에 감영에서 빌린 군뢰미(軍牢米)275) 입본전(立本錢) 200냥과 사또께서 안도할 때 쌀을 팔아서 마련한 돈 200냥을 합한 400냥을 도로 갚기 위하여 찰방이 직접 계산하고 감봉하여 보냈으니 받은 뒤에 문서에 기록하여 뒷날에 빙고할 근거로 삼으시라는 연유를 치보하는 일.

제사. 돈을 받았음.

기미년(1739) 6월 14일 감영에서

己未六月初十日

兼爲牒報事 去秋本各驛飢卒及等馬賑資次 尹使道按道時請貸軍牢米立本錢二百兩 及使道按道時米作錢二百兩 前後合四百兩錢乙還報次 察訪親自計數監封上使爲去乎 捧上教是後 文案懸錄 以爲日後憑考之地 緣由馳報事

題 捧上事

己未六月十四日 在營

---

274) 안도(按道): 관찰사(감사)가 자기가 다스리는 도의 형편을 살피는 일이다.

275) 군뢰미(軍牢米): 군뢰(軍牢)에게 지급하는 쌀이다. 군뢰는 조선시대 여러 군영(軍營)과 관아(官衙)에 소속되어 죄인을 다스리는 일을 맡았던 군졸이다.

狀啓回下 <65>
비변사에 올린 장계에 대해 돌아온 계하

　비변사 관문의 내용은, "지금 계하하신 비변사의 계사(啓辭)²⁷⁶)는 '이번에 유곡도 찰방 조 아무개가 경상 좌병사 우하형이 분로 정식을 준수하지 않고 조령을 경유하여 가려고 하는 데, 이는 뒷날의 폐단과 관계가 되니 비국으로 하여금 전례를 살펴서 품의하여 처리해 달라는 장청(狀請)에 대하여 본사(本司, 비변사)에 계하한 것인데, 경상도 좌 · 우병사가 조령과 죽령으로 길을 나누어서 다니도록 한 것은 이미 정해 놓은 법식이 있으니 마땅히 어기지 말아야 하나, 일전에 우하형이 조령의 생김새를 보지 못했기 때문에 조령을 경유하여 가려고 한다는 뜻을 논보하였는데, 무신(武臣)이 군사 요충지의 방어 상황을 살펴보는 것은 근거할 바가 없지 않으므로 막지 않았사옵니다. 지금 찰방이 이처럼 법에 의거하여 치계한 것이 비록 직책을 잃지는 않았다고 하더라도 우하형이 이미 비국에 알렸으니 멋대로 법을 어긴 것에 비교할 것은 아니므로 찰방의 이 장계를 기각(棄却)하는 것이 어떠하옵니까?'라고 상주하였더니, '그렇게 하라'고 전교하시었으니 전교하신 뜻을 받들어 시행하되, 유곡역 찰방이 있는 곳에 모든 것을 알려서 시행하도록 하라."는 것이었다. 관문의 내용을 살펴서 시행할 일.

　備邊司關內 節啓下敎司啓辭 卽者幽谷察訪曹 以慶尙左兵使禹夏亨不遵分路定式 由鳥嶺路作行 有關後弊 令備局考例禀處事 狀請啓下本司矣 本道左右兵使以鳥嶺竹嶺分路作行 旣有定式 則宜不敢違越 而日前禹夏亨以鳥嶺形便之未曾見 由鳥嶺作行之意 有所論報 而武臣之歷見關防 不無所據 故不爲防塞矣 今此察訪之據法馳啓 雖不失職責 而禹夏亨旣禀報備局 則有非擅便違越之比 此狀啓置之何如 答曰允事傳敎敎是置 傳敎內辭意 奉審施行爲乎矣 幽谷察訪處 一體知委 施行向事關是置有亦 關內辭緣 相考施行事

---

276) 계사(啓辭): 공사(公事)나 논죄(論罪)에 관하여 임금에게 아뢴 말이나 글이다.

감영에 첩보하는 일.

머칠 전 찾아뵈었을 때에 동래부에서 신영(新迎)하러 나온 관속 등이 신임 부사를 모시고 내려오면서 관장을 빙자하여 역졸에게 피해를 끼친 상황은 이미 직접 말씀을 드렸습니다.

대개 동래부에 역말을 제공하는 규칙이 비록 변방이기 때문에 처음 시작된 것이기는 하나, 도내 수령으로서 말하자면 각 읍은 모두 신구(新舊) 사또를 보내고 맞는 규칙이 있으니, 동래부 하인 또한 신임 관리의 하인에 불과할 뿐입니다. 그들의 관장을 부임하는 길에 있는 역졸들이 무사히 모시고 갔으면 그들 역졸에게는 조금의 간섭도 없어야 하거늘, 감히 그들의 생각대로 뇌물을 받아낼 잔꾀를 내어 역말이 지쳤다는 핑계로 역졸을 두들겨 패서 그 행패가 한도 끝도 없더니 끝내는 돈을 받아 내고서야 그만두었습니다.

이런 까닭에 유곡도 본역과 각 역의 역졸들이 동래부에 신임 부사가 내려온다는 기별을 들으면 마치 호랑이처럼 두려워하여 사람마다 모두 그 모시는 행차에 파정되는 것을 싫어하고 피하게 되었으니, 동래부 하인배가 포악하게 폐단을 일으키는 버릇을 한 차례 변통하여 막지 않아서는 안 됩니다. 그러므로 이에 감히 치보하오니 사또께서 참작하신 뒤에 빙고하여 엄하게 금지하고, 본역에 각별한 관문으로 분부하실 일.

기미년(1739) 7월 22일

爲牒報事 頃日現謁時 東萊府新迎官屬等 陪新官下來時 憑藉官長 侵虐驛卒之狀 旣已面稟爲有在果

大槩萊府給馬之規 雖以邊地而有所創開是乎乃 以道內守令言之 則各邑皆有新舊迎送之規 萊府下人亦不過一新官下人而已 其矣官長 路傍驛卒 無事陪行 則於渠小無干涉 而敢生從中索賂之計 稱以驛馹之疲 鞭朴驛卒 罔有紀極 終至索錢乃已

以此之故 本各驛驛卒聞萊府新官下來之奇 則畏之如虎 人皆厭避其陪把是乎所 萊府

下輩 頑悍作挐之習 不可不一番變通防塞是乎等以 玆敢馳報爲去乎 道以參商敎是後 憑
考禁斷 次本驛了別關分付事

己未七月二十二日

報監營草 <67>
감영에 첩보하는 초안

　감영에 첩보하는 일.
　며칠 전에 찾아뵈었을 때에 본역이 조령 밑의 첫머리에 있는 역참으로 삼로(三路)의 행차를 이바지해야하기 때문에 근래에는 그 피로와 쇠잔함이 각 역 중에서 가장 심하여 실로 보전하기 어려운 근심이 있고, 또 촌민들에게 별성이 거느리고 오는 일행에게 음식을 제공해야 하는 일이 겹쳐져서 버티고 감당할 수가 없기 때문에 허다한 사람들이 뿔뿔이 흩어져 역역을 지탱하기 어려운 상황은 대략 말씀드렸습니다. 대개 이런 일은 불가불 한 차례 역참의 편의를 위하는 쪽으로 변통한 뒤에라야 역인들이 그나마 견디고 버틸 수가 있으므로 감히 다시 말씀을 드립니다.
　이전에는 경상좌도의 위쪽에서 아래쪽으로 내려오는 별성 행차는 문경 견탄참에서 점심을 먹은 뒤에 용궁으로 행차해야 하기 때문에 견탄참에 객관(客館)을 조성하여 통신사·봉안사 및 각종 행차가 모두 그곳에서 점심을 먹었고, 배파된 하인들에게 음식을 제공하는 것은 호삼면 면민들이 돌아가면서 담당하였으며, 입파된 마필은 역촌에서 담당하여 거행한 것이 몇 년이나 되었는지 모를 정도입니다.
　지난 신묘년(1711, 숙종 37)[277]에 마침 통신사 행차가 있었는데, 그때 문경현에서는 객관과 도로와 교량이 아직 정비되지 않았기 때문에 말썽이 생길 것을 염려하여 본역에 상의하

---

277) 신묘년(1711, 숙종 37): 이해 5월 15일에 통신사(通信使) 조태억(趙泰億), 부사(副使) 임수간(任守幹), 종사관(從事官) 이방언(李邦彦)이 사폐(辭陛)하였고, 7월 12일에 통신사 일행이 대마도에 이르러 계문하였다는 기록이 『조선왕조실록』에 있다.

여 한번 우관(郵館)278)을 빌려서 무사히 바라지하여 보냈는데, 그 뒤로부터 문경현은 객관을 정비하지 않고 별성이 올 때마다 번번이 우관을 빌려서 이바지하여 보냈습니다. 처음에 우관을 빌려 준 것은 박절하게 막지 못한 송양지인(宋襄之仁)279)을 면하지 못한 것입니다만, 우관을 빌려준 뒤에 역인들이 받은 폐단은 이루 말로 다할 수가 없습니다.

당초 조정에서 역참을 설치할 때에 관아가 있으면 구화(仇火) 역참을 둔 것은 별성이 본 현(本縣, 문경현)에 들어오면 본 현에서 횃불을 들고 인마를 맞아들였고, 별성이 역에 들어오면 역인이 횃불을 들고 맞아들였으니, 인마의 수발을 들고 음식을 제공하는 것을 전적으로 한 군데에 맡기지 않았습니다. 이렇게 한 것은 음식을 제공하기에 급할 때는 인마를 인솔할 겨를이 없고, 인마를 인솔할 때는 음식을 제공하는 등등의 일을 할 여가가 없기 때문입니다. 그러므로 구화를 설치한 뜻은 백성의 힘을 덜어주기 위한 것으로 팔도가 모두 그러하였거늘, 유독 유곡 본역만이 구화를 설치한 뜻을 무시하고 인마를 거느리고 음식을 제공하는 등등의 일을 역촌에 전적인 책임을 지웠습니다. 그러므로 역인들이 누차 바로잡아 달라고 아뢰었으나, 끝내 예전처럼 회복시켜 주지 않은 것은 본현의 향청(鄕廳)ㆍ이노청(吏奴廳)과 호삼면(戶三面) 면민 등이 한편이 되어 막았기 때문입니다.

수발을 들어야 할 향청의 이노(吏奴)들이 잘 이바지하지 못하여 말썽이 생길 것을 걱정하여 늘 말하기를, "역한이 사는 곳이 비록 역촌이기는 하지만, 역촌도 그 고을의 마을이라는 것을 문경현의 관장에게 아뢰어야 한다"라고 하였는데, 이는 역촌에서 음식 제공을 담당하게 하려는 것이고, 호삼면 면민들도 음식을 제공하는 수고를 괴로워하여 역촌에다 그 수고를 돌린 것인데, 지금까지 고쳐지지 않았으니 쇠잔한 역졸이 첩역을 담당한 것이 지금에 이르러서는 여러 해가 되었습니다. 이러한 폐단을 만약 조정에서 안다면 별성을 대접하고 음식을 제공하는 일과 인마를 거느리는 일을 전적으로 역촌에 책임을 지우지 않고 반드시 변통했을 것입니다.

수백 년 내려오던 규정을 예전대로 회복시킨다면 참으로 역민에게 다행스러운 일이 되겠지만, 만약 혹시라도 예전처럼 회복시키지 못한다면 한 가지 방법이 있습니다. 호삼면에 전해 내려오던 담당 부역을 역민들에게 대신 담당하게 하는 것은 옳지 못하므로 그들이 사는 곳에 지난날 담당하던 세금을 징수하여 역촌에 보관할 창고를 짓고, 본현의 관리에게 별도로 그 일을 맡게 하여 매번 사신이 당도할 때마다 해당 색리가 와서 사람의 숫자를 헤아려서

---

278) 우관(郵館): 역참이 있는 마을에 설치한 객사(客舍)로 우정(郵亭)이라고도 한다.
279) 송양지인(宋襄之仁): 쓸데없는 동정심이라는 뜻이다. 춘추시대 송나라 양공(襄公)이 초나라와 싸울 때, 초나라의 군진(軍陣)이 정비되기 전에 공격하자는 건의를 듣고는 남이 곤경에 빠졌을 때 공격하는 것은 군자가 행할 어진 도리가 아니라고 묵살했다가 참패를 당하였다.

준비하여 별성을 대접하는 일에 필요한 것을 제공하는 일들을 칠곡(漆谷) 송림사(松林寺)[280]의 규정과 같이 한 연후에야 역인들이 전명을 보존함에 폐단이 없게 될 것입니다.

그러므로 이에 감히 치보하오니 사또께서 헤아리신 뒤에 특별히 역졸의 치우친 고통을 유념하시어 견탄참 객관을 예전대로 다시 설치하는 일을 본 현에 분부하시거나, 찰방의 얕은 견해를 따라서 별도로 변통하여 절목을 만들고 조세를 거두는 창고를 지어 역참에 유리하도록 변통하시어 역민의 첩역을 덜어 주고 편히 살 수 있도록 문경현에 별도의 관문으로 지시하실 일.

기미년(1739) 7월 24일

爲牒報事 頃日現謁時 本驛以嶺底首站 三路酬應 近來疲殘 冠於各驛 實有難保之慮 而又有疊當村民供饋別星帶率之役 不能支堪 頗多流散難支之狀 畓爲面稟爲有在果 大槩此事 不可不一番從便變通 然後驛人庶可支吾是乎等以 玆敢更陳爲齊

自前左道上下來別星行次 自聞慶犬灘站中火後 龍宮路行次是乎等以 同站處造成客館 通信使奉安使及各行次 皆爲中火 而陪把下人之供饋段 戶三面民人等 輪回擔當是遣 入把馬匹段 驛村擔當擧行者 不知幾年矣

去辛卯年分 適當通信使行次 其時本縣 以客館及道路橋梁 未及修治之致 慮其生事 相議本驛 一借郵館 無弊支送是如乎 一自厥後 本縣不修館舍 每當別星 則輒借郵館 以爲支過是乎所 初頭借館 未免宋襄之仁 而借館之後 驛人之貽弊 不可勝言是如乎

當初朝家之置驛也 有官則有仇火驛者 別星入本縣 則本縣擧火以招人馬 別星入驛 則驛人擧火以招 支應人馬及供饋 不爲全責一處者 蓋急其供饋之際 不暇及領率人馬 領率人馬之際 不暇及供饋等事 故設置仇火之意 以寬民力 八路同然 而獨於幽谷本驛 無仇火之義 領率人馬及供饋等事 全責驛村 而驛人累度伸卞 終未復古者 蓋本縣鄕廳吏奴廳戶三面民人等 爲之一邊故也

支應鄕所吏奴等 慮其未及生事 常曰驛漢居雖驛村 以地坊之意 告于本官 欲爲擔當供饋于驛村是遣 戶三面民人等 憫其供饋之勞 欲爲歸勞於驛村 迄未變改 疲殘驛卒 擔當

---

280) 송림사(松林寺): 승려 명관(明觀)이 544년(진흥왕 5)에 중국에서 가지고 온 부처님 사리를 봉안하기 위하여 경북 칠곡군 동명면(東明面) 가산(架山) 남쪽 기슭에 창건한 사찰이다.

疊役者 今至累年是如乎 此弊若使朝家知之 則支應供饋 人馬領率 不爲全責驛村 而必將
變通矣

累百年流來之規 依舊復古 則實爲驛民之幸 而若或未及復古 則抑有一道 戶三面流來
擔當之役 不可使驛民替當 其矣等處徵其前日擔當之稅 作庫驛村 使本縣官吏 別定任
事 每當別星 則該色來到 計口磨鍊 以供支應等事 一如漆谷松林寺規式 然後驛人庶可
無弊保存傳命是乎等以

茲敢馳報爲去乎 道以參商敎是後 特念驛卒之偏苦 同犬灘站依舊復設事 分付本縣敎
是去乃 一從察訪淺見 別樣變通 成置節目 以爲收稅作庫 從便變通 使驛民蠲減疊役 安
接保存事 聞慶縣良中 別關行下事

己未七月二十四日

『유곡록(幽谷錄)』 해제

조병로(경기대 사학과 교수, 한국교통사연구소장)

Ⅰ. 유곡도(幽谷道)의 연혁과 속역 구성

1. 유곡도(幽谷道)의 연혁과 유곡역(幽谷驛) 유래

유곡역(幽谷驛)이란 오늘날의 경상북도 문경시 유곡동에 설치된 역을 말한다. 그런데 이역이 언제부터 설치된 것인지에 대해서는 정확하지 않다. 다만 문헌상 최초로 나타난 때는 고려시대이다. 고려시대의 역제는 초기의 6과(科)－147역(驛) 체제에서 성종~문종 이후 22역도－525속역 체제로 발전되면서 확립되었다. 유곡역은 아마도 성종 14年이후 문종 21年 사이에 확립된 것으로 추정되는 22역도(驛道)－525속역(屬驛) 체제의 하나인 상주도(尙州道)에 소속된 역으로써 최초로 등장한다.

<표 1> 고려시대 상주도(尙州道)와 경산부도(京山府道)의 역참

역도	속역
상주도 尙州道(25驛)	유곡幽谷(호계虎溪), 낙원洛原(상주尙州), 낙동洛東(상주尙州), 청로靑路(의성義城), 철파鐵波(의성義城), 지보智保(용궁龍宮), 통명通明(보주甫州), 덕통德通(함창咸昌), 옹천甕泉(안동安東), 안기安基(안동安東), 안교安郊(풍산豊山), 요성聊城(문경聞慶), 수산守山(다인多仁), 쌍계雙溪(비옥比屋), 안계安溪(안정安定), 금조琴曹(임하臨河), 통산通山(임하臨河), 송제松蹄(임하臨河), 연향連鄕(선주善州), 구어仇於(선주善州), 우곡牛谷(의흥義興), 상림上林(해평海平), 조계曹溪(효령孝令), 문거文居(안덕安德), 화목和目(안덕安德)
경산부도	안언安堰(경산京山), 답계踏溪(경산京山), 안림安林(고령高令), 수향水鄕(팔여八莒),

| 京山府道(25驛) | 연정緣情(팔여八莒), 설화舌火(화원花園), 무기茂淇(가리加利), 김천金泉(금산金山), 속계屬溪(황간黃間), 장곡長谷(지례知禮), 순양順陽(양산陽山), 토현土峴(이산利山), 이인利仁(안읍安邑), 증약增若(관성菅城), 작내作乃(지례知禮), 낙양洛陽(상주尙州), 낙산洛山(상주尙州), 회동會同(영동永同), 원암猿岩(보령報令), 함림含林(보령報令), 추풍秋風(어모御侮), 상평常平(중모中牟), 안곡安谷(선주善州), 장녕長寧(화령化令), 부상扶桑(개령開寧) |

※ 자료:『고려사』권82, 병지 참역.

위의 <표 1>에 의하면 고려시대의 상주도에는 유곡역(幽谷驛)을 포함하여 낙원(洛原)·낙동(洛東)·청로(靑路)·철파(鐵波)·지보(智保)·통명(通明)·덕통(德通)·옹천(甕泉)·안기(安基)·안교(安郊)·유성(柳城)·수산(守山)·쌍계(雙溪)·안계(安溪)·금조(琴曹)·통산(通山)·송제(松蹄)·연향(連鄕)·구어(仇於)·우곡(牛谷)·상림(上林)·조계(曹溪)·문기(文居)·화목(和目) 등 25역이 소속되었으며, 경산부도에는 안언(安堰)·답계(踏溪)·안림(安林)·수향(水鄕)·연정(緣情)·설화(舌火)·무기(茂淇)·김천(金泉)·속계(屬溪)·장곡(長谷)·순양(順陽)·토현(土峴)·이인(利仁)·증약(增若)·작내(作乃)·낙양(洛陽)·낙산(洛山)·회동(會同)·원암(猿岩)·함림(含林)·추풍(秋風)·상평(常平)·안곡(安谷)·장녕(長寧)·부상(扶桑)으로 편성되었다.

그러나 이러한 고려시대의 상주도·경산부도는 조선시대 세종대에 이르러 유곡역은 존속된 채 유곡도(幽谷道)로 그 명칭이 바뀌게 되었다. 조선시대에 유곡도의 속역 조직과 변천 과정을 정리하면 다음 <표 2>와 같다.

<표 2> 유곡도(幽谷道)의 속역 변천

소재지	세종실록지리지	경국대전	유곡역지
문경聞慶	유곡幽谷	유곡 幽谷	유곡幽谷
문경聞慶	요성聊城	요성聊城	요성聊城
개령開寧	덕통德通	덕통德通	덕통德通
상주尙州	낙양洛陽	낙양洛陽	낙양洛陽
상주尙州	낙동洛東	낙동洛東	낙동洛東
상주尙州	낙서洛西	낙서洛西	낙서洛西
상주尙州	장림長林	장림長林	장림長林
상주尙州	청리신역靑里新驛		
상주尙州	공성신역功城新驛		
상주尙州	상평常平		
선산善山	구미仇彌	구미九彌	구미九彌
선산善山	영향迎香	연향延香	연향延香
선산善山	안곡安谷	안곡安谷	안곡安谷

선산善山	상림上林	상림上林	상림上林
비안比安	쌍계雙溪	쌍계雙溪	쌍계雙溪
용천醴泉	수산守山	수산守山	수산守山
용궁龍宮	용궁신역龍宮新驛	대은大隱	대은大隱
용궁龍宮	지보知保	지보知保	비보知保
군위軍威	소계召溪	소계召溪	소계召溪

조선시대 세종실록지리지에 유곡도로 독립되기 이전에 유곡도 소속의 역들은 <표 1>에서 보는 바와 같이 고려시대에는 주로 상주도와 경산부도에 소속되었음을 알 수 있다. 그러나 조선시역도—538속역으로 재편되었는데, 경상도 지방의 역도는 사근도(沙斤道) · 성현도(省峴道)대에 이르러서는 세종실록지리지에 기재되어 있는 바와 같이 전국의 역로망은 44 · 김천도(金泉道) · 창락도(昌樂道) · 장수도(長水道) · 황산도(黃山道) · 유곡도(幽谷道) · 소촌도(召村道) · 안기도(安奇道) · 자여도(自如道)로 개편되었다. 이 때 유곡도에 소속된 속역을 보면 유곡(幽谷; 문경) · 요성(聊城; 문경) · 덕통(德通; 개령) · 낙양(洛陽; 상주) · 낙동(洛東; 상주) · 낙원(洛源; 상주) · 낙서(洛西; 상주) · 장림(長林; 상주) · 청리신역(靑里新驛; 상주) · 공성신역(功城新驛; 상주) · 상평(常平; 상주) · 구미(仇彌; 선산) · 영향(迎香; 선산) · 안곡(安谷; 선산) · 상림(上林; 선산) · 쌍계(雙溪; 비안) · 안계(安溪; 비안) · 수산(守山; 예천) · 용궁신역(龍宮新驛; 용궁) · 지보(知保; 용궁) · 소계(召溪; 군위) 역으로써 21개였다.

그 후 세조 3년 · 6년 · 8년의 부분적인 개편과정을 거쳐 경국대전 체제가 확립됨으로써 조선왕조의 역로 조직은 41역도 524속역으로 완성되게 되었다. 경국대전 체제하의 유곡역은 경상우도의 유곡도에 그대로 편입되었으나, 세종대와는 달리 유곡(幽谷; 문경) · 요성(聊城; 문경) · 덕통(德通; 함창) · 수산(守山; 예천) · 낙양(洛陽; 상주) · 낙동(洛東; 상주) · 구미(九彌; 선산) · 쌍계(雙溪; 비안) · 안계(安溪; 비안) · 대은(大隱; 용궁) · 지보(知保; 용궁) · 소계(召溪; 군위) · 연향(延香; 선산) · 낙원(洛原; 상주) · 상림(上林; 선산) · 낙서(洛西; 상주) · 장림(長林; 상주) · 낙평(洛平; 상주) · 안곡(安谷; 선산)의 19개 역으로 축소되었다. 경국대전 체제하의 역로망은 조선후기에 이르러 역지를 편찬할 당시까지 거의 커다란 변동 없이 그대로 존속되었던 것이다.

2. 유곡역(幽谷驛)의 역민(驛民) 구성과 입역

역에는 일반적으로 다양한 역민(驛民)이 소속되어 업무를 보았다. 이들을 흔히 역역(驛役)을 맡았기 때문에 역속(驛屬) 또는 역인(驛人)이라 하였다. 또 역에 본적(本籍)을 두고 여러 가지 형태의 역역을 부담하고 있어서 역호(驛戶)라고도 하였다. 일반 민호(民戶)와는 별개의 호구안(戶口案)을 3년마다 '3정(丁) 1호(戶)'의 방식에 의거, 작성하는데 병조·감영·각 읍·각 역승(또는 찰방)에게 보내어 보관하고, 이를 근거로 역민을 확보하였다.

조선초기에는 주로 역리(驛吏)·역노비(驛奴婢)·일수(日守)·조역백성(助役百姓)·서원(書員)·관군(館軍) 등이, 조선후기에 이르러서는 <표 3>에서 볼 수 있듯이 각 지방의 역별로 차등이 있으나 역리·역노비·관군·사령(使令)·통인(通引)·마종(馬從)·구종(驅從)·보종(步從)·마호(馬戶)·급주(急走)·포군(砲軍)·방호(防戶)·고공(雇工)·역보(驛保) 등 다양한 계층이 역민을 구성하고 있음을 알 수 있다.

<표 3> 조선후기 역지(驛誌)에 나타난 역민(驛民)의 구성 실태

역명	소재지	역민의 명칭과 인원
대동역 (大同驛)	관서 (關西)	아전(衙前)(8) 통인(通引)(3) 서자(書者)(6) 마두(馬頭)(6) 효위(驍尉)(10) 보종(步從)(12)
어천역 (魚川驛)	관서 (關西)	아전(衙前)(53) 통인(通引)(20) 백호(百戶)(15) 색장(色掌)(1) 사령(使令)(9) 관군(館軍)(301) 고공(雇工,館軍,驛卒當2名) 쇠장(襄匠)(3) 파적장(把赤匠)(3) 차비(差備)(75) 수노(首奴)(92) 각고고직(各庫庫直)(5) 속안두목(續案頭目)(1) 마두(馬頭)(20) 도척(刀尺)(4) 구종(驅從)(6) 차역(差役)(2) 응자(鷹子)(2) 관직(館直)(2) 석장(席匠)(2) 상경(上京)(2) 마직(馬直)(2) 방자(房子)(6) 촉어(捉魚)(4) 식모(食母)(3) 다모(茶母)(3) 채원(菜園)(3) 갱척(羹尺)(3) 세답(洗踏)(3) 급수(汲水)(3) 침장(針匠)(2) 주탕(酒湯)(10) 주모(酒母)(1) 장비(醬婢)(1)
성환역 (成歡驛)	호서 (湖西)	인리(人吏)(24) 배리(陪吏)(4) 사수(社首)(1) 장교(將校)(7) 통인(通引)(10) 급창(及唱)(9) 방자(房子)(5) 사령(使令)(15) 마호(馬戶)(16) 마부(馬夫)(16) 비자(婢子)(6) 장계군(狀啓軍)(10) 방직(房直)(7) 역장(驛長)(1)
금정역 (金井驛; 龍谷驛)	호서 (湖西)	입사리(立仕吏)(12) 감영마두(監營馬頭)(2) 검거(8) 감영문서색(監營文書色)(2) 장교(將校)(4) 통인(通引)(21) 마두(馬頭)(6) 사령(使令)(15) 도척(刀尺)(2) 고직(庫直)(7) 다모비(茶母婢)(6) 야장(冶匠)(1) 안적장(鞍赤匠)(1) 원두한(園頭汗)(2) 마호(馬戶)(11) 마부(馬夫)(11) 서구종(書驅從)(10) 순력서자(巡歷書者)(9) 감영지자(監營持者)(3) 호구종(戶驅從)(11) 장교청직(將校廳直)(1) 산직(山直)(1) 작청직(作廳直)(1) 이독(里督)(1) 이감(里監)(3) 육로차사(六路差使)(6) 도가(都家)(3) 경주인(京主人)(20) 차관이병방소임명색열(差官吏兵房所任名色列)(3) 관시(官柴)(10) 전라도집리(全羅道執吏)(1) 수번서자(守審書者)(2) 방자(房子)(6)
삼례역 (參禮驛)	호남 (湖南)	장교(將校)(2) 아전(衙前)(25) 지인(知印)(8) 사령(使令)(12) 관노(官奴)(6) 관비(官婢)(2) 서자(書者)(12) 마호(馬戶)(15) 구종(驅從)(8)
오수역 (獒樹驛)	호남 (湖南)	아전(衙前)(24) 서자(書者)(21) 통인(通引)(17) 마호(馬戶)(15) 급창(及唱)(7) 사령(使令)(12) 방자(房子)(5) 비자(婢子)(7) 마종(馬從)(15) 보종(步從)(15) 역보(驛保) 일수(日守)

김천역 (金泉驛)	영남 (嶺南)	이방(吏房)(1) 병방(兵房)(3) 차역리(差役吏)(5) 마호(馬戶)(6) 급주(急走)(6) 역노(驛奴) (10) 역비(驛婢)(7) 도장(都掌)(1)
사근역 (沙斤驛)	영남 (嶺南)	이방(吏房)(1) 병방(兵房)(3) 호방(戶房)(2) 관청색(官廳色)(2) 공방(工房)(2) 형리(刑吏) (3) 승발(承發)(2) 통인(通引)(3) 관노(官奴)(3) 비자(婢子)(3) 사령(使令)(10) 번장(番長) (1) 구종(驅從)(6) 보종(步從)(7)
고산역 (高山驛)	관북 (關北)	유리(由吏)(1) 집리(執吏)(1) 에리(禮吏)(1) 병리(兵吏)(2) 공리(工吏)(1) 형리(刑吏)(1) 문 서직(文書直)(1) 수통인(首通引)(1) 수번통인(守番通引)(2) 마두(馬頭)(4) 관노(官奴(수노首奴, 관고자官庫子, 수번급창守番及唱, 도척刀尺, 방자房子, 식비食婢, 급수 비汲水婢,사령使令, 관문도장官門都掌 15)
거산역 (居山驛)	관북 (關北)	수리(首吏)(1) 유리(由吏)(1) 장무집리(掌務執吏)(1) 유번리(留番吏)(1) 에리(禮吏)(1) 병리(兵吏)(1) 형리(刑吏)(2) 통인(通引)(2) 관노(官奴(수노首奴, 에고자禮庫子, 입직 급창入直及唱, 예번관노例審官奴, 도척刀尺, 방자房子, 취반비炊飯婢, 급수비汲 水婢 10)

이러한 역민의 각 직역에 따른 역할을 살펴보면 다음과 같다. 먼저 역리(驛吏)는 찰방의 감독아래 중앙의 다음 <표 4>에서 보는 바와 같이 군현의 육방(六房)체제와 비슷하게 역에서도 육방으로 나누어 실무를 담당하는 외아전(外衙前)의 하나임을 알 수 있다.

<표4> 소촌역(召村驛) 역리의 직책별 역할

직책	업무 내용
이방색 (吏房色)	본·각 역리, 노의 봄가을 납포(納布)를 수납하고 지출하는 일
병방색 (兵房色)	1.대소의 참(站)에 쓰일 우구(雨具)·농개(籠盖)·진소(眞所)·적근(亦斤) 등의 구입비용을 각역으로부터 징수하는 일 2.인산·능행시 보파마(補把馬)의 자장(資裝) 및 정비(情費)의 배분 3.순영문(巡營門) 체등(遞等)시 인마의 자장 및 정비의 배분 4.본역교체시 인마의 자장 및 각종 상경 공행 인마비용을 배분하는 일 5.서울서 내려오는 사객 및 타도에서 왕래하는 사객에 대한 정비와 마세전(馬貰錢)을 배분 하는 일
호방색 (戶房色)	역의 경비인 관수미태(官需米·太), 진임자(眞荏子)·진유(眞油)·법유(法油)·진말(眞末) 등 각종 관름을 본·외역으로부터 거두는 일
예방색 (禮房色)	매월 삭전(朔錢)과 청밀(淸蜜)·황밀(黃蜜)·장곽(長藿)·대구어(大口魚)·문어(文魚)·건 시(乾柿)·백합해(白蛤醢) 등의 각종 관름을 외역(外驛)으로 부터 수봉하는 일
대동색 (大同色)	태(太) 50석을 매년 본역 대기(垈基)에서 수봉하여 역마를 배양하는 일
편호색 (便戶色)	본역의 장위답(長位畓)과 사령위답(使令位畓)에서 백미(白米)와 태(太)를 수봉하여 각 영문 (營門)에 공행(公行)하는 인마를 지공하는 일

노자색 (路資色)	공적으로 출사(出使)하는 각 하인들의 로자를 수용하는 일

※ 자료: 『영남역지』 소촌도사례성책(召村道事例成册)(1895)

한편, 유곡역의 경우도 『유곡도중기책(幽谷道重記册)』에 의하면 역시 육방체제 아래 이방(吏房)·호장(戶長)·호방(戶房)·예방(禮房)·병방(兵房)·공방(工房) 등으로 나누어 업무를 분담하고 있음을 알 수 있다.

이방은 문서대장 관리 즉 인신(印信), 법전(法典), 노문(路文), 인리안(人吏案), 관안(官案) 뿐만 아니라 별보청등록(別補廳謄錄), 별역청등록(別役廳謄錄), 이노성책(吏奴成册), 마위설치절목(馬位設置節目), 보세청절목(補貰廳節目), 복호전절목(復戶錢節目), 마위답수득책(馬位畓搜得册), 역리노보인(驛吏奴保人), 보역전절목(補役錢節目), 복마첨보절목(卜馬添補節目), 환상미봉책(還上未捧册), 노비감공정례책(奴婢減貢定例册), 역감공급대책(驛減貢給代册), 입마둔답안(立馬屯畓案), 삼등마화모색책(三等馬禾毛色册), 매식역리노형지안(每式驛吏奴形止案), 마적(馬籍), 개양전책(改量田册), 입마청둔답대장(立馬廳屯畓臺帳), 각역구폐절목(各驛捄弊節目), 별보청둔답절목(別補廳屯畓節目), 춘추전곡배삭절목(春秋錢穀排朔節目), 영둔답장책(營屯畓張册), 별영답절목(別營畓節目), 속오군탈급절목(束伍軍頉給節目), 시가절목(柴價節目), 기관청방폐혁파절목(記官廳防弊革罷節目), 오동인구방폐신절목(五洞人口防弊新節目), 구미구폐절목(九尾捄弊節目) 등의 문서관리와 역노비 신공전을 수납하는 업무를 맡고 있다.

호장은 입마청둔답(立馬廳屯畓), 요성(聊城)·상림역(上林驛)의 분표전(分俵錢) 매답(買畓)을 관리하고 있으며, 호방은 기부전(記簿錢), 춘등차비전(春等差備錢), 일비전(日債錢), 사부약채(四府藥債)를, 예방은 백미(白米), 적두(赤豆) 등의 잡물과 비품 및 공수미(公須米)·태(太)를 관리하며, 병방은 영문분표전(營門分俵錢) 및 청의(靑衣), 홍대(紅帶) 등 군기물자를, 공방은 역사의 관리와 보수, 관청의 비품 조달을 맡고 있으며, 포군(砲軍)의 경우 조총 등의 병기 관리, 포군도안(砲軍都案)과 절목을, 통인은 지필묵 등의 필기류를, 사령은 중고(中鼓), 나팔(囉叭), 홍의(紅衣) 등 악기와 깃발을 관리하고 있음을 파악할 수 있다.

그런데 이러한 역리가 각 역에 몇 명 배치되었는지에 대해서는 명확하지 않다. 고려시대의 6과체제에서는 역의 대소에 따라 2~3명의 역리가 배정되었으나 조선시대에는 이에 대한 인원 규정이 분명하지 않다. 경국대전에 역노비의 정액은 규정되어 있으나 역리에 대해서는 언급되지 않다. 그러나 찰방이 주재하는 본역(本驛)을 제외하고는 대부분의 외역(外驛)의 경우 적게는 3, 4명 내지 15~20여 명 정도가 배정된 것으로 생각된다. 그런데 조선후기에 이르러서는 역리의 노비 투탁현상, 공천(公賤)의 역리화(驛吏化), 역노승리법(驛奴陞吏法)의 시행, 혼인에 의한 신분귀속, 역리로의 투탁 등으로 역리인구가 증감하게 되자 입역(立役) 또는 사역역리(使役 驛吏)와 납공역리(納貢 驛吏) 또는 산거역리(散居 驛吏)로 분화되는 경향을 보이고 있음이 주목되고 있다. 입역 역리는 교대로 입역하여 역무 등의 행정실무를 맡으며, 납공 역리는 입역 대신에 신공전(身貢錢)을 납부하고 있다. 또한 역리 중에서 문장해독력이 있는 자로 역장(驛長)을 선임하고 있다. 유곡역은 다음의 <표5>에서 볼 수 있듯이『신증동국여지승람』과『여지도서』에는 469명이,『영남읍지』에서는 20명,『영남역지』,『유곡도역지급사례등보책(幽谷道驛誌及事例謄報册)』에서는 10명으로 편성되어 '시사리(時仕吏)' '사역역리(使役驛吏)' 또는 '원역리(原驛吏)'로 파악되고 있음을 볼 수 있다. 그런데『여지도서』에서 보이는 역리 469명이 모두 역의 행정업무를 보았다고 보기에는 무리이다. 따라서 윤번 교대로 근무를 했거나, 그렇지 않으면 입역 역리와 납공 역리로 나뉘어 역할을 분담하지 않았을까 추정된다.

<표 5> 유곡역의 역민 편성과 추이

사료	역리	역노	역비	비고(기타 역민)
『신증동국여지승람』	469	83(역비 포함)		
『여지도서』	469	74	9	
『영남읍지』, 문경현지(1899)	1,238	315	52	일수(27)
『영남읍지』, 유곡도역지(1871)	20(시사리)	7(급주)		도장(1) 부장(1) 방호(40)
『영남읍지』, 문경현지(1895)	1,238	315	52	日守(17)
『영남역지』,유곡도역지급사례등보책(1895)	10(원역리)	3(관노) 7(주졸)	2	역장(1) 통인(4) 사령(5) 포군(15)

그리고 역노비는 조선 초기에는 전운노비(轉運奴婢), 급주노비(急走奴婢)로 구분되어 잡역을 수행하는 관노비(官奴婢)의 일종이다. 지방의 각 역에 배치되었기 때문에 외노비(外奴婢)라고도 하는데 넓은 범위의 공천(公賤)에 해당된다. 역에 소속되어 있기 때문에 흔히 역노비 또는 역졸로 통칭되었다. 역노비의 경우는『경국대전』에 역의 대소에 따른 인원수가 명문화되어 상등역 50명, 중등역 40명, 하등역 30명씩 배치하고 이들에게 구분전(口分田)의 형태로 역전, 후에 급주전(急走田)을 지급하는 대신에 입마역(立馬役), 태운역(駄運役) 그리고 잡역(雜役)(신공전 납부, 입거전(入居錢)납부, 읍민의 잡역) 등을 부과하였다. 그러나 실제적으로 유곡역에 배치된 역노비는 위의 <표 5>에 나타난 바와 같이 역노 · 역비의 형태로

입역하여 역노는 급주·관노 또는 주졸(走卒)로 표기되고 있으며, 『여지도서』에서는 74명, 『문경현지』에는 315명이 파악되고 있으나 말기로 갈수록 역노가 감소되고 있다. 역비 역시 비슷한 경향을 보이고 있는데 이것은 아마도 역비의 혼인에 따른 신분귀속의 변화에 말미암아 종량화(從良化)가 그 원인이 아닐까 추정된다.

한편, 역보(驛保)는 역리 또는 역노비의 역역이 고달파서 자주 유망, 도산하게 되자 그들의 입역을 도와주기 위해 배정된 조역호(助役戶)의 하나이다. 역보의 지급은 국역 편성의 기반인 군역의 봉족(奉足)제도에서 발전된 보법(保法)의 바탕 위에 성립된 것으로 초기의 조역(助役)정책과 병행되었으나 점차 급보제(給保制)가 정착됨으로써 실시되었다. 역리의 경우 동거하는 족친(族親)을 봉족으로 삼아 조역케 한 것이 특징이다. 그러나 후기에 이르러서는 역보는 양인보(良人保)와 천인보(賤人保)로 나뉘게 되었고, 또 역리보·역졸보로 분화되어 점차 다른 독립호(獨立戶)로써 배정하여 납포(納布) 또는 신공전(身貢錢)을 통한 경제적인 조역을 하게 되었다. 그런데 유곡역의 경우 역보가 배정되었을 것으로 사료되나 보이지 않고 오히려 일수(日守)가 배치되고 있다.

일수는 조선초기의 '일수양반(日守兩班)'에서 유래하는데 역리가 부족한 곳이나 신설한 역참에서 '급사(給事)'의 일을 맡았다. 초기 함경도지역의 신설된 각 참(站)에 일수양반(日守兩班) 5명씩 배치한 것이 최초의 일이며 그 후 대로역은 20명, 중로역은 15명, 소로역은 10명씩 배정하는 것으로 법제화되었다. 때로는 일수가 부족한 경우 역 부근에 살고 있는 한역인(閑役人)이나 향리(鄕史) 등이 충원되기도 하였으나 후기에 이르러서는 『반계수록』에 따르면 일수 대신에 사령이 그 역할을 대신 수행하였다고 전한다. 그럼에도 불구하고 유곡역에는 1895년에 편찬된 『영남역지』『유곡도역지급사례등보책』에는 사령 5명과 같은 해 『영남읍지』『문경현지』에는 일수 17명이 병존하고 있음을 알 수 있으며, 1899년의 『영남읍지』『문경현지』에는 사령은 나타나지 않고 일수만 27명이 기록되고 있다.

통인은 고려시대 하급 아전의 하나인 '통사(通事)'에서 유래한 것으로 찰방 등의 교체시에 통알(通謁), 인접(引接)의 업무를 담당하며, 방호(防戶)는 『유곡도역지』 시행사례에 의하면 각 역의 위토(位土)를 지급받아 경작하는 역민 중에서 차출되어 공간(公幹) 즉 관청의 사무를 맡고 있는 인원이나 마필을 공궤(供饋)하는 일을 맡고 있다. 포군(砲軍)은 역의 방어업무에 종사하는 것으로 추정되나 아직까지 정확하게 알 수 없다. 그리고 역장(驛掌)·도장(都掌) 및 부장(副掌)은 아마도 역전(驛田)에서의 도조(賭租) 징수업무와 관계가 있는 듯하나 정확하게 알 수 없다.

3. 유곡역(幽谷驛)의 역사(驛舍) 구조와 기능

역에는 이른바 공해(公廨) 즉 역사(驛舍)를 건립하여 찰방 이하 역역을 수행하는 역민들의 집무소(執務所) 시설로 이용하였다. 그리고 역의 소요 재원을 조달하고 보관하기 위한 여러 가지 창고시설도 함께 건립하여 운영하였다. 대개 역사의 시설물은 아래 <표 6>에서 볼 수 있듯이 동헌(東軒)·내동헌(內東軒)·작청(作廳) 또는 인리청(人吏廳)·사령청(使令廳)·통인청(通引廳)·관노청(官奴廳)·창고(倉庫)·문루(門樓)·마당(馬堂)·누정(樓亭) 등의 시설물들이 있었다.

<표 6> 조선후기 역지(驛誌)에 나타난 역사 현황

역명	역의 건축물	年度
황산역	아사(衙舍) 작청(作廳) 장적청(帳籍廳) 사령청(使令廳) 관노청(官奴廳)	1871
	동헌(東軒) 내동헌(內東軒) 장적고(帳籍庫) 창고(倉庫) 작청(作廳) 관청(官廳) 장적청(帳籍廳) 형리청(刑吏廳) 관노청(官奴廳) 사령청(使令廳)	1896
성현역	아사(衙舍16) 수월정(受月亭1) 현산루(峴山樓6) 형지안고(形止案庫3) 창고(倉庫14) 창사청(倉舍廳6) 이청(吏廳10) 양마청(養馬廳5) 고사(庫舍3)관두(官廚8) 고사(庫舍4) 민고(民庫6) 접빈관(接賓館4) 사창고사(社倉庫舍6) 사창사(社倉舍4) 외양간(畏養間5) 형리청(刑吏廳4)	1871
안기역	아사(衙舍(소양관蘇襄館) 동헌(東軒10) 내동헌(內東軒8) 통인청(通引廳1) 낭청방(郎廳房2) 공수청(公須廳3) 남행랑(南行廊6) 마구(馬廐3) 외삼문(外三門3) 인리청(人吏廳) 관청고(官廳庫) 누정(樓亭) 관사(館舍) 보민창(補民倉) 사창(社倉)	1871
송라역	동헌(東軒) 공방고(工房庫) 예방고(禮房庫) 호방고(戶房庫) 별관(別館) 외대문(外大門) 진고(賑庫) 보민청(補民廳) 보민고(補民庫) 입마고(立馬庫) 보역청(補役廳) 내삼문(內三門) 사령방(使令房) 고각루(鼓角樓) 형리청(刑吏廳) 창고(倉庫(군자창軍資倉, 상진창常賑倉, 별창別倉, 혜청惠廳, 정부政府, 균군均軍, 사창社倉) 관일루(觀日樓) 임영각(臨瀛閣)	1871
창락역	관사(館舍85) 동헌(東軒8) 책실(册室3) 동고(東庫4) 내삼문(內三門3) 외삼문外三門(3) 이청(吏廳10) 관청(官廳4) 관노청(官奴廳5) 사령청(使令廳6)	1895
자여역	착고(倉庫) 관수고(官須庫) 아사(衙舍8) 문루(門樓3) 마랑(馬廊10) 인리청(人吏廳7) 통인청(通引廳3) 관노청(官奴廳3) 사령청(使令廳3)	
소촌역	동헌(東軒(세당洗堂) 인리청(人吏廳) 통인청(通引廳) 사령청(使令廳) 운금루(雲錦樓) 창고(倉庫(진물창賑物倉, 편호고便戶庫, 관청고官廳庫, 편우고便郵庫, 대동고大同庫, 둔답고屯畓庫) 마부청(馬夫廳)	1871

유곡역	동헌(東軒(6) 내동헌(內東軒(4) 천교정(遷喬亭(6) 전명청(傳命廳(8) 내삼문(內三門(6) 문루(門樓(6) 사환고(社還庫(4) 진휼창(賑恤倉(20) 수직간(守直間(4) 작청(作廳(10) 형리청(刑吏廳(6) 통인청(通引廳(4) 관노청(官奴廳(8) 사령청(使令廳(6) 마단(馬壇(5)	1871
	아사(衙舍(8) 공고(工庫(3) 관노청(官奴廳(3) 사령청(使令廳(4) 포청(砲廳(6) 마단(馬壇(3)	1895
김천역	동헌(東軒(2) 장행랑(長行廊(10) 진창고(賑倉庫(12) 창사(倉舍(3) 죽정(竹亭(6) 영빈루(迎賓樓(6) 한문루(閉門樓(6) 관청(官廳(6) 제리청(諸吏廳(10) 형리청(刑吏廳(4) 양마청(養馬廳(5)	1871

동헌은 찰방이 역무를 총괄하는 행정관서이며, 내동헌은 찰방의 침소로 생각된다. 작청은 역리들이 실무를 보는 곳이며 역에 따라서는 인리청(人吏廳)이라고도 하였다. 사령청은 사령이, 통인청은 통인이, 관노청은 역노비가 잡무를 보는 곳이다. 또한 역사에는 외삼문, 내삼문이 있어 문 위에 문루와 기타 누정을 세웠으며, 마단은 말을 제사지내는 사당으로 볼 수 있으나 마당(馬堂)·마구(馬厩) 또는 양마청(養馬廳)으로 표기되는 경우도 많아 아마도 마굿간 시설일 가능성이 높다.

유곡역의 경우는 위의 표에서 볼 수 있듯이 동헌(東軒 6칸), 내동헌(內東軒 4칸), 천교정(遷喬亭 6칸), 전명청(傳命廳 8칸), 내삼문(內三門 6칸), 문루(門樓 6칸), 사환고(社還庫 4칸), 진휼창(賑恤倉 20칸), 수직간(守直間 6칸), 작청(作廳 10칸), 형리청(刑吏廳 6칸), 통인청(通引廳 4칸), 관노청(官奴廳 8칸), 사령청(使令廳 6칸), 마단(馬壇 5칸), 포청(砲廳 6칸) 등이 있었다.

최근 유곡동 지표조사 보고서에 의하면 유곡동은 아골(衙洞), 한적골, 마본(馬本), 주막거리(酒幕巨里)로 구성되었는데 관아터 추정되는 아골(衙洞)지역을 발굴한 바 있으며, 최영준(崔永俊)은 현지답사를 통한 조사에서 유곡역이 관아를 중심으로 한 촌락형 취락구조를 띠고 있다고 서술하였으며, 신후식(申厚植)은 "관아터는 국도로부터 20m 떨어진 곳에 위치하여 약 300평의 장방형 담장을 쌓고 2층의 삼문루를 입구로 하여 그 안에 공고, 천교정, 이청, 사령청, 포청, 마단을 설치하고 그밖에 관노청과 역관 건물이 유일한 기와집(瓦家)이었으나 1910년 일본인이 파괴했다"고 술회하고 있다.

4. 유곡역의 교통로상의 위치

유곡역은 조선시대 한양과 동래를 잇는 경상대로 또는 경상충청대로(요즈음은 흔히 영남대로라고 많이 쓰인다)상에 위치하고 있다. 이곳은 일찍이 삼국시대부터 한강유역과 오늘날의 영남지방을 왕래하는 대로의 길목이었다. 이곳에 신라 아달라왕 3년(156) 4월에 계립령(鷄立嶺)과 죽령(竹嶺)의 교통로를 개척한 이래 지방지배 수단으로서 또는 대외진출 및 교역과 문화교류에 있어서 중요한 교통로였던 것이다. 조선시대에 이르러서는 조령(鳥嶺)의 개척과 더불어 더욱 사람과 물화의 왕래가 증대되어 유곡역은 6대로의 하나인 서울 경성에서 동래에 이르는 제4로에 위치하는 중요 교통로로서 위치를 차지하게 되었다. 신경준의 『도로고(道路攷)』에 의하면

경성(京城)→ 한강(漢江)→ 신원점(新院店)→ 현천현(縣川峴(店)→ 판교점(板橋店)→ 험천(險川)→ 열원(列院)→ 용인(龍仁)→ 박군이현(朴君伊峴)→ 직곡점(直谷店)→ 금령장(金嶺場)→ 양지(陽智)→ 좌찬역(左贊驛)→ 기안점(機鞍店)→ 진촌(陣村)→ 광암(廣岩)→ 석원(石院)→ 모도원(慕道院)→ 숭선점(崇善店)→ 용안점(用安店)→ 검단점(檢丹店)→ 달천진(達川津)→ 충주(忠州)→ 단월역(丹月驛)→ 수교(水橋)→ 안부역(安富驛)→ 조령동화원(鳥嶺桐華院)→ 초곡(草谷)→ 문경(聞慶)→ 신원(新院)→ 유곡역(幽谷驛)→ 덕통역(德通驛)→ 낙원역(洛原驛)→ 불현(佛峴)→ 낙동진(洛東津)→ 여음리점(餘次里店)→ 연향역(延香驛)→ 고리곡(古里谷)→ 장천(丈川)→ 동명원현(東明院峴)→ 우암창(牛岩倉)→ 금호강(琴湖江)→ 대구(大丘)→ 오동원(梧桐院) →팔조령(八助嶺)→ 청도(清道)→ 유천(榆川)→ 밀양(密陽)→ 이창(耳倉)→ 무흘현(無屹峴)→ 내포진(內浦津)→ 황산역(黃山驛)→ 양산(梁山)→ 동래(東萊)→ 좌수영(左水營)→ 부산진(釜山鎭)에 이르는 길을 말한다.

또한, 행정·군사상의 중요한 요충지에 위치하였다. 즉, 감영(監營)과 통제영(統制營) 및 좌수영(左水營) 가는 길로서 많이 이용되었다. 그 노선을 살펴보면 다음과 같다.
감영의 경우 그 노선을 살펴보면 감영(監營)-대구읍참(大丘邑站)-고평참(高平站)-양원참(楊原站)-연향참(延香站)-낙동참(洛東站)-낙원참(洛原站)-덕통참(德通站)-유곡참(幽谷站)-안보참(安保站)→충주(忠州)방면이다.
통제영은 통제영(統制營 忠武)-구허역(丘墟驛)-송도역(松道驛)-배둔역(背屯驛)-상령역(常令驛)-파수역(巴水驛)-창인역(昌仁驛)-일문역(一門驛)-내야역(內也驛)-쌍산역(雙山驛)-설화역(舌化驛)-팔여역(八莒驛)-인동역(仁同驛)-연향역(延香驛)-낙동역(洛東驛)-낙원역(洛原驛)-덕통역(德通驛)-유곡역(幽谷驛)-문경(聞慶)-조령(鳥嶺)-충주(忠州)방면이다.
좌수영 역시 좌수영(左水營 東萊)-소산역(蘇山驛)-양산(梁山)-내포(內浦)-무흘(無屹)-밀양(密陽)-유천(榆川)-청도(清道)-오동원참(梧桐院站)-대구(大丘)-고평역(高平驛)-양

원역(楊原驛)-연향역(延香驛)-낙동역(洛東驛)-낙원역(洛原驛)-덕통역(德通驛)-유곡역(幽谷驛)-요성역(聊城驛)→충주(忠州)방면으로 가는 길이다. 이외에 충주와 문경을 잇는 소백산맥 아래에 위치하고 있어 주변에는 조령관문·조령산성·선암봉수 등을 설치함으로써 군사상의 요충지에 위치하고 있음을 알 수 있다.

그뿐만 아니라 한·일간의 사행로 위에 놓여 있어 외교적으로도 중요한 교통의 요충지였다.『도로고』에 나타난 사행로를 열거하면 다음과 같다. 부산포(釜山浦 東萊)-소산역(蘇山驛 梁山)-양산(梁山)-황산역(黃山驛)-무흘역(無屹驛 密陽)-밀양(密陽)-유천역(楡川驛)-청도(淸道)-성현역(省峴驛 淸道)-경산(慶山)-대구(大丘)-팔여역(八莒驛 星州)-인동(仁同)- 해평(海平)-선산(善山)-상주(尙州)-함창(咸昌)-문경(聞慶)-안보역(安保驛 延豊)-연풍(延豊)-괴산(槐山)-음성(陰城)-음죽(陰竹)-무극역(無極驛)-이천(利川)-경안(慶安驛)-광주(廣州)→경성(京城)방면에 이르는 노선이었다.

따라서, 유곡역은 '영남의 인후(咽喉)'에 해당되며 서울과 영남의 인구와 물산이 유곡역을 통하여 유통됨으로써 사회·경제적으로나 군사·외교행정·교통로상의 중요 요충지로서의 성격을 띠고 있음을 알 수 있다.

II.『유곡록(幽谷錄)』의 체제와 내용 구성

1.『유곡록(幽谷錄)』의 체제와 형식

이『유곡록(幽谷錄)』은 현재 문경시 옛길 박물관에 소장된 사료이며 충청도와 영남을 잇는 영남대로상의 유곡역(幽谷驛)의 찰방(察訪) 조윤주(曺潤周)[281]가 경상도 감영이나 좌병영, 순영, 통영 및 문경현에 발송하는 첩보(牒報)를 모아 엮은 것이다. 이 사료는 18세기 당시 유곡역의 운영 실태와 감영 등 타 기관과의 상호업무 관계 그리고 역폐(驛弊) 등의 문제점을 파악할 수 있다는 점에서 사료적 가치가 크다고 생각된다.

『유곡록(幽谷錄)』이라는 제명(題名)은 책의 겉표지에 '유곡록(幽谷錄)'이라는 표제에서 근

---

281)『幽谷錄』계문초(啓聞草). 기미(己未) 5월 14일, "承政院 開坼 通訓大夫 慶尙右道幽谷道察訪 臣 曹 着署"라고 한 데서 당시 유곡도 찰방이 조모(曹某)라는 것을 추정할 수 있으며, 그는『승정원일기』에 따르면 1737년(영조 13) 4월에 예조좌랑이며 기사관인 조윤주(曺潤周)였음을 알 수 있으며 겸찰방(兼察訪)에 제수되어 유곡역(幽谷驛)을 담당하였던 것이다. 그는『유곡록』서문에 나온 바와 같이 30개월 동안 재임하면서, 공문과 보고서 등 67편의 글을 모아『幽谷錄』을 책으로 엮었다.

거한 것이며 책의 판형(板型)은 필사본(筆寫本)으로 총 면수는 127면이며 간행장소는 미정
이나 간행연대는 속표지에는 정사(丁巳), 무오(戊午), 기미(己未) 간기(刊記)가 적혀 있어 이
자료의 작성연대를 추정할 수 있다. 우선 작성연대를 추정해 보면 정사년(丁巳年)은 역마위
전(驛馬位田) 개량(改量)과 관련하여 감영(監營)에 보낸 첩보(牒報) 중에 '경자개량(庚子改量)'
이라는 언급이 있는 것으로 보아[282] 『유곡록(幽谷錄)』을 작성한 시기는 경자양전(庚子量田)
이 시행되었던 숙종(肅宗) 40년(1720) 이후의 간지에 해당되는 정사년(丁巳年)은 영조 13년
(1737)이 아닐까 추정된다. 그것은 경상좌병사였던 우하형(禹夏亨)의 관력(官歷)을 추정해
본 결과 영조 4년(1728) 곤양군수 재임 이후 영조 15년(1739) 경상좌병사를 역임한 것으로
보아 영조 13년으로 추정이 가능하다고 본다. 그리고 기미년(己未年)은 유곡역 찰방 조윤주
(曺潤周)가 감영에 첩보한 문보(文報) 중에 '유곡도 찰방에 제수되어 4월 20일 부임 이후
1739년 8월이 30개월이 되어 임기가 만료되므로 체직해 줄 것을 요청[283]한 데서 기미년(己
未年)은 바로 영조(英祖) 15년(1739)이 됨을 추정할 수 있다. 따라서 이 『유곡록(幽谷錄)』의
작성 시기는 영조 13년(1737) 6월 26일부터 영조 15년(1739) 7월 24일까지임을 알 수 있다.

한편, 『유곡록(幽谷錄)』을 작성한 동기는 "丁巳初四月 初四日 都政 除拜本郵 同月 二十日
赴任後 凡干文報等事 列書于右 以憑後考"라고 적혀 있는 것으로 보아 영조13년(1737) 4월
에 도목정사(都目政事)에서 유곡역(幽谷驛) 찰방으로 제수 받고 4월 20일에 부임하여 체직할
때까지 오고간 여러 가지 문보(文報) 즉, 공문서를 적어 후일에 참고하고자 하였던 것으로 생
각된다.

2. 『유곡록(幽谷錄)』의 내용 구성과 사료가치

이와 같은 『유곡록(幽谷錄)』에는 문서 발송 기관과 역운영 관련 내용이 수록되어 있는데
감영(監營)에 44건, 비변사(備邊司) 1건, 순영(巡營) 3건, 승정원(承政院) 1건, 좌병영(左兵營)
7건, 선산부(善山府) 1건, 문경현(聞慶縣) 1건, 상주진영(尙州鎭營) 3건, 통영(統營) 3건 등 모
두 67건의 첩보(牒報)와 제사(題辭)또는 제음(題音)이 포함되었다. 이를 대상기관별, 일자별
로 집계하면 다음 표와 같다.

---

282) 『幽谷錄』보감영초(報監營草), 정사(丁巳) 9월 초 10일.
283) 『幽谷錄』보감영초(報監營草), 기미(己未) 6월 1일.

<표> 『유곡록(幽谷錄)』의 내용 구성

문서 번호	발송 대상	발송연월	내용	비고
1	尙州 營將	丁巳(영조13: 1737) 6월 26일	尙州鎭營의 將校, 使令. 及唱 등의 역마 濫騎	
2	監營	6월 29일	사은사 북경 연행 시 유곡역의 代把 및 雇價 지급 문제	
3	監營	7월 12일	사은사 북경 연행 代把한 魚川驛卒 雇價 징수	
4	監營	8월 3일	유곡도속역의 가뭄피해 監營穀 400냥 貸下 요청	監營 南倉錢
5	監營	9월 9일	유곡도속역인 上林驛의 馬位田을 土豪兩班이 침탈	양반의 公田 침탈
6	監營	9월 10일	유곡도 속역 가뭄으로 농사피해 구휼차 감영 곡 400냥 貸下 재차 요구	
7	巡營	9월 10일	양반토호들의 마위전 침탈 및 사상 매매	馬位田의 民田化
8	監營	9월 11일	洛東. 迎香驛 驛吏의 軍役 充定	
9	統營	10월 13일	비변사 및 내의원 擺撥 關文 折見, 破裂 및 遲滯	
10	監營	11월 7일	상림역 마위전 침탈 私占한 양반 金溟壽에게 마위전 차용 세금 10여냥 추징 요구	
11	監營	11월 13일	義禁府 羅將 金國亨의 雙溪驛馬 濫騎 및 驛長 구타	
12	統營	11월 12일	비변사에서 통영, 우병영 전달할 擺撥 朝報의 분실 및 지체 연유 조사	
13	統營	11월 29일	비변사의 擺撥 朝報 분실 및 지체에 대한 見 灘站 撥長의 捧招	
14	監營	12월 17일	토호의 마위전 私相賣買 및 無價還退, 分半打 作 문제	
15	監營	戊午(영조14: 1738) 정월 24일	마위전의 民田 割耕, 境界 측량 요구	
16	監營	정월 28일	중국 칙사 영접 시 영접도감의 지방 才人 차출	
17	監營	3월 3일	幽谷驛 마위전의 庚子量案 이후 民田 割耕 조사	
18	監營	3월 3일	大隱驛 등의 마위전의 民田 重疊조사, 驛人에 게 出給	

19	監營	3월 3일	大隱驛 마위전 부족 문제 및 홍수로 인한 成川覆沙 피해 방지	
20	左兵營	4월 16일	사신행차 시 유곡역의 吏. 兵房이 待令하는 대신에 外驛의 假色이 대령하는 폐단	待令 폐단과 情債 징수
21	監營	4월 19일	監營에서 貸下한 南倉錢을 秋收후 수납 요청	
22	監營	4월 17일	京驛의 人馬立役價 경상도 각역 復戶에서 징수 상송 및 復戶 還推 문제	外驛의 復戶價 납부
23	監營	4월 21일	洛陽驛과 幽谷驛 驛馬 待令 및 喂養	
24	尙州鎭營	4월 22일	유곡역 역마의 上京役과 尙州鎭營 兩役 부담 및 待令	
25	左兵營	5월 16일	좌병영 군사점검 시 역마 대령 및 이, 병방 差任, 情債 징수	이, 병방의 外驛 차임
26	監營	5월 3일	유곡역 역리가 馬位田을 民田으로 은익하여 경작. 역리 田德秋 治罪 요구	
27	聞慶縣	6월 21일	유곡역 역리 田德秋가 마위전 割耕. 決杖治罪 후 사망사건에 대한 아들의 항의	
28	監營		유곡역 역리 田德秋의 마위전 割耕으로 치죄 사망 건에 대한 아들들의 항의 협박. 마위전 반납 저항 등	마위전 割耕
29	監營	8월 18일	將校가 軍卒 징발차 역의 大馬 요구, 역마 濫騎, 楊原驛. 高平驛 까지 越把하여 大馬 이용	역마 越把
30	監營	9월 26일	別星과 譯官 행차 시 상주. 선산읍 出站役, 疊役	出站役
31	善山府		迎香驛 驛吏 朴尙己가 선산부로 이사, 군관청에서 軍官으로 편성 후 除番租 납부 독촉	
32	監營		영남 사족. 토호 마위전 私相賣買 침탈, 역마 濫騎	
33	監營	정월 15일	가뭄 재해 피해 역민 진휼 구제대책	
34	監營	3월 10일	자연재해 입은 역민 구제, 마위전 搜得 禾穀租와 備蓄 곡식 지급	역민 구휼
35	監營	3월 15일	군위 召溪驛, 비안 安溪驛 賑恤穀 火災 소실	
36	監營	7월 1일	安谷. 仇昧. 知保. 迎香大隱驛 등 자연재해 흉년농사 피해 극심, 監營 지원 요청	
37	監營	10월 14일	幽谷驛의 사시접대와 見灘站 客館移設 및 역민.村民 出站役	

38	監營	10월 17일	비안 安溪驛 흉년으로 大馬 改立, 中馬 분실 및 入把馬 馬價 수납 문제	
39	監營	8월 10일	新官 監司 人馬. 雜物 운송	
40	左兵營	7월 28일	좌병영 全鰒 進上 密封후 기한 내 운송	
41	監營		신관 감사 부임 영송, 각 읍 배정 잡물 운송	
42	巡營		신관 감사 부임 영송, 각 읍 배정 잡물 운송, 의성 駕轎 제작 운송	
43	巡營		유곡역 印信 改造	
44	監營	11월 5일	유곡역 出站 부담, 見灘站 復設	
45	監營	11월 2일	유곡도 속역 자연재해 대책-空名帖 발급 등	
46	監營	11월 12일	유곡도 속역 자연재해 賑恤穀 비축 대책-공명첩, 진휼곡, 감영전, 찰방자비전 등	
47	監營	12월 24일	유곡역의 부경행차 馬夫 往還 대신에 貰人雇用 送付. 역리 存本取利 貰價錢 징수문제	
48	監營	12월 11일	賑恤穀의 일부 馬草(太) 還給	
49	監營	己未(영조15: 1739) 정월 4일	지방 外驛의 赴京 馬夫 입역, 貰價錢 징수 폐단	
50	監營	3월 10일	역마 馬草 해결-空石(빈가마니) 지급	
51	監營	3월 21일	德通驛 大召洑아래 馬位田 水路 싸움	
52	監營	4월 6일	左兵使 교체 시 分路定式의거 竹嶺,鳥嶺路 이용문제	
53	左兵營	4월 10일	左兵使 교체 시 分路定式의거 竹嶺路 이용	
54	監營	4월 4일	순사, 병사 행차 陪行한 金泉驛 吏房.兵房의 實色,假色 여부 논쟁	
55	左兵營	4월 21일	좌병사 행차 시 竹嶺 경유 조치	
56	監營	4월 24일	金泉道 속역 陽川驛 馬夫 碧只가 신임병사 영송차 가는 도중에 수상한 사람에게 中馬를 橫奪당한 사건	
57	左兵營	4월 27일	左兵使 遞歸 시 왕래로 죽령, 조령 경유 논란	
58	左兵營	5월 8일	좌병사 체귀 시 상경교통로 竹嶺.조령 경유 논란	

59	承政院	5월 14일	좌병사 체귀 시 죽령 경유 備局 논의	
60	巡營	5월 17일	좌병사 禹夏永의 鳥嶺 경유 주장에 대해 承政院 보고	
61	監營	5월 24일	좌병사 遞歸 왕래 시 昌樂驛 入把, 조령경유 주장. 유곡역 영송 역마 責立 이유로 반대	
62	監營	5월 21일	역참의 賑恤穀 監營 貸下 400냥 추수 후 납부 연기문제	
63	監營	6월 1일	찰방 임기 만료로 교체 요청	
64	監營	6월 10일	감영에서 貸下한 400냥(南倉錢) 상환 관련	
65	備邊司		좌병사 遞歸 시 교통로 조령경유 요청 건에 대한 備局 답변	分路定式
66	監營	7월 22일	신,구지방관 교체 시 영송에 대한 유곡역 본.외 驛卒의 陪行 폐단	
67	監營	7월 24일	通信使.奉安使 등 사신행차 시 幽谷驛 客館과 犬灘站 客館 이용 문제-유곡역졸 苦役,見灘站 復設	犬灘站 객관

위의 내용 중에서 중요한 몇 가지 사례의 특징을 살펴보면 다음과 같다.

첫째 가장 많이 감영에 보고된 내용의 하나는 마위전(馬位田) 경영(經營)과 관련된 것으로서 양반 토호에 의한 마위전(馬位田)의 사상매매(私相賣買) 및 침탈(侵奪) 그리고 홍수로 인한 성천복사(成川覆沙) 피해(被害)이다. 원래 마위전은 역호(驛戶)에게 역마 입대(立待) 대신에 마위전 경작을 지급, 경작한 것인데 점차 일반 양인에게도 마위전 마경(借耕)이 허락되고 또 양반이나 토호에게 사적으로 매매가 허다하게 발생하거나 침탈되어 사점화(私占化)하는 현상이 비일비재하게 되었던 것이다. 『幽谷錄』의 영조13년(1737) 9월 10일의 순영(巡營)에 첩보한 글에 보면

"당초 조정에서 전지(田地)를 구획하여 역민(驛民)에게 지급해 준 것은 역민들이 그 곳에서 힘써 일하여 應役을 보존하고자 하는 뜻이었습니다. 그러나 本驛(幽谷驛: 필자)은 다른 역과 달라서 크고 작은 별성(別星)이 끊임없이 왕래하고 하인과 발졸(撥卒)들이 길 위에 오랫동안 늘어서기 때문에 농사에 전념할 수 없고 역장과 마호가 연이어 별성에게 음식을 제공해야 하므로 항상 빚을 지는 상황입니다. 매년 이렇기 때문에 형세를 감당할 수가 없게 되어 반드시 도지(賭地)를 팔게 되니 허다한 전답이 역 근처의 양반(兩班)과 민가(民家)에게 모조리 귀속(歸屬)되게 됩니다.

> 여론을 탐문해보니 그 중에 포악한 양반이 멋대로 빼앗아 농사를 짓거나 평민중에서 부유한 자가 싼 값에 사고파는 버릇이 이미 관례처럼 되었습니다. 그러므로 피폐한 역졸 (驛卒)들이 앞으로 닥칠 폐단은 생각하지 않고 잠시나마 눈앞의 이익만을 생각하여 번번이 허락하니 조금도 손을 쓸 수가 없습니다. 그리하여 근처의 양반과 부유한 자들이 해마다 악습을 따라 막중한 마위전을 민전으로 만드니 본역의 역졸들은 오래도록 굶주려 버틸 수가 없어서 뿔뿔이 흩어지게 되었으니 장차 역참의 傳命이 끊어질 지경에 이르렀습니다."[284]

라고 하여 마위전이 양반이나 부유한 평민들에게 처음에는 도지권(賭地權)만 매매가 허락되었다가 점차 마위전 자체를 매매하여 민전화(民田化)하게 되는 결과를 초래하고 있음을 볼 수 있다. 이에 대한 대책으로써 양반 토호에게 광점(廣占)된 마위전을 도로 역민에게 무가환퇴(無價還退)하거나 분반타작(分半打作)토록 하여 역민을 보존하도록 조치하였던 것이나, 이후에도 마위전의 침탈은 지속되었던 것이다.[285]

한편, 홍수로 인하여 마위전이 냇가로 변하거나 심지어는 모래밭으로 변해버리는 성천복사(成川覆沙) 현상이 많이 발생하여 민전(民田) 보유자와 분쟁을 자아내기도 하였다. 유곡도(幽谷道) 속역인 용관(龍宮)의 대은역(大隱驛) 역인(驛人)들이 호소한 바에 의하면

> "저희 역 마위전은 원래 부족한 것이 17결이나 되어 매양 풍족하지 못함을 한탄하였습니다. 지난 병신년(숙종42; 1716)에는 홍수에 휩쓸려서 냇가가 되었고 모래가 뒤덮인 것이 10여 섬지기나 되었으니 지극히 어려운 역참이 거의 황폐한 지경이 되었습니다. 그런데 뜻밖에도 지금 용궁현 장평동(長坪洞)에 사는 권해근, 오필용 등이 저희 마위전의 모래로 뒤덮인 곳에 일꾼을 시켜 흙을 쌓고 인하여 수로를 만들었지만 저희들이 수습할 수가 없어서 항상 개탄스럽게 여기고 있었거늘 지금 또 흙을 쌓았는데 동쪽이 민전(民田)이고 서쪽은 마위전(馬位田)입니다. 만약 앞으로 장마가 진다면 허다한 마위전이 반드시 냇가가 될 것입니다."[286]

라고 하여 마위전이 장마로 인하여 냇가로 변하고 또 모래로 뒤덮인 마위전에 흙을 쌓음으로써 마위전이 할경(割耕)되는 사태가 발생하게 되자 옛날 수로를 개통하여 마위전과 민전의 경계를 바로잡아 마위전이 냇가로 변경되는 것을 막아달라고 하소연하였던 것이다.

둘째 역마의 남기(濫騎)와 부경사행(赴京使行) 및 지방관 왕래에 따른 역마의 대파(代把)

---

284) 『幽谷錄』 보감영초(報巡營草), 정사(丁巳) 9월 10일.
285) 『幽谷錄』 보감영초(報監營草), 정사(丁巳) 12월 17일.
286) 『幽谷錄』 보감영초(報監營草), 무오(戊午) 3월 3일.

고가(雇價) 징수 문제이다. 먼저 역마(驛馬) 남기(濫騎)에 대해서는 영조13년(1737) 6월에 유곡역 찰방이 상주 낙양역(洛陽驛)에 가서 역장을 불러 역마를 점고하게 되자 상주 진영의 영장(營將)이 감사의 영명(迎命) 행차에 모조리 끌고 가서 역이 텅비게 되었다고 하고 심지어는 상주진영 소속의 하급관리들까지 사적으로 역마를 남기하고 있음을 다음 글에서 알 수 있다. 즉

"비단 이번 뿐만이 아니라 전부터 진영 소속의 장교(將校)·진리(鎭吏)·사령(使令)·급창(及唱)·통인(通引) 등이 간혹 사적인 일 때문에 출입할 곳이 있으면, 번번이 역장을 불러서 말을 달라고 요구하여 함부로 탑니다. 역장이 바른 이치로 따지면, 저들이 원한을 품고 있다가 뒷날에 어떤 일을 계기로 하여 반드시 중상모략을 일삼기 때문에 감히 어길 수가 없어서 종종 말을 빌려주게 되었고, 결국은 그릇된 규정이 되었습니다"라고 하였습니다 본역의 역마는 이미 전명(傳命)하는 말이므로 장교 같은 무리들이 사사로이 서로 주고받을 수 있는 말이 아니거늘, 저들이 어찌 감히 조정의 명령을 위반함이 이처럼 방사하단 말입니까?287)

라고 한 데서 막중한 전명을 담당하는 역마가 사적으로 이용되고 있음을 파악할 수 있다.

또한, 부경사행의 배행(陪行)에 따른 역마대파(驛馬代把)와 고가(雇價) 징수 폐단문제이다. 부경사행의 경우 하삼도의 역졸과 역마를 징발하여 병조가 점고하여 보내게 되었는데 평안도 대동역, 어천역의 역졸들이 유곡역 역졸인 김최선(金最先)의 역마가 다리를 절어서 대신 말을 대파(代把)하고 고가(雇價)를 징수하자 하삼도 역졸들이 병조에 정소(呈訴)하여 고가를 징수하지 않게 되었다.288) 원래 대파고가(代把雇價) 징수는 숙종22년(1696)에 동지사가 연경에 갈 때 유곡역에서 보낸 말이 다리를 전다고 트집을 잡아 평안도 대동역(大同驛)의 역마로 대파(代把)하고 대신 고가(雇價) 30필을 거두어 보낸 데서 비롯된 것인데 영조 13년(1737)에 평안도 어천역(魚川驛)의 역졸이 관아에 소지(所志)를 올려 영조 8년(1732) 사은사가 연경에 갈 때 유곡역 역졸 김최선의 말 대신에 어천역에서 대파하는 대신에 고가를 달라고 청원한 것을 이유로 다시 대파고가(代把雇價) 징수 문제가 대두하게 되었던 것이다.

그 외에 병마절도사가 군사점검 행차 시 대마(大馬) 대신에 노태마(駑駘馬)를 대령시킨다든지 실무를 맡은 이방(吏房)이나 병방(兵房)이 자기 집에서 누워자면서 대령(待令)하지 않고 외

---

287) 『幽谷錄』 보상주영장초(報尙州營將草), 정사(丁巳) 6월 26일.
288) 『幽谷錄』 보감영초(報監營草), 정사(丁巳) 6월 29일.

역(外驛)의 어리석은 놈을 가색(假色)으로 차임(差任)하여 보낸다든지 하여 이·병방의 실색(實色)·가색(假色) 문제를 야기하였고 또 유곡역의 이·병방이 좌병영에 오갈 때 노자돈이나 정채(情債)비용을 외역에 전가하는 등의 역폐(驛弊)가 발생하고 있음을 살필 수 있다.[289]

셋째 역촌(驛村)의 구휼(救恤)문제이다. 자연재해로 말미암아 농사를 제때에 짓지 못한 역촌의 경제적 어려움에 대한 해결책으로써 감영의 남창전(南倉錢)을 대하(貸下) 받는다든지[290] 진휼곡(賑恤穀)으로 구제하고 있다. 영조 14년(1738) 정월의 첩보(牒報)에 따르면

> "본역 소속 선산 구화의 영양·상림·구미·안곡, 상주 구화의 낙동, 예천 구화의 수산, 용궁 구화의 대은·지보, 비안 구화의 안계 등 9개 역은 재해(災害)를 입은 것이 더욱 심한 역이고, 봄이 된 뒤로 굶주림이 특히 심하기 때문에 각각 그 역에 저장해 두었던 진휼(賑恤) 곡식(穀食)을 조금씩 나누어 주었습니다. 또 지난번 찾아뵐 때에 위 역의 역졸 등은 직로(直路)에 있기 때문에 이와 같은 흉년을 당하면 공무로 오가는 사람들에게 음식을 제공하는 것이 감당하기 어려운 상황이라는 것과 얼마 되지 않는 진휼 곡식으로는 구활할 수 없다는 연유를 이미 직접 뵙고 말씀드렸습니다. 만약 감영에서 특별하게 돌보지 않는다면, 앞으로 역민들이 흩어져 역참의 기능이 마비되는 지경에 이를 것이니 매우 걱정이 됩니다."[291]

라고 한 것은 그 당시 실정을 잘 말해 주고 있다. 그리하여 자연재해로 말미암은 역민(驛民)을 진휼하기 위하여 다양한 대책을 강구하였는데 1) 공명첩(空名帖)을 발급하여 모은 돈의 일부를 창고에 보관하여 모곡(耗穀)으로 충당하는 방안 2) 진휼곡(賑恤穀)과 별도의 진휼곡을 비축하는 방안 3) 감영전(監營錢) 400냥을 대출받는 방안 4) 찰방의 자비곡(自費穀) 등의 방법으로 비용을 충당하였던 것이다.[292]

넷째 유곡역 역졸들의 고역을 덜어주기 위하여 견탄참(犬灘站)을 설치하고 견탄참의 객사(客舍)에서 통신사, 별성 등 사행의 숙박을 제공하는 역할을 하였다는 사실이다. 원래 견탄참은 임진왜란 이후 파발제 시행으로 설치된 발참(撥站)의 하나였는데 경상좌도를 오가는 별성행차 같은 경우 문경 견탄참에서 점심을 먹은 후 용궁(龍宮)으로 행차해야 하기 때문에 견탄참에 객관(客館)을 조성하여 통신사, 봉안사 등 각종 행차 시에 점심과 배행(陪行) 하인(下人)들에게 음식을 제공했던 것 같다. 아마도 당시에 문경현 호삼면 사람들이 돌아가면서 숙식 제공을 맡았고 역마는 역촌에서 담당하였는데 숙종37년(1711)에 통신사 행차 시 문

289) 『幽谷錄』 보좌병영초(報左兵營草), 정사(丁巳) 5월 16일.
290) 『幽谷錄』 보감영초(報監營草), 정사(丁巳) 4월 19일.
291) 『幽谷錄』 보감영초(報監營草), 무오(戊午) 정월 15일.
292) 『幽谷錄』 보감영초(報監營草), 무오(戊午) 11월 12일.

경현의 객관과 도로 및 교량이 아직 정비되지 않았기 때문에 유곡역의 객관을 빌려주고 역마를 제공함으로써 유곡역의 역졸들의 인마(人馬) 첩역(疊役) 부담이 가중되자 견탐참 객관에서 사행 접대와 역마를 제공하도록 요구하였던 것이다.

다섯째 분로정식(分路定式)의 준수와 죽령(竹嶺), 조령(鳥嶺) 경유 문제에 대한 논쟁이다. 분로정식은 서울에서 충청도를 경유 영남지방으로 왕래하는 통신사나 별성 등 사신행차시의 교통로는 좌로, 중로, 우로로 나누어 통행하게 되었다. 문제는 좌병사(左兵使) 우하형(禹夏亨)이 임무를 마치고 체귀(遞歸) 시에 조령(鳥嶺)의 군사적 형세를 살펴보고자 조령 경유를 요구한데 따른 것이었다. 분로정식에 의하면 원칙적으로 좌병사의 왕래는 안동 영장(營將)이나 대구영장과 같이 죽령(竹嶺)을 경유하는 게 원칙이다. 유곡역 찰방은 사행 왕래에 따른 유곡역의 역역(驛役) 증가와 역졸(驛卒) 등의 고역(苦役)으로 좌병사의 죽령(竹嶺) 경유를 한사코 고집하고 있음을 다음에서 확인할 수 있다.

> "지금 들으니, 좌병사가 체귀(遞歸)되어 올라갈 때에 조령(鳥嶺)을 경유하는 길로 행차를 한다고 하였는데, 병조의 분로(分路) 조목(條目)을 살펴보면, 순사또·도사·상주 영장·대구 영장이 각각 행차할 때는 조령을 넘는 길로 오가고, 좌병사·우후·안동 영장·경주 영장은 죽령으로 오간다는 것이 명백한 분로의 정식입니다. 지금 이 좌병사 행차가 무슨 까닭이 있어서 조령으로 지나가고자 하는지 모르겠으나, 조정에서 이미 각 역참에서 지대(支待)하기 어려운 형편을 염려하여 분로 정식을 임금께 아뢰어 변통하였으니, 이는 금석 같은 법령입니다.
>
> 찰방이 된 자가 어찌 감히 나라의 규정을 어기면서 인마(人馬)를 데리고 나아가 마중하고 대접하는 일을 해야 하겠습니까? 이는 뒷날의 폐단과 관계가 되니, 한결같이 규칙을 따라서 대접하려 나가지 않는 것이 일의 도리에 당연하기 때문에 이에 감히 첩보하오니 사또께서 헤아리신 뒤에 좌병영에 분로 정식대로 죽령을 경유하는 길로 행차하라는 뜻을 별도의 관문으로 분부하여 지시하소서."[293]

라고 하여 분로정식대로 좌병사의 죽령(竹嶺) 경유를 주장하고 있다. 그전에 좌병사 우하형(禹夏亨)이 체직되어 돌아갈 때 관찰사에게 품보(稟報)하여 허락 받은 것을 계기로 좌병영에서는 조령 경유의 전례와 비국(備局)의 허락을 이유로 강행하게 되자 유곡역 찰방은 계속하여 병조의 분로정식에 의거 조령 경유를 취소하고 죽령 경유를 지속적으로 주장하였던 것이다.

---

293) 『幽谷錄』 보감영초(報監營草), 기미(己未) 4월 6일.

이상 살핀 바와 같이 『유곡록(幽谷錄)』은 조선후기 유곡역(幽谷驛)의 찰방을 역임한 조윤주(曺潤周)가 영조13년(1737) 6월 26일부터 영조15년(1739) 7월 24일까지 재임 시에 감영, 좌병영, 순영 및 통영과 문경현 사이에 오고간 여러 가지 문보(文報) 즉, 역 운영관련 공문서의 첩보(牒報)와 제사(題辭) 상황을 기록한 것으로 유곡역 운영의 구체적 실태를 이해하는 데 사료로서의 가치가 크다고 보겠다.

　특히 조선후기 역운영상의 커다란 역폐(驛弊)였던 마위전(馬位田)의 양반, 토호에 의한 사상매매(私相賣買)와 사점화(私占化), 민전 할경(民田 割耕) 문제, 유곡역(幽谷驛)의 역리(驛吏)와 역졸(驛卒)들의 입역(立役: 상경역(上京役) 등 첩역(疊役), 입마 대령(立馬 待令))과 부경사행(赴京使行)에 따른 역마 대파(代把)와 고가(雇價) 납부 징수문제, 사행로의 분로정식(分路定式) 규정의 준수를 둘러싼 죽령로(竹嶺路)와 조령로(鳥嶺路) 경유문제, 그리고 유곡역의 고역(苦役)에 따른 견탄참(犬灘站)의 설치와 객관(客館) 운영의 단면을 엿볼 수 있다는 점에서 유곡역 역제 운영 연구에 커다란 사료적 가치가 있다고 여겨진다.

　다만, 감영이나 좌병영 그리고 순영, 통영 외에 본역(本驛)인 유곡역과 외역(外驛) 사이의 입역(立役) 문제나 역마 사육에 필요한 마초(馬草) 확보의 실상, 그리고 역사(驛舍) 구조를 포함한 외역(外驛) 및 군현(郡縣)에서의 출참역(出站役)을 규명하는 데 필요한 정보가 없어 자료상의 한계를 보여주고 있다는 점에서 아쉬움이 남는다.

『국역 유곡록』 발문

　　조선시대에 역로(驛路)는 중앙과 지방 사이의 연락과 물자의 운송이 이루어지는 통로였다. 사람의 머리에 해당하는 중앙 정부로부터 각 기관(器官)에 해당하는 지방으로 정보의 전달이 원활하게 이루어지기 위해서는 역도의 관리가 매우 중요하였다. 조선시대의 역말 길은 전국에 모두 40여 곳이 있었으며 이를 관리하기 위해 중앙에서는 종6품 찰방을 파견하였다. 찰방은 담당 역을 관리·감독하면서, 역에 관련한 문제를 감영에 보고하여 해결하였으며, 사행(使行)으로 오는 관리를 맞아 접대하는 일을 담당하기도 하였다.

　　『승정원일기』를 보면, 1737년(영조 13) 4월에 예조좌랑이며 기사관인 조윤주(曺潤周)가 겸찰방에 제수되어 유곡역을 담당한 것을 알 수 있다. 그는 『유곡록』서문에 나온 바와 같이 30개월 동안 재임하면서, 공문과 보고서 등 67편의 글을 모아 책으로 엮었다. 이 책을 통해, 그가 상주 진영의 아전들이 역말을 함부로 타는 것을 적발하여 시정하였고, 유곡역에 소속된 18개 역이 흉년을 당했을 때 구제를 요청하였으며, 마위전이 지방 토호나 지역 양반의 횡포로 침해당하는 것을 막기 위해 노력한 사실 등을 알 수 있다.

　　특히 종2품 무관인 경상좌도 병마절도사 우하형(禹夏亨)이 임기를 마치고 돌아갈 때 조령의 지형을 익힐 목적으로 관찰사의 허락까지 받고 조령을 경유하겠다는 공문을 보내오자, 찰방 조윤주는 원칙에 따라 그의 조령 길을 반대한다. 52번, 53번, 55번, 57번, 58번에 수록된 것이 이와 관련한 내용이다. 59번 글을 보면 승정원에 계문한 내용이 나오며, 65번 글에서는 조령을 넘도록 하라는 임금의 계하가 내려온 것을 알 수 있다. 조윤주 선생이 대단한 신념을 가진 인물이었음과, 조선시대의 열린 의사소통 과정을 확인할 수 있는 사례이다.

　　사단법인 '낙강문화'의 대표인 이완규 선생이 번역을 하여, 나에게 교열의 중임을 의뢰하여 왔다. 하지만 내가 한 것은 교열이라기보다는 역말 제도에 대해 많이 공부하는 계기가 되었다고 생각한다. 이 책이 널리 활용되어 우리의 옛 사회를 이해하는 자료가 되기를 바라는 마음 간절하다.

— 2014년 1월, 조면희(趙冕熙) 발

館陵戶彥向民人等輪四擔當是盡入把馬此驛村擔當舉
行者不知幾年矣去年仍年分適當通信使行次本時本
縣以客館及道路橋梁未及修治之致愚其失事相談本驛一館
郡陸無弊支送是如乎二旬厥後本縣不修館舍每當別星
則軿借郡館以為支過是乎於初紬借館未免柴費之仍曆
館之後驛人之貽弊不可勝言是如乎當家朝家置驛也有官則
有佃火驛者別星入本縣別舉火招人馬別星入驛則
人眾以招支應人馬及供饋不爲全責一慶者蓋是此供饋
之際不暇及領率人馬領率人馬之際不暇及本驛無他火之
置他火之意寬民力八路同然而猶芳幽谷本驛無他火之

義領率人馬及供饋等事全責驛人累廢仲
于終未復古者蓋本縣迤廳支及廳亦面民人等爲之之
遺坡必支應盻吏及去雖其未及生事若難驛村是
意吉于本官欲爲橋當供饋于驛村是乎於三面民人和惆其供
饋之勞欲爲敢勞殘驛卒橋當疊後者
今至昊年是如乎此契若使朝家知則支應供饋人馬
領率爲不全責驛村而必於愛邑矣鄉百年流未之現休
舊後古則宗爲驛民之幸如若式支催倚則抄有一道戶
三面流未橋富之後不可使驛民替富幷矣去慶繼其前日
擔賣之稅作庫驛村使本縣官吏別定任事每當別星別

該邑未到討口磨鍊以供支應等事一如恭谷松林寺規式眈後
驛人庭可無弊保存傳命是乎等以玆敢馳報爲去乎道以
恭高敎是後特念驛卒之備若同大難玆依舊復護事令
付本縣敎是去乎一從察訪淺見別樣變通戒嚴疊後安橋俾存事開慶縣
稅作庫從便變通使驛民蝠減置後安橋俾存事開慶縣
良中別閑
仟下事

丁酉三月初二日二面

無為賑朕事去秋本各驛肌辛及苧馬賑資次　尹使道

按道時請貸軍牢米立本錢二百兩及　使道接道時米作

戔二百兩前後合四百兩賑山還振次察訪親自計救監封上

使為去手捧上教是後文案懸錄以為日後憑考之緣

由馳振事

題捧上事

　　　　　　　　己未六月十四日在營

路行有閱後獎令備局考例　稟處事狀請　啓下本司

以慶尙左兵使禹夏亨不遵分路定式由鳥嶺

備邊司閱內卽　啓下敎司　啓辭卽者幽谷察訪曹

狀啓回下

父本道左右兵使以鳥嶺竹嶺分路作行既有定式則宜

不敢違越而日前禹夏亨以鳥嶺形便之未曾見閱防而

作行之意有所論振而武臣之盛見閱防不無所懷敢不島

防塞矣公此察訪之懷法地　啓雖不伏肤賣而禹夏亨

既稟振備局則有非懷使違越之此此狀　啓置之何如

春曰九事　傳敎是置傳敎曰辭意奉審拖行為羊矣

幽谷察訪慶一体知委拖行句事閱是置有亦閱內辭緣

相考拖行事

振監營草　　　己未七月卅二日

為朕振事項日現謁待東菜府新迎官屬苧陪新官下秦帝

憑藉官長優恐驛卒之既已面稟為有在果大縣菜府

給馬之現雖以邊地而有所劃間是乎乃以道內守令言之則

各邑皆有新蕎迸送之現菜府下人亦不過一新官下人而已其

矣官長路停驛卒無事陪行則於梁小無干涉而敢出從中

察略之計稱以驛駒之疲鞭扑驛卒因有紀律絡至索錢乃

己以此此之故本各驛卒聞菜府新官下未之持則

虎人皆以嚴避其陪是乎所菜府下單頑悍作挐之冒

不可不一番查通防塞是乎苧以玆敢馳振為去乎道以

喬商敎是後憑考禁斷次本驛了別閱分付事

振監營草　　　己未七月卅四日

為朕振事項日現謁待本驛以嶺底首此三路酬應近未

疲殘冠拓各驛實有難保之慮而又有疊當村民供饋

別星帶率之俊不能支堪頓多流散難支狀署為面稟

為有在果大縣此苧此事不可不一番從便愛通此後驛人庶

可支吾是乎等以玆敢更陳為路自前茶道上下未別星行

次自阗慶大鄗站中火後龍宮路行次是乎苧以司未站為造成

客館通信使茶安使及各行次皆為中火而陪把下人之與

軫念驛卒之備苦持　賜分路之定式一目
奉　筈下之後當道別星
命使臣咸遵節目無敢違越而令此左所使遞歸欲見為
嶺於使云云是白乎臣以
意四次文報是白乎矣終始如字拘於管下之
啓下定式內左兵使從來皆由於竹嶺之
鳥嶺路作行一欵　今備局急速考例
則明是枉道且關撥臣那當據法強爭是白乎矣終不聽施為白乎矣
體不敢一句達非敢此地　啓為白去乎上項兵使臣為夏亭
題到付是在果察訪執法之意城甚可嘉兵使終不聽施果以本驛馬責立
啓為子派緣由膽報為卧乎事
　　　　　　五月十七日開坼
剝難免犯法之科過去與否更即馳報以為啓
聞慶置之地事

報監營草　己未五月二十四日
無為膝報事令番左兵使遞歸時以昌樂驛馬八把輸頹之
意察訪在驛時已為馳報為有在果兩時以分路定式四次
文報終不聽施乙仍于不得已　啓聞是遣　啓聞辟意
膝報上使為有如乎題驛內兵使終不聽施果以本驛馬責
並則難免訪去與否更即馳報以為　啓聞慶
置之地亦敎是乎所旣以　啓聞四下未到則似無出待之理故
八把馬匹遠途等事知委圖驛初不超送是乎亦以責立即
元無責出慶以昌樂驛馬仍犯過去之意緣由馳報事
題到付

報監營草　己未五月二十日
無為膝報事令春資次去年秋營錢四百兩請貿為有乎
四百兩內二百兩段殖利選報次分給秋灾各驛是遣一百六
十兩段其時貿穀以為今春分賑是如乎驛運不幸　使道
遞戎以重記修正事督飭閔文未到是乎所收錢當初分給
時以待備納事知委出給而期限未滿催促督捧未免因民
初以為乂刂食即令民間舉皆立收捧捱難乙仍于薪敢馳
報為去乎道以參商敎是後
特賜寬通以為寬限督納事
各別　行下為臥為

無為膝報事察訪丁巳四月初四日政本職　除授同
月于日到任實仕計之則今年八月當為三十朔瓜滿
是乎等以倒前期粘移狀修報為去乎該曹良中粘
移為乎旀察訪許歸事行下事
報監營草　己未六月初一日
題此是單瓜後立本之物則待秋去者初非營門之分付當
此臨歸修簿之日不可不數備上來月望前庶良無遺翰
納事
題粘移成送為在果察訪許歸　遞代自是規例不得許歸事
報監營草
　　　　己未六月初十日

為不可行之法而不為舉論耶察訪雖昌罷為至於法之一字常知
凜子不可犯平日盯守自以為上官雖行違法其在自慶之
道不可隨上官之違法而自陷於違法之科故令欲依先文之
舉行之令不敢奉行方為 啓聞待其回下以為舉行事
緣由馳報為卧子事
題 任意為之向事　己未月西日申時回題

啓聞單　承政院開折通到大夫慶司考道幽谷察訪臣曹着著
臣以避于跛聰之跡令方待罪幽谷驛為白在果 朝家慘念驛卒
之偏苦特 賜分谷之定式一目 啓下之後當道別里奉 命使
臣戊遵鄭目無敢違越而今此左兵使逆歸時欲見為嶺形

分付崔此兩驛谷當其俊延至置俊兜有兩後弊之地行
下事　己未四月二十七日

題 三次煩報事涉支離非但五等鳥嶺依行數多是狂笑書
題支離五等題送是狂黑其前九無昌栗人馬提未之事以約谷
馳報為去子道以谷商歡是俊勿以非管下而如是爭報亦
道掌人馬無弊過境是去乙如是固執未知其由此不過道以罷
芳欲為務勝之計營門亦有固執依先文舉行向事

報左兵營草
為諜報事令番遞歸時以驛馬鱗次煩報亦涉支離而
弟事大有不然者前後文報全無他慶實猶　吐法壞法論
報至于三次而其於法之一字終不賜各無乃以分路定式

使云云是白去乙臣以　啓下定式因左兵去來當由於竹嶺之意
四次文報是子白笑終帕宰拒宋為聽施為白卧子耶既違定式
則明是枉道且關後弊法強爭是白子笑拘松管
下之體不敢一向違拒敕以馳 啓為白去子上項兵使臣為
夏享鳥嶺路作行一款

善啓向敕是事　令備局●急速考例

巡營騰報
為騰報事臣以避方跛聰之跡令方待罪幽谷驛為白在果 朝家

報至于三次而其於法之一字終不賜各無乃以分路定式

己未五月十四日申時封　啓發送

八把新兵使道行次則無端是干己挺可歎乎哭喻莫重公馬
無可考文籍而私相假借於行止殊常人挺可痛駭事官移
囚隣邑查治其濫借之罪而收攏徒則或不無中間迤
躲之舉姑為安徐是矣果上項三人未初無自稱綠衣之事
又無僞稱廉問之事而如是尖箋愚弄驛攬騎橫行於
三邑之間挺為殊常是如乎碧只之當初相逢在於守山菁
知其留宿之主家則責問其主可知其人是乎天其三人每
於路傍窺伺碧只之來否路傍送之於路傍
則上項邪主慶無由聞知是道雖欲探問子注狄蒭老人而
老人亦是路宿相逢人律絲相見而已收別他無探知之路

而右人未藏秘跡今人颔州誠為巨俚既無草料又無
馬牌而責騎驛馬若潛行廉問者然黜濃殊常不可
撞置是乎教以三人物色并以沒歸牌非為臥乎事合行言之
已未四月二十

題碧只不過見欺句己無池初情故借之跡待各人李捉得
後查問次始勾治罪使渠仍行窺伺以為指示跟捕之地
為子実如此行止殊常者不可不推治鎮營乃批鄉窺捕事

報虜兵營事

為牒報事令番使道通歸時以竹嶺路歸驛為行次之意有所
再次論報為有如乎題醉内察訪所駐之驛自是右道既非

朝家金石之典庶有遵行之理且其謀規之術深是孚奇孰敢更報
為去乎追以春南是教後今付竹類所經驛同陪把人馬仍把行於驛
無傳續謀規破壞定式之弊事各別行下焉

題察前後如此皆可官官官官官官官官官官官官官官官官官官官官官官官
列其果集何如是已衙之謀教遠安遠知衙大陽等驛及其道以遠則驛居之
第某前例如何是馬驛往此驛以送例殿是衙里里中中中
鄭其使乙酉年癸巳之年十二月八戊衙行於衙衙衙使向展所兵供以馬驛階是乎
行不遠馬欲見衙兒而非群劍是去乎衙考苑行向事

為牒報事察詩以金泉無偏今賑次今辛目到本驛開之則道章
陽川驛碧口中馬自新兵使迄逢衙行到金山邑底為人橫衆仍為
尖衙前後不知著韓陽子年可甲其擇焉語
已招辭由白未決矢昈典中馬把宅于新兵使迄逢則不為迄逢為人

攙扰史凌道上未知緣何事而無端章去是了諭其間新推問教
在亦尖身馬迄今月初八日陪把于新兵道衙迄下騎而到金山邑
底則衙前後不知著韓陽子年可甲其擇焉語曰波果碧呈為焉
一臥一臥而黑笠之人則卧於其側以
者卽波之馬迄今有使用事從我而向往乎山村云之而曰今以
兵使迄逢迄走乎則某也指言姓名各吻含做怀信
伏聞仍卽持去乎山村前衙中又有二人設鋪狗牧毛窀
自此距武二里許答以十里許則曰波歸故驛是如可今十二日
來待于岐村前謂言是去乙果於十二日轉向之路適逢初八日

相對是在歐陽主人仍於開寧邑市邊則其人曰今始分往十
四日承待于乎山云二是去又不敢尖期十四日到乎山村則
終驚所見只有注狹番邊有一老人所去處子云則老人曰我則
之所在間曰果見面貞如許三人所
以矢來及於賀老村前傳曰云三為去是如為衙去乙天身急徒
至天來及於賀老村前傳曰云三為去是如為衙去乙天身急徒
有擇村迄則往擇馬以待邑內數後云十五日食後果往
中而未數里許一都價問一都而仍為鞍莊于矢馬轉夕知於邑
祇中有鞍狀一都價問一都而仍為鞍莊于員之仍謂曰波慶又
賀老村前其三人又為列坐于路過是如何致湯子人所貞裏

金山憑市相教之際卿於恐動之洗誠口不敢是乎乃當初
不映其為聽其約束敦日出沒於金山開寧知禮之間而到
置是置有亦約渠是馬夫未詳三人衙色之如何則事當退卻而
之由全阮查問之滇不可不從宗直告為去乎依以憑勞慶
住則卽沉指揮守口如龍而後日逢着則可知面目而其姓各不敢
退尔其衙折呋藥如呋而矢身自細致懇於珠常之衙不敢
相見如是之後衙傷多人某中因忽不見是乎仍矢馬迄
脫馬鞍裹狀相教之際惟以頓勿尖口之意十分恐動而後必
後則三人押手扑退而步付數里餘後又驅馬驅向金泉傷過迄

差瞞告之致的宗是如乎渠雖兵房出待秋風則別無可問之端是乎旀
巡 使道延逢吏房張漢佐指內矣身去月日本驛吏房受差之後今番
巡 使道主延逢次出待內行次到仁同府以矣等不善陪抱之致至有吏
兵房捉入之令向矣等未及捉入之際同行驛吏慮其身生事敢生爲人謀忠之
計詐稱吏兵房代入受罪是如可果不逃於明鑑之下眞假現露終有
實吏兵房捉入之令是如乎矣身捉入之後嚴問其實假敎是乎所
矣身既是實色則不可以假色瞞告乙仍于以實色從實直告是乎矣果
是假色現露之後雖是實色下自無路吏房差貼現納之意箇箇陳
達是乎則至有差貼現納之令而狼非戰㥘之中不得搜納更加嚴問
敎是乎所累次嚴問之下同知收措果以假代誣服而雖在蒼黃之

矣身之罪不爲自當推諉他人新兵使道主延逢兵房林道南卽
矣身强近狡儇故以吏房採有所瞞告使之替當者宲出於死中求
生之計是如乎今此嚴問之下不敢諱隱吏房今始搜納亦是乎旀兵
房林得亨招內矣身果以宲兵房巡使道主行次延逢次自松林信
至長站陰路肩兩陪行之餘仍又失食氣息昏倒不省人事之中
奄遭捉入之令至有嚴問其宲假之是敎是乎乃蒼黃失色同知收措
只是差退近命之計敢生死中求生之計詐稱假代以守官兵房
朴望道瞞告之死爲死無惜是必其矣不各各仰招爲卧乎於觀其差
帖則曰無疑其於面貿又無傳相告引之果則當初延逢出行時是在吏
房張漢佐兵房林得亨之爲宲色明白無疑是乎矣到仁同待捉入

之時詐稱假代誣告推托宲情無據而畢其情狀則專在於死中
求生之計是乎等以同吏房張漢佐兵房林得亨不可刑吏押
領上使爲乎於其矣差帖亦爲監封上送爲乎於別關推捉林道南
朴望道亦段旣無借辭差帖之可疑則別無押領上使事是乎於
其矣差帖亦爲憑考次同封上使爲白於枚馳報爲白乎事 道以來矣
行下爲只爲 題刑推放送向事 己未四月初四日

報左兵營草

今番 使道遆歸時以竹嶺路驛出行次之意有所論報爲有如乎題
辭內烏嶺作行此非今始初聞考見謄錄則間或有之叱分不喩
前使亦以烏嶺作行察訪在任時是遣此意報備局爲有如乎

雖爲分路備局許題則何處不往相考施行亦敎是乎所觀
此題辭不覺憮然今此 使道遆歸時察訪之領率人馬初頭出
待有何難事而如是牒報者蓋慮一時謬規之初出有壞
朝家金石之典而矣今此題辭中烏嶺作行此非今始初聞亦爲
題未知此規何日變通之 今而前 使道遆歸時以爲頭先文惡時
矣行先文中有欲覽烏嶺形使禀報營門得題之文故日子惡迫
未及禀報受題果爲作行是在果此乃一時謬規前 使道定式違
越宲非法意而今此行次特欲守一時之謬規其於金石之典欲爲不
行大失所圖一次二次分路定式亦闕不行則不知此法何時可行乎
使道旣已烏嶺作行則必以竹嶺路所經驛出仍把 行次然後

付行下爲只爲
題項因左兵使稟報有所許題是如乎歷見嶺阨關防之請不得
不許而郵官之欲守法意亦難强拂必以竹嶺路驛馬任行
勿貽本驛之弊事論報左兵使宜當向事　己未四月初六日

報左兵營草

爲牒報事察訪頃日仁同府　巡使道現謁時分付內即今左兵
使道故特欲覽鳥嶺形便有所稟報果爲許題亦　分付教是
乎等以敢見本驛所在兵曹分路定式　啓下節目則　使道左營
去來行次時路由竹嶺明白定式是如乎察訪忝在官長之列目
見　朝家金石之典恬然違越不勝惶悚以兵曹定式有所文

101

報爲有如乎　巡使道題辭內項因左兵使稟報有所許題是如
乎歷見嶺阨關防之請不得不許而郵官之欲守法意亦難
强拂必以竹嶺路驛馬作行勿貽本驛之弊事論報左兵使
宜當亦是教乎所　巡使道題辭如是明白則如今無勢郵官
居在三路要衝之地八　啓金石之典無端違越極涉惶恐是遣
巡營題辭如是據法則不能遵行亦涉惶恐是遣敢恃入　啓
定式及巡使道題辭不先稟報是如可行次若到道境而所把
人馬不爲整待有所無中生事則在私分亦極惶恐是乎等以
即今守法奉公之道莫如先報事勢以竹嶺路驛馬行次教是
乎等以茲敢馳報爲去乎道以參商教是後洞燭本驛形勢

102

無至破壞前例事各別行下爲只爲　己未四月初十日
題　烏嶺作行此非今始前例考見謄錄則間或有之此分不踰前使亦以
烏嶺作行察訪在任時是遣此意報備局爲有如乎雖有分路備局許題則何
處不往相考施行向事

報監營草

察訪以金泉兼任馳進于仁同府是如乎　使道行次陪行金泉吏
兵房實做嚴査牒報之意面承分付之後即爲馳往本驛當初出
待吏兵房及外關推捉吏兵房及在驛守官等一併招入其矣所要吏
兵房差貼一道使之現納而到此地頭奸狀莫逃以從實直告之意再三
分付使之一處面質是乎則在官兵房朴望道招內矣身適當空官之時
吏房林宇亨段重記檢正次陪察訪上京是遣吏房張漢佐兵房林澤
亨段巡　使道主迎逢出待次定送是遣吏房張萬維兵房林道南段新

103

兵使道主延逢出待次定送是遣矣身段以在官兵房乃于公事擬當
擧行是如乎今此巡　使道主出待吏兵房張漢佐林澤亨以不善陪札
之致至有捉入之令渠等敢生死中求生之計推諉矣身是乎乃渠亦宗
吏兵房則推諉同列實爲虛妄矣身段千萬曖昧是如縷縷發明爲
卧乎所渠是在官兵房則似無可罪之端是乎祢介關推捉兵房林道
南招內矣身以兵房之任今當新兵使道主下來之日以兵房出待
秋風站爲有如乎在官兵房朴望道私通內巡　使道主關文內矣身
以吏房採題名推捉關文來到是如爲有去乙不勝驚駭罔夜到本驛詩
見關文則果爲的實是如乎矣身吏兵房真僞在於差貼是如
同差貼現納是乎所果是兵房而當初出待吏兵房等自知罪犯捉

104

每日一主式優赦題給之意 裁閱 分付為只爲
題他各驛任災邑處空石許馬數分給次曾日 今付擧行而本驛
今始報禾依他背閱分付向事 已未三月初十日

振監營草

為牒報事本驛吁屬咸昌 旣火德通驛八李齊鮮呼訴內
失徒為驛處托四營直路兒于驛後十倍地驛而至今保存
傳 令者以其有大召秋下馬位之故而不息今者秋近處居
尙州人鄕仉赤者不有官言同秋下末流水道擅有移易為卧手所
得任自住番是遣失馬位自前末流水道擅有移易為卧手所
公田之上決場作番 居中決水使下 遣敎日石馬位將至陳府

番于人心不古 國法不行如許小民能知侵害公田如此而
驛可支保于今番摘奸卽非特僅赤又有錢以建者水道更以
田作番至托三石落只往停穿穴私自水桶居中引水古水不及遠
下過馬位之首番只是手等勢必防塞其傍穴
水道終後莫重位番可無陳府西近末民人奸惡無以此不遣
官令自為能事察訪嚴辭禁斷是手天稱以他邑村民不爲
導行是手等以茲歇馳報為去乎 道以恭南敎是後咸昌
縣了別關 分付同鄭儀赤錢以達等各別一以
徵侵害公田之罪為于弥一以使驛辛安接之地行下爲只爲
題摘奸嚴禁之意 肖閱分付向事 已未三月三日

之狀萬ᄂ絕廂分此不諭許多灌漑之水酒以僅身一之私終最
為改易番高水旱不能引水至托府禀之加獨為痛悶若使僅
赤信武私計則位番陳府 外為萬無他策門官各別楠奸論報
以為禁斷之地未托為有去乙不勝驚駭察訪馳性摘奸卽果如
吁訴是子弥大顯此狀于陳慶可住二十餘斗之番而若為卧手則
地本沙場灌漑之際渗漏無餘水不及下明若觀火焚凶不喻下
邊民番與位至三百餘石之夕咸頹此狀得克悰凶而同
決諑立後流未水道果為檀改水旱番為不能引水亦甚昭
趾假使此番雖至三四石落只儀赤者ᄂ敢私自住番改易未
道而沈托作殼百石之地于民固楠不敢 侵托洗托 傳命之位

振監營草

為牒報事卽聞左兵使遠故上去時由鳥嶺路作行是寫
卧乎所考見兵曹令路卽目則 巡使道都事尙州營將大
丘營將各行次踰鳥嶺路未去是遣左兵虞候安東營將
慶州營將未去竹嶺事羽白分路定式是如乎今此左兵使
行次不知有何故而佐路為嶺是手諭 朝家旣慮各驛難支
敢遠越事目至有領率人馬巡逢出待之擧矣一遵
之勢分路定式八 啓麥通則此乃金石之典爲察訪者安
卽日不爲出待事體當然而是手等以茲敎牒報為去手
道以恭南敎是後左兵營了依定式路由竹嶺之意別關令

京之行無歲無之或有赴京馬匹推捉湖文自京未到則營
門有或交二匹或交二匹之時内令送人庚每為之例給二十五兩是如
辛卯以来殖利之數及其流用下之文案已至年久殖多散已
不可盡逐而呈解丙午来十餘年出紬帳卅是子所以十餘年
文案所載用下數及湯減敷考閱則殖利需用數至七分是如首
是道自前流伊報遺門諭殖減之錢至二百八十四兩四戔七分是知
以眎推之則眎不過辛卯年二百兩本錢尚其間散已之文案姑
捨勿論以兩午以後所在文案相考則殖利取用之錢至于九百
八十四兩一營門難捧顏蕩減之錢亦一百八十兩四戔七分是子
則此諸初頭救合其利百倍矣其利百倍而能無弊竊子假令

外又為出鹼令驛又為殖利年之如峽自辛卯至今二十九年之間赴
二百兩皆司還分各驛殖年歲首殖利收捧本利中留庫三十兩
錢兩買人以送則人皆願往無可且之幣而當初四時鳩聚之錢不過
故為馬夫皆興皆赴其時本驛殖利者不餘買賣賤後為夫弁間抄送
去辛卯年間令其前北京供遺者不餘買賣賤後為夫弁間抄送
報以憂慶之地是亦取考本驛所在文案則眎規劃始於
侵徵決不可為弊通蕩減勢眎不已軟及弊折為先許蘐朕
者幾許即令餘敷載於文案發許吳午谕當眎殺年隣族
題辭内眎規劃始何於何年句本錢幾許殖利幾許眎用下
眎載二百三十兩特許蘐減俾免兩歲徵族之弊軍具由朕報矣

報監營草

為眎報事本驛所屬洛東洛元迚李上林佐尾安谷安溪守山知
保大湯等十驛被災亡农之狀已陳於前後報辭中是子所今
不敢更煩而大氄眎驛著無一使道曲護輪念則驛卒及春
馬已為餓死無道而辛頓令別給恤之德至令保存矣當眎
窮春驛人之飢困己挺可辨而其中辛馬畏氄民一即實為狗恤
年前察訪留草亏徐駅卒被災驛而今則己矜憐養無
賂綢給即令各色還上分給及賑政方張許多空石想必有
拾若浮空石則可以畏養亷無飢死之患是子等以所屬各
色後錢馳報馬去子道以春商救後各色所在空石馬一五

當初貸用者至令現存而無可捧之勢則猶有令揠有今揠之道而況於二百
如眎殺歲侵徵被於隣族不干之人孑即現存兩邊皆被赴速族屈頓之類
三十兩向載錄於文案之人元無當身現存兩邊皆被赴京則驛民紛紜
則勒令侵徵決不可為分此不諭因眎一事每當赴京則驛民紛紜
固有紀極而可不一番蕩革弊子眎以蘐敢馳報為去子
道以春商救是後同賣價錢二百三十兩特許萬減捧利先
民憂外侵徵之弊行下為只為題貳百餘兩特許萬減捧百餘兩
百餘兩則蕩減而毋論摘徵一律之文書亦為受周堅封以置勿復優賣於諸族
特為蕩減捧本利中留庫三十兩一律之文書亦為受周堅封以置勿復優賣於諸族

報營草

燕為隣報事本合驛之漢等以赴京馬夫住漢人皆厭避之故漿
等一齊會議分其殘盛收合錢兩存本耶利佳術後價給錢二十五兩
貨人以送無獎應後已乏矣而是如子久矣苟是常事每年
頗之其中有根荅者則董之捧用是遵即今餘行者不過紙上一空
文書而已馬夫赴京田還後抄給貨價則所謂一項等縮寬呈訴發其
紛紜問其族沐則無非此類載錄者無非此類額為官長者知其如此

本驛賑穀都穀前日院已馳為在果建觀各驛所報則等
馬所養之太自正月萬萬無捊提喂民養之路是如為卧子所等
馬肥澤無聲使用皆由太之有無則太之為寶馬政之緊重
百今年以早乾至不成實苦無預先憂通分給則其瘦瘠致
斃可立而為待明春則人可菜蘺連之命命至於等馬
不可以一時疏萊而連命則絕站之患非朝即夕故明春賑資

流伊用下者矣許即令餘穀載於文書者矣許是了諭當
此殺年隣救後歲次不可為裏通萬勢不得已而救受委析
為先許細陳報以為愚慮之如句事 己十二月二十日
89

沉嶽捧不干之人獨涉未妥分此不斷馬夫段置數萬里住還後所
謂貨價徒其文券抄給錢兩則當初貨用人一次稱云苟互相將
頗終不備給之迤近時日不得受食前頭赴京之行以夫可惓入
送之人而皆不顧是如子不給價而救萬里勤送實非善事
非其穀而無名錢員捧市非奸事故自今為始所屬暑驛
同赴京入送人輪甲井間自該驛中抄送馬夫許是在果
苜價錢段指嶽無慶文書所載二百三十兩容特許萬嶽伴
免驛民徵穀之獎熟後廢可支保是子輩以兹散馳報為去
子道以祭商敢是後同貨價錢萬歲興名措一行下為
□□為 題此鈠劍俗在於何年而本錢或許連利矣許
90

題沒當分割發潰向事

欲以栗撤太卽隣近邑而在還太宗田探知兹散馳報為去子
道以祭高教是後特念救荒賑穀別無粟太之異同限六十五
撥給事 分付驛邑則本驛載送撥栗以為明春等馬無聲
喂養伴無絕站事各別行下戊午十二月十日

報營草

本合驛漢寺以赴京馬夫人皆厭避之故出送錢兩給錢二十
五兩貨人以送矣年久弊生錢載文券苟苟有進走者徵指無慶當
弊起為當初貸用者或有流三或有進走者徵指無慶當
此段歲侵嶽於貸用人隣族不奸之人事涉冤抑故即令支祭
92
91

85

迎香上林道尾安谷體 泉丸丈守山龍宮 㷀丈大隱知保比
安仇丈安溪等十一驛被災尤甚之憐己陳於前呈報辭中令
不為思扶抔之說而其餘七驛間或有梢實處是卑乃比諸
常年無非被災之類是知孚明春應役者中户首出役長吏
直使馬扶抔辛等別擇預定然後應庶可無弊傳 命而
其中貪其馬役自顧應役者無非明春支之類則縣掌必曰此乃
票受帖厭避驛後者擧皆明春支之類是如孚當此
飢之歲不拘常例擇其措實而伍合貳夕是如孚以乃自正月分給之
之憂是孚矢若驛後之類然後似無絶站
無前之例似不無怨亨而如此之歲顧其小節而不為擇差

貳斗伍夕貳勿伍拾玖石陸斗貳勿伍合壹夕段新半留庫是遺伍拾玖
石陸斗貳合壹夕并耗收捧已陳於前呈報辭留庫教合訐壹百拾壹
斗陸斗外貳合柒夕是遺 俞使道按道時明春教賑時自給次盡
給別會年教壹百石是遺前後管錢肆百兩諸貸除立本貿教老
百壹石玖拾壹斗外壹石壹斗捌外伍合貳夕是如孚以乃自正月分給之資
則賑百玖拾石拾壹石零星是孚本驛秋灾尤甚之憐
已陳於前呈報辭中是如孚其在顧䘏之道不可以稍寬而怨視
諸常年無比被災之類是孚所本驛所屬王驛秋灾尤甚之憐
勢必若干添補然後渠掌庶可支吾而以此教少之教過給被灾驛

86

是如可前頭若有絶站之患則其為生事誠非細應乙仍才
年段各驛户首長吏各別抄擇差定應役之意兹敢䭵報
為去乎 道以㢆商教是後各別 行下為只為
題空名帖加賞以榮其身末免其役是去乙長吏户首等差役
何可以受帖許免孚報極其權宜勿拘謬例各別擇差
向事 戊子十月初吉
報監營草

庫教合訐壹百石叁斗柒外貳合伍夕是遺賑教壹百拾伍拾
斗伍外依 銅令斫半留庫
無為標粮事本驛令斫捧營付帖價教壹百伍石內伍拾貳石柒
留 　　　斗伍外斫捧營付帖價教壹百伍石內伍拾貳石柒

應役人及在驛人而又欲為添補稍寬驛應役之資別眞所謂紅炉
點雪彼此不及者也勢必重慶抄其户首長吏出役抔辛直使馬
夫及三等而分給是其他在驛人段寫無一休分給之勢是孚所右
漢鯢不與在本驛分給之列又不嫁於本縣設賑之教則衷得驛卒束
四彷徨日夜呼飢散而顚連之患可立而待其孚為官長之不忍立視
土驛不恭應役之驛人谷其地方官良中別為抄擇另本邑民休
分給救活之意各別於關分付為只乎 戊午十月十二日
題各邑賑恒壹以驛人而見瀰孚以則不待教胴而可無不恭之應

庫教合訐壹百石叁斗柒外貳合伍夕是遺賑教壹百拾

88

是姱察訪私賑則不過本驛及各驛立役人抄出專力故活宜當事

本縣恒定駕馬轎遆 使道上營後徐徐精造以待 新延而縣令
畓則如是急迫故鞍橋等事俱非旬望間訖工之事是乎等
以自前延迎是如乎不分晝夜刻期督促畢造即爲輸送事
回移來到爲有矣松羅人馬段加駕轎載運次曠日留待本驛
終無輸送之擧非但松羅驛人之久留切悶而新延日子爲分
可慮急遽是乎旀雜物未到慶州星山等邑段置自該邑
直爲上送之意本驛前已移文催促而尚無黑白以此意更
爲行關 令付爲乎旀義城縣段卜定駕馬轎急速輸送松羅
人馬使同夜上送京中事各別嚴關 行下爲只爲
題義城駕轎昨因新延營吏私通以姑勿上送之意分付該

81

邑是遣慶州星山雜物並以上送事報來松羅人馬斯速上
送向事 報巡營草
爲牒報事本驛所用印信年久使用字畫漫頑印跡無全
當此奸僞百出之時其在思患預防之道不可不及時改造
是乎等以茲敢馳報爲去乎 道以參商教是後該曹了粘移
次行下爲只爲 題粘移次到付
報監營草
爲牒報事本驛吏卒等頃日良中以大灘站廢而移設本驛
受弊難堪之狀呈議送到付察訪的只查報亦教是乎等以其時
採問物議有所論報是乎則題辭内齡谷若有出站之擧則

82

其弊不些固當爭執而雖以道行次下來時觀之良置亦無出
站之事今何有大灘移站之可論乎自今定式本驛出站永爲防
塞成置節目遵行宜當亦行下教是乎所本驛蒙此題辭以後
中右道往來使星則永廢出站蠲減意外之役庶得向蘇之望
是乎矣其中左道一路出待等事浮於中右兩道自龍宮
至聞慶程道八十里之地其間去來行次並爲中火然後可以
得達而京行次中奉安使通信使騾驪行次皆由左路免
不踰及其他乘馹之行比比有之八十里之間若無中火則人
馬飢疲不能前進故前有權措本驛驛舘有所支待其流
之弊使作謬規驛民難支之端更加一層故頃日呈訴者

83

正以此也察訪查報中辭不違意題辭内有本驛站及大灘
站勿爲出待事永爲防塞成置節目亦爲題因此題辭若
廢出站則本縣因節目無出站之事使行無八十里越行之理
勢必責食於驛村後可以前進此所謂求利未得而害已隨
之故不避煩瀆茲敢更報爲去乎 道以參商教是後特
垂驛卒難支之狀大灘站依舊復設村民與驛民各服其役
無至罷役事聞慶縣了成節目遵行之意發關分付
行下爲只爲 題大灘依舊例出站之意背關分付向事 戊十月初吉在營
報監營草
爲牒報事本驛所屬尚州伏火洛東洛原洛西善山伏火

84

予等以爲歡馳報爲去乎 道以恭商敕是後同近五期扶馬之質
及累月馬餇之債訴日峽捧事龍宮縣了 別關 分付同郵梁
山使之始于嚴困督捧以捕他爲陝立之債事各別 行下爲呈爲
題鄭梁以未知何撲兩班而領南豪強之習岐亦可見龍宮縣了
背關 分付事
　戊午十月十七日
報鹽營草
爲牒報事 新使道迎來時各道人馬及各邑雜物當日眹點上送爲
予等長水安奇等驛段營吏時眹點上送爲予弥昌東金泉驛段
營吏過去後當日末時量來到故亦爲進眹上退因夜上送而各道
意務文催促爲子孫緣由牒報爲去乎道以恭商敕是該
物未到慶州義城星山安東邑及松羅驛了別關 分付行下爲
只爲 題到付 戊午八月初十日

點退不得已黜眹上送爲子弥其中松羅人馬及慶州義城星山安
東等邑雜物未及期限日子能迫乙仍于先來八馬爲先治送爲在
果未到邑良中自本驛上項雜物使其該邑直爲上送京中之
營務文催促爲子孫緣由牒報爲去乎道以恭商敕是該
所送馬匹舉皆覆爲不合於約 迎之分是子弥日子愿遠未及
　題到付　戊午八月初十日
報左兵營草
爲牒報事 節到付使關內半乾金鱗 進上連續封 進是在如中
自本營監封後四日內納于內院 自是定式是如乎連見陪持軍
官等田納則武過五日式過六日後納上故事抵朕依谷別

嚴治推問則其矢等所告內各驛人尙不爲預待之中或出給
爲鳥馬爲充載運莫重 進上過限納上事抵痛駭谷別
嚴餇事關來到是乎矣 其在奉行之道事當愿愿擧行而耐
經各驛趁未擧行如是遷滯不勝惶恐而屬各驛良中次知
長吏遠之捉未重治以杜日後之弊爲子孫直路站驛段揭
榜申飭緣由敢此牒報事 題到付爲在果谷別中各近營
如前聲飾之弊事 戊午七月二十八日
報監營草
爲牒報事 新使道迎來時各邑卜定雜物使其該邑直爲
上送京中之意眹已諭報爲有在果 即見本驛了新近營

吏私道則義城縣駕轎段匆爲上送 是遣慶州星山等邑卜
定雜物尙未到是如爲臥子乎不勝驚惶分叱分前乙樓之
移文催促是乎矣 更良牒報爲去乎如許事勢道以恭商敕
促之勢是乎等以 又良牒報爲去乎道以恭商敕是遣
是後同雜物未到慶州星山等邑良中各別嚴關同飭以
緣由牒報事 題兩邑邪送狀以皆未是置相考施行事
報巡營草
爲牒報事 新 使道近來時各邑卜定雜物使其該邑直爲上
送京中之意前乙牒眹爲有如乎昨日到付義城縣回移內

來驛役乙沙矜遺憐而朝不慮夕每懷散业之際以無前意
外广三面百餘年流未應行之後而諸疲或驛民之狀甚可
年久頒下之室更加一層之屋不能支撐其頌復之惠豈不令
待之勢乎而今扶持支保之道不過仍舊館後而已失令
不為均役而終里流散則其於村民當之者自是謂舊例少無究怨
朝令至此而彪則有蜀役之勢是子等以諮以查問
驛漢興衆馳報為去子 道以羕商敷是後蜀減無之置

民自村民各頋其役則村民當之者自是謂後悔莫及必令不儉莫重
之事是遺驛民段庶有蜀役保存之勢是子等以諮以查問
後脈其滅來之驛役無弊保存安接傳 命事乙別行下
為只為題爲各若有出站之舉則其弊不弊固當爭執而雖
以道行次下來時 觀之良置亦無此站乎 事令何有大瀨移
站之可論子自令定式本驛出站永為防寒成置節目遵

行宜當事

報監營首中

戊午十月十日

為牒報事本驛所屬此安咘火女溪驛人等呼訓內夹等葬遺憐為
朝不應夕而令春大馬新立之後文值中馬之夹于官分付內斯速改
立亦是子等以不敢遺令差出立馬為八各乙分散幼間有馬慶開龍宮
鄭梁山宅有馬去六月分肇承隆點後新舊 併道兩行次及其他別

星三行次無事八把而听謂價本跌緣於公行奇走及其歲飢果未越給
是智去月分同價本甲內歲納華鄭梁山宅以馬價甲兩
非當初相約之捆以不足送其奴子要路奪去不還價本夹後鄭梁山
來到驛村招致夹等曰汝等不給當初相約之價則吾當訃其里數及
其行次聽把數歲貫云云一里每二歲武訃數歲錢十六兩後還為還
見如此之事是子所今以匹既非大馬又非別中等則嶺南堆有馬
有究爵為夹夹乎以 國家傳 命之辛前後立馬其數不可不審
以夹夹等自是驛八不敢抗拒於朝官 命之辛前後立馬其數不審
價相優之認荒歲為價似不濫筋八驛喂夹是在累有馬
料則似無空然在厩之理而以兩班之勢歲貫十八兩則為驛漢者

其可空庆貫價而近五朔喂养之資爲鐵之價值無羕論耶既
曰賈驛則似無貫價既歲貫價則似無近五朔變养之理是子
夹以歡歧俯仰爲夹子以菖論粮 營門同喂养之價隨朔歲捧
以痛他爲改立之資無羕傳 命亦柰訃是置有亦柰如所新則驛
人之補究勢亦不已既賣驛漢則菖賣以買养以買养之法而不宜歲貫之
事既爲訃其里數而歲貫則似無朥月空养之理分比不喻以馬元
非大馬又非別中等如此荒歲爲納驛而濫歲價本未知淨當
初頭相約之未知歲兩而捧價甲內夹送夹要路奪取之狀亦未知淨當
訃里徵貫已至十八兩而不論累捆抹馬之資亦未淨當不給價而還其
馬則徵貫之說猶可爲也而捧價之後文歲賣貫之說曾所未聞是

官以此意論報　營門以為及時處道保存傳　命事連續
為有卧子弥其矢掌所訴除良察訪前月旬問以左使支待
事道去軍威此安掌地觀其農形則未移秋屋半之中間武秒
秋處及豆太木花之屬盡為枯損滿目熱然捻是子弥其後以金泉
黙為東行過石廢農形少無異同於左道是子弥大際
本驛以嶺底初頭九千驛徒此池傳徒匆連歲凶荒之餘值此孔
酷之旱望斷兩歲則支保傳　命萬無其策數多　驛卒裏首
魚鳴將有顚連之患言念前頭寶為固擋為官長者不忍言視
其死兹歇樂宗報為去子　道以秉教是後各別矜恤以
為驛民保存傳　命事　行矜為只為

報監營草　十月十四日

為查報事本驛支等聯名呈議送到付題辭內民前念為
論報事察訪的只教是子等以詳查推問為齊其矢議送內
郡談矢徒本驛在於嶺底路有三道左通兵營水營中通
京谷司使星行次及道內各別星行次冠蓋相望絡繹不絕人無
坐席之日為無卸鞍之時驛役煩重傷徒於池驛萬無支

堪之路皆懷　漫散之中又添科外前古所無之後何者一首大
同設立之後本驛站革罷是蕞已去乙末年分以　朝令司容
館後設於犬灘奉安使通信使及左道往來使星行次背此於
犬灘而人為供饋等事以戶三面民人茅之者余至百餘
灘大灘兩處橋梁未及造成乙仍于本縣數是論報行次一借
驛館而几所帶人馬供饋及本縣出站三班九百人供饋等事
而其後使星往來之際每借驛館支應九百動令舉行有
全責於本驛其時一借驛館擋自撥富猶為究痛
若其規民自叙熱驛獨偏苦哀我驛卒其何支塔戶三

面百餘年專富流來之規何其無鵠除弊而一借驛館便成該
規素哪脈勞之驛卒何其如是擴被盡後此假令此後本是驛
驛民之役使驛民當之矜脈其後向前大灘站依前設事乙
役則雖九死靡悔而三面流木專當之俊一朝當更於不得保
存之境者獨何冤我兹不勝抑鬱之惜由仰訴於　使道主
按郡新後之下伏乞恭商教是後由末村民之役使村民當之
本縣了論理　行下亦是呈則題辭內使本驛查報是
如來新是子等以其在畫報之道不可泛然乙仍于本縣古事象論歸一如
招致查問則其矢招驛內犬灘站依前古事象論歸一如
上呼陳墓宇所上項本驛以嶺底初頭三路受弊其矢流

報監營草　　正月十五日

題依前報施行向事

報監營草　　三月初十日

報監營草　　三月十五日

題待秋應上宜向事

報監營草　　七月初一日

孫乎隨行驛役乃渠雖謀避驛役欲爲頼入其爲所任哉
其在金傳 命扶驛路之道事當嚴辭退斥乎不叱之爲
以有前例操誣吉官家有所差出爲如乎所本驛道掌八邑
中獨善山一邑人心巧悪偏憑驛吏以從中索賄自謂能
事故如許之弊比比有之此後乃各别痛禁俾無煩擾之弊
爲乎弥朴乃已啓差到移卽爲分揀頃下使無驛吏從中納
賂意外疊役呼冤之弊爲道合行云云

報監營草

尹邑 司僕 束叶

爲牒報事本驛以嶺下初站是乎驛役十倍他驛逢此荒年被
灾尤甚甚驛已失至及乎所中有水根稍實驛乃至將無保存之

勢前頭絶站迫在朝夕是如乎所關係非治務等閑事故敢此據
實論報爲去乎大槩嶺南士族之憑藉先蔭賣勢愚氓
武斷鄉曲豪强作弊之習難以毛擧以驛馬位言之買賣禁
斷之令 國有常典乎今也嶺人不顧 國法居于驛村及
近處招致驛人渠自分付曰某洞某畓明年吾當付種云乎驛
人不顧則頭髮扶曳鞭扑狼藉不堪其苦許令付種則所謂
一年賭地價初不出給待秋打作時略干出給乎驛民畏其氣焰
莫敢下手如許之習二三年終不悛改使驛吏殘度樂業常常備
飢不能保存以驛馬言之坐于廳上招致驛人分付曰吾有某處

出入處汝馬速納云乎驛人據法不納則扶曳叱責曰某倅於吾爲
某親某掌令於吾爲某親某持平於吾爲某親汝等安敢乃爾
云或有因公出去則從中圖囑無中生事罔有紀極故驛卒畏其
假勢種種借乎以此等事自爲能事故前 使道按道時繼繼
条陳弊瘼列邑使豪强輩不得借騎是遣馬位段各别嚴關使
本驛吏該邑吏眼同捜括使之無價還退半分打作已爲令甚賑
資矣今則前 使道既已遞職故渠等敢乘 使道新到之際借
馬騎行復踵前習馬位則種一如前日故驛人等有所來訴爲乎
所以昔年言之爲以私相私賣則必無呼訴之事乎專以勒奪付種
故驛人不勝冤痛有所呼訴及至打作之際渠等乃曰給價賭地

云乎自前有無價還退半分打作之規故渠等白活不爲聽施是
如乎今年民事比諸去年更加一層數多驛卒收立散四之患是乎
所今年段並一依前例馬位攘奪處及賣買處詳查捜得以爲
添補賑資等馬畏券之物是乎矣今年段打作時勿使吏輩苟管
是遣察訪親自看檢打作計料爲去乎近來各邑視驛吏有若贅
民專護邑民至於驛事不爲聽施爲如乎所之屬地防官後録牒
報爲去乎各别嚴關 分付期於無遺捜得爲乎旀所借馬匹段
置不得濫借騎行事亦關 分付爲乎矣古語云除草不如
除根今雖禁斷旋即復踵故敢此枚擧牒報爲去乎 道以參

為牒報事 驛之大馬 雖有再幹往來者 人之不得濫乘 國有

常典 而為者將 以裁軍事令 月初音 未到本驛 招入驛長

責驛大馬驛 而驛長爭以事 作別 所謂將校 同驛長 頭髮執威 陛座

立待云故 驛長不敢下手 以意來告 是白乎 察訪使人傳語 見

驛大馬 當有奏 令 先文交可以責騎 而非持 料将将校之所可 監

驛 每三傳諭 則偶將校 無諱可荅 騎中烏下去 而其下 各驛始 萬廣將

驛長不敢爭執 将出給 行到仁同府 楊尉乃金泉道掌 非坐

所屬 而以驛本無大馬故 仍把出 大馬行到常平驛 始送将

校 做軍之行 驛曰公事 兵曹定式 元無 大馬出往之文 越把加把

朝家申飭 非止一再 而么庵將校 筆不觀 國法馳到驛村處

報事

處作乱鞭扑 驛卒 如此 必歲如許無法血嚴之軍老 不別探痛禁

則貪殘驛辛 将不能生矣 不粉冒禁濫乘之弊 不可置之 是白乎

以蔽驛報為去乎 道以本官教是後居連

論罪之地 為只為 題事極駭 然而道方在 順代中待新使更

報事

報監營草 九月二十六日

為牒報事 本驛 所屬尚州 泚火 洛東善山 他

撤冠 所屬於矣 土驛之首是子 而當此 歐嶺省 巽道 不可不念故

玄敢馳報為去乎 曾前段京 到星 交 東萊去米 譯官之 行路 父 或有

自尚州 竹峴 善山 仁同 路者 是遣 戎有 自尚州 洛東 迎香 仁同 齊

題 此是目内事依所報發關申飭向事

門交督事 聞慶 縣了別 道以奉商教是後 則 凡于大小行次同官

兩驛 勾為出 站 伊免驛民 疊役之弊 事發關 分付 為只為

俊此程途 俱是百十里之地 南 如有來許知嶺南程途之行次 則留尚

州 洛東 迎香 作路 間或有之 以此作路 則兩邑皆為出站 其往兩邑 支

應事 輸運之弊 姑捨 擧論 或有行次未交之日 則惟此兩驛 先受樊

於其本邑官 人供饋 不勝支堪 恕聲載路 假令此驛 如達那邑 則其本

府官人之間公待令 時一兩日供饋 不是惡事 至於今年 驛卒之一日連命

之道 不可思想 分乎命 去來程途 小無相左 為因一路 支邑 驛俱 用故

兹以擧事 聞慶 縣了別 道以奉商教是後 則 凡于大小行次同官

如度三秋 死於置當意外之供饋 子 以此大報 似波 細鎖 尚其往驛 越

兩驛 勾為出站 役之弊 事發關 分付 為只為

世宣有累代譯史之子孫 恭於軍官之列 乎以不過 府住單

復以為軍官之名 歐為 伯泄 除蕃之 祖也 一子 置級在法 分

揀是子等 以敢此 伊新 為伯 玄乎 移文 方在 得退 分揀 伊兒盡

級之地 是遣 有云 觀此 所新 則渠廣 乎 是 累代 譯史 之子

督後 為 為 男 尚 美才 乎 先 朗陛村 伐 弓 軍官 之 稱 似 苦 以 妙 向

疑是 闕 庭 認 告 官 家 是 定 軍官 時 謂 除 蕃 祖 備 倘 仍 今 方

（右上・53面）
唱言曰以不能復父之讎人之責以不能復讎多所得舉云而前後
所言挺其絶殺其心而在誠為叵惻故為先以此意論報營
門是在果鄰官本無刑獄無以同禁弦以文移為去乎同世番
恩發揰差授去嚴曰俾無逆縣以待上司回題以為慶直之
地為遺令行云云六月二十日

（右下・55面）
馬位起去乙終不下別盡字割耕田不過一年餘之地則胡大
罪也輕先下秋至於身死誠不共戴天之讎而為其子者不碎
之復其辭乃止極其言者以現案前古至有之庚姓此以此人之以林單
如言辭乃正極其言者亦恐唱者其意専在於現捉位田出之不欲伺官也其惠
鄰官案有不必慮是乎未以同世番移文本縣使之為先捉因有
過論報營門為有如乎設或使伺秋被秋即脈乎是乎乃置為二支
之道不當若亦新置何如是不同乎後乃成文中字號
乎也番亦如是恐唱者其意専在於現捉位田出之不欲伺官也其惠
所在巧拙且悌矣是乎未弥嚴字田羅浮的家是如緣之縱寬
如乎龍捉巧拙且悌矣是乎未弥嚴字田羅浮

（左上・54面）
笑其時德秋身死故不得推問之状亦已諜報為有如乎大際
德秋德耕割耕馬位之地至於十年之多而終始拒進不為
八年容以隱耕及同洞盡字番二乎落只賣幻田形累年割耕
今春現密伭復古途之意以拒進治罪之申故繫搊
報則題辞内德秋所為誠採埇敗咸昌縣背闕分付而教是乎
武番學未知有何意思仍病致死是乎則其時德秋之子世番
以挖病之人不善謂治仍病致死是乎則其時德秋之本
修築築古址之事萬之絶甬其時狀亦不過十九慶而德秋本
遺德秋之輕報根則曰此乃殺人察訪可以結縛而打其所
使令軍推門不納世番學破碎官門其俊亂曰有起捩是且
德秋隱耕割耕馬位之地散髮痛哭欲八官門則門且
萬説極其伭慢其時論報請報是乎父姑觀渠入官庭
終而慶之実令今月二十日良中德秋之子世番突入官庭
唱言曰其文嚴字馬位田隱耕慶則乃是買得之田元非

（左下・56面）
報監營草 八月十八日
律科罪是遣所次位田隱置性量案選推事各別行下為乎
文記而監封上使為委乎 道以亦商教是後同世番及敏報等依
益緜露是乎等以量案位田所付字擦次騰出乎字擦浮
謀且累得之主阮兒傳秋之先萬順則古渠無為為下爻
采術且累得之主阮兒傳秋之先萬順則古渠無
浮則字號之新置何如是不同乎後乃成文中字號
之相左石是異事而庚子量案後古席而成文中字號
嚴字是遠明矣年月則古庚古有而量案則庚子所成此田康羅羅
是去此所謂買得文記現細相考列其矣所買之田乃量字而位田則

報監營等事本驛民人及村民等馬位田畓接壤廢割耕頗多云故後實查出之意春間良中論報營門受題後本縣所上大帳即爲現未同馬位所接廢詳查還非是爲乎其中本驛吏田德秋亦本以弄法奸吏前爲馬位搜括色吏時果量案所載田畓地名若歲大洞回字五等直田八負二束八斗落只庫以民田搜隱區耕食今至於十餘年是如今春自藏錄故即爲露見辨覈明而無可考文跡是遣爲便則明自藏錄故即路乙下有水道即幽谷巷少之所共知而散生割耕之誅核云司中

大水有所摧破是如同大路水道改出於其次畓乘道馬位人量之內前日大路水道廢則馬自耕食以此水道改出之故爲哯破其致甚多叱分中之人民其畊三尺廢長雖存而廢耕草餘十五尺許是去乙爲長一百九十尺其畊三尺廢長雖存而廢耕草餘十五尺許是去乙不勝惟歎同德秋打量則馬位雖存而廢則爲退畊馬位之量處八於其中是尹所辭是因一德秋擅改大前日八斗落只隱畊爲水課落多至川友是如仍于其特況路之水道之故故馬依則以爲揀傍音若干治罪後察訪親自分付曰汝旣棄平畊割馬依則以爲位所出之轂斯速回舊道退開古道俾無公田漂落之弊事世三分付則縣云依分付因舊爲修治云之後察訪前月以頒 敕差員

題德秋而爲誠拯痛胅威昌縣了把未推問各別嚴刑誅報道以臯則教是後上項田德秋依律懲治事行下爲只爲無以杜公田攘奪之習及達拒官令之罪故茲散馳報爲去乎若是其孜怒乎如許法無嚴之頰若干治罪則而如是唱言之狀不勝痛慨同德秋授未若干則余修治爲臥乎所當初此畊因漂破則渠自修治之不驍有死而勢難修治云及唱言曰吾畊馬位修治吾畊何閔武不惟不徑分付渠及唱言曰吾畊馬位修治吾畊何閔武故事後受出歸家是如可今未摘奸則春間分付今至於三朔而

事背閱分付向事戊五月初三日
  聞慶縣務文章

爲相考事項日以馬位割耕事本驛支田秋次麥幻罪仍病身死是如乎其子世非亦散生誅官長之誅而其父麥幻罪庫則輾以割耕畓乙五非落只之地不爲大段關係而以此被大帳使吏拯爲究痛是遣且八斗落只隱畊廢興量案相友少無可信金頓昌是如圖罷改量是去乙移文本縣推未大帳使吏輩打量則馬位明自其次買賣文書興量案相友少無可信分叱不前所謂金頓昌即田世畓因姻閒也輾以公證改請打量若武其次呼失非爲而民田則宣言誤刑敕爲誅害張八宣建揀傍音若干治罪後察訪分付因舊爲修治云之後察訪前月以頒 敕差員

吏兵房拿致重棍以懲目後是亭矣十分恭罰令姑安徐是旅此後

則根辭間言語十分詳審甚當事

　　　　　　　　　　　　　　四月二十日

為樂報拿御到付使開内令審軍點之行本驛人把大為亭之護甚送僿包
待令此分吏不斷實吏兵房僿卧其家以外驛述方之護甚送僿包
故同實吏兵房限未推治為有如亭撑以情債用略推捉
人處是如昨聞浪籍乙何于捧錢入各別嚴查所
捧錢文十兩為光推封以送為去亭二出給於攸歛處為亭
矣實吏兵房限未謹之致有此事出給於攸歛處為亭
之後微歛合縣恐意行略之習尤萬之絶庸其所攸歛此

銀左兵當事

為不實而用略之教亦巫於十一四如以此藥當常切庸婉文當
嚴查庸禁是置上項吏兵房筆處自本驛明覈其故歛之教
日後之習撥其明白嚴撖是如亭大熙此事出於審訪受由
歸家之日實庸吏之恥實為懼然是在果近末支日武有
畢其平言不能束吏之恥實為懼然是在果近末支日武有
此事則巫以従中敬約
聞用情自是吏軍之例事令此使道推論之事察訪應有此
樂其寔筆上使軍之例事令此使道推論之事察訪應有此
閉重治之意親自每三中餘矣其矣筆上使勘罪不敷日

46

之後果有此嚴查行略之間同吏兵房筆員其官長申餘之
罪姑尤暇論窃自歛作使道設令神明無私之至也即自提致其吏
兵房推問其各驛攸歛錢西等貫典吾父矣受罪時行略錢兩所入
幾許則其實招辭内近末人必異於前日其矣筆應紿之事二謀辟
内以矣筆未謹之致有此上　使之事外驛之人有何一分錢攸歛助之
事亭子本驛至兵營將至五日程往末驛分錢攸歛以為
受罪時用情次第泊供辭如前別無詳查之事故其矣筆供辭
之際不無撑債之拘是道宗無窮作賣中復又為出債以為
粘連上　使為去亭後考次下送為亭旅同捕債錢十一兩段

47

出給庚矣事為亭瑜末五月十二日此安都會及良上使事臨
時捉送之意錄由礦銀為去亭　道以容高數是後行下為亭
為　題本道別是一時過去則道有果是矣近末體就
解弛上司待之有若甚越之致延及下吏僿卧其家錢二兩
現之習事撑可略治罪微礪及其推捉別治興不治従近末錢分
而已居閉用略之状及其推捉別治興不治従近末鄉
武微捧是亭矣自本驛甚問之嚴招置不出之習之絶庸之為亭
時捉是去宗為改五武十餘年或八九年為烏烏之習為
限年三十一期是去宗為改五武十餘年或八九年為烏烏之習為
尤待令合驛瑞漸致庸加知悉此意各別申餘軍當事

　　　　　　　　　　五月十
　　　　　　　　　　八日

48

為漢銀事本縣慶在嶺底孔路往來使星絡繹不絕馬夫
揶辛長豆路上大小輩馬畫夜奔馳以大馬才步不合之數本驛大馬之待鎮
不足無懷生事之際以洛陽大馬才步不合之數本驛大馬之待鎮
壹至三簡月故本驛陵一匹使用非便慶脊難堪以分為僉令畨
都事道不時來上京又為一把於京行故本驛大馬絕疏將至畨
日不勝慶捿來洛陽驛人使之一邊新馬資点是遣本驛
守站久曆馬牽送日事申飭則其失所告心營使道分行
肉本驛大馬及諉驛消留馬併為留待諉驛為新新舊
肉一層故窓以諜報為去乎道以恭固教是後同洛陽新舊
馬試才不令則還為退熟捿改立立爲令亦分付教是去乃本驛大馬
段置後日試才次待令示分付教是寫印遣同洛陽新舊
馬及次大馬本驛大馬四匹中不一不上送伏呵候初頭之

41

驛將至日妃站之燒慾為謁問是字弥以數少戡驛
帝達梁城筭爲疑擧之節捿爲難墻而當州此處其失前未等
馬還棄之外又有本驛人處新大馬人救曠日隔華則難墻之中又
如一層故窓以諜報爲去乎道以恭固教是後同洛陽新舊
守爲文一匹下送教是去乃擂一行下以疲本驛爲
事之忠花道一以遄殘驛罷不人馬墻爲別行下爲
已馬 顆觀此將報洛陽驛及所爲繚使爲獻駁雄闇闇士夫之言
在下人之道次不當若是況官長之言乎本驛大馬立待之

42

本驛而爲詳查馳報句事
  報 鎮營章
        昌十日

外其他馬匹非鎮營而可知畏等以何故做出無根之多傳于本
驛而如是馳報是隱奇其間傳語者想必有之可傳語者之
刑吏押上使以爲恐慶之地爲弥此冒若不痛治則後弊難防省
埈其元無使星八把之爲生事可應擧宗朦報失題辭內辭意
捿其嚴截下勝慄恐是在果大緊此事別無做出無根之言傳于本
驛欲爲生事之事是遣特以本驛絕站之事察訪分付申飭洛陽長
吏其失驚馬歎爲守站次起送事發驛則其失而告內本驛大馬

43

支領驛驚馬併爲留待事分付教是如遣同該驛馬匹中一不起送
爲獻其絕站有所舉宗論報是字弥下款該驛葦馬還養之御狀其
故闇其絕站有所舉宗論報是字弥數少殘驛數小添養之卽欲
矢教小本驛馬留待爲獻以事陵閑其洛陽長吏革有可睛省本
爲省驚論報失辭不貴意意不無卽恕媒經其洛陽長吏革有可睛省本
驛是子可當目顆辭如是嚴截是字矢郡官水無刑吏不得護送墻遣
同長吏各別起送矢孫子弥使本驛詳查一郡段前後事宗不過如上
而陳故別無詳查之事是字弥後事以同長吏及其時聽分付馬夫一體起
送馬太子通以恭固教是後行下爲只爲 顆佐今矢鎮難營批法小
相左是隱奇備聽下人之言眛然論報者子該驛
之事其在營下之道旣不當若是況無根之事育此論報者子該驛

44

為牒報事京驛復戶還推事道內各驛吏及等呈議送題音內前
後由折詳細上報亦題音教是乎以所屬昨年秋驛察訪問曲折則吏
奴等所告內令去辛丑年分申立慶安丙驛察訪聽其該驛吏廳在
呈狀轉報備曰為乎矢京驛則入烏各驛立後之煩重分比不衛當初設
各驛之役是如道內各驛割給復戶無乎良中近結三百武除出有
地坊官大同一時添載上送事八啓變適此乃于自辛丑至今十
八年而每年之收納是如乎令此各驛吏奴等呼訴新事段本驛廢在
嶺底孔道九千驛後無處於京驛立後之煩重分設
磨鍊割給是乎則誠非細庶是去乙乃者京驛人等不識如許委
磨鍊割給是子則誠非細庶是去乙乃者京驛人等不識如許委
驛時　朝家察其京外各驛之苦歇同結後乙分差等加成

報監營草一

為牒報事部到付　使闕內飭該本驛所寶南倉錢二千日內無
如此之弊向事　四月十六日在彦陽

題驛吏筆楷綬之習可矣若干治罪為在果近未政抛棄令後
則各別申飭伊無如此之弊向事

在驛吏兵房同夜及期上工使為臥乎事
次元無外驛假色宠送之事是乎則果是遣本驛段使道行
有此上使之闕是乎果是實兵房為在果近未政抛棄令後
則未慕訪為無馳進之勢示得作行是如乎吏兵房董示謹陪把
本縣實兵房領人馬同夜馳去是如告課為乎等以日字訃之
初十日始為還驛是乎則其前使道先文馳報令初七日中時到付

報監營草一

遺收納亦教是乎所即當依關文舉行之不駁是乎矣此以
兩受末在於昨年冬司而無他變通之策本錢元數除出陸拾兩
貿穀以補賑資次前已備報營門為有欲元錢不足段以秋
成後即納之意許分給於還關文後
擇於此時則末克同民經欲之究念不衛此本錢多有所縮者是乎妳
且兩宠未發民間話文以朮驛義諫之勢朮由非先之路公松狼
損到此同匯是乎以緣由敢為朮牒報為去乎伏行下為只為
各別參商如此七月初旬前輸納本所伊無是延推論之弊向事

題所報如此七月初旬前輸納本所伊無是延推論之弊向事

報鎮營草一

酌劃給正本意然慶通查取之狀亦之究庶是乎等以嘗欲
仲究還推向沿於驛後之弊乃盡反抱究是如可令的一聲
未訴而去乎以此之由枚舉報為在果大察當初　朝家參酌之名驛
亦為有等以舉實報為在果大察當初　朝家參酌之名驛
驛後歇割給復戶劃驛姓有些少苦歇其所傳　命少
無役此而京稅驛支奴等同是應後糅究以後煩公然拿食累年不給則外
驛支奴等同是應後糅究推勢所固然是乎等以玆以
牒報為去乎道以恭商行下為只為

題既是近二千年劃屬駑之事則令難輕誠狀諸隨隱當思量慶之間
四月十七日

二十二田三卜四束疊量以給民田乙仍于龍宮縣居生石才稱云者買
得量名全克俊處今方起耕爲卧乎所唯此陳田乃是馬位非民
田之狀有一言可卞者以馬位陳打量特别字表以洪字懸錄是
遣以民田打量特别字表以列字懸錄是遣馬位尺數則地
形無相左處而民田尺數剩餘頗多以字表言之似有先後之
别以尺數言之顯有違端馬位之的實明白無疑而石才之買
得耕食極爲切痛乙分不喩唯此一陳得失不甚緊切而以矣驛
田畓言之則今此陳田處在馬位之內關係甚重今若見失則前
頭大水南北邊馬位將至二十石之地必至成川至殘驛卒勢
難存亦爲有等以察訪親自摘奸則果如所訴是乎等以其矣

等呼訴辭意枚擧馳報爲去乎　道以參商敎是後龍宮
縣了别關　分付從先後及尺數相左分揀出給驛人以爲
年年防川耕食俾無难散保存之地行下爲只爲
題　背關分付向事　　三月初三日

報監營草

爲牒報事本驛所屬龍宮仇火大隱驛人等齊訴內矣驛馬
位元數不足至於十七結之多每限不足是如乎去丙申年大水爲
水漂落成川覆沙將至十餘石許是乎所以至殘之驛哉至陳荒
之境矣不意今者矣縣長坪洞人權渝根吳必竜等矣驛馬
位覆沙處發軍築吐因作水道爲臥乎所矣等之不能收拾猶

常慨惋而今又築吐乙則吐之東邊皆是民田是遣吐之西邊
則皆是馬位而前頭若有潦水則許多馬位必至成川是乎所
自官摘奸後報　使變通亦爲有去乙察訪親往摘奸則果如
所報是乎所問其古來水道則村民驛人等指示古道而呼訴云
洞古道段作一量外良田而民自偸耕是遣同馬位段覆沙陳
荒將至四五石落只是旀其餘公須位及民田覆沙亦至二三
石落只是乎所因其地勢還開古道水路則馬位民田少無
所妨是如爲臥乎所以所見觀之今若不開古道而一任長
坪洞人相率築吐所得田畓不過三二斗
處是遣驛人馬位畓三結二十八負八束是乎所若無營

門别關　分付則日後潦水許多馬位必至成川可立而
待乙仍于如是牒報爲去乎　道以參商敎是後龍宮縣
了一依前例還開古道俾無馬位成川之地行下爲只爲
題　依所報背關分付向事　　三月初三日

報左兵營草

爲上使事節到付　使關內道內別星行次各驛實吏兵房領
人馬待令自古不易之常規是去乙今此道行次時本驛實吏
兵房段偃卧其家以外陪假色待令事極可駭各別懲治次
當該實吏兵房到關卽特執捉上使關事是乎所誠爲驚惶
是在果察訪以親覲事去月十六日受由歸家爲有如可今月

29

樣顧恤到飢餒丁寧前頭傳 命之節拯為可慮乙仍于欵
為一從土地所出半給該驛以供驛後是遣半移先甚之驛
以為救活則先甚之膿陵其驛所得未穀外又有移粟添給則
庶可支吾是乎矣近來人心㥠為不淑失不無其膿所
出未穀救給他驛之怨是乎所以各其驛所得之意玆以惰成冊馳報
驛中先乙甚无甚之次縣分移給事合便當是乎矣不敢擅便其中屬
為乎旀且明年年麥實否姑未預知今所得壹百肆石拾斗
中伍拾餘石乙依折半留置觀勢未知何如是乎乙
朝一併盡為分給是乎旀   道以恭商教是後措一行下事

馳報事 題成冊捧上依所報折半先為分給事

30

驛監營草

為牒報事本驛馬位田番庚子改量後民田接壤之廢漸次割耕
若不登正定界則眞重公田將至盡失其弊不些乙仍于改量定境
界事項日現謁時有所面禀為有如乎令亏移文本縣中帳及量
又持來尺量之際比安縣人等有此事其驛馬位中帳及量
多是如改量定界次文牒為乎旀溪海驛馬位田一體打量定境界次容許
之意秋文此安縣為乎旀兩驛馬位田番乙於自出給群慈
自看檢緣由牒報事
          題到付
戊午正月二十四日

31

為牒報事令此勑使出來時近接都監可才人領付次差員關文
昨日未到是乎所同勑使渡江出來時出未興否及八城日子不知何間而
各邑才人等姑無來待之事是如乎事當後數照點為乎旀後領章
敢久留等待當日費行緣由牒報為有斯速回夜上京及期領之作意擬不
發行是乎矣關文內辭意有卧乎事
題到付為在果勒行入京似在今月望間云相考施行向事
正月二十日

31 (下)

牒監營草

為牒報事本驛馬位田番庚子改量後民田接壤廢漸次割耕
則本驛大中馬種乙改立時收祝添價次分給驛人是遣其外緣由
為先牒報為去乎 道以恭商教是後措一行下為乎

32

項目論報受題後本縣所上庚子量案取來同馬位接壤廢乙
逐自觀自打量馬位割耕乙搜得後打筭則將至一百十六卡
各呂是乎所乙得乙馬位无給馬戶田番不足之數是遣其外緣由
依所報勉行向事   戊午三月初三日

牒監營草

為牒報事本驛所屬龍宮衙仇火大隱等叱呼訴內笑驛此邑內
德谷負洪字六十五田九卜至庚乙庚子打量時驛監官等以馬
位陳尺量以給後自阿每負打量時至字終又以民田攙列字

是乎所以必是鳥嶺以下本驛至二站中間失跌書以送之致事之駭
然莫此爲甚是旀京司關文每多同封以來是如乎若或闕失則
將必有生事之端是遣令以所報中查問云者未知其由其在懲後
之道不可無查覈之道其間曲折及京關有無星火查報以爲憑
處之地向事

報統營草

無爲査報事頃以備局 朝報壹度元不來到事牒報爲有如乎書目題
辭內鳥嶺以下本驛至二站中間闕失致責以送之致事之駭
然莫此爲甚是旀京司關文每多同封以來是如乎若或闕失
則將必有生事之端是遣令以所報中查問云者未知其由其

在懲後之道不可無查覈之道其間曲折及京關同封有無星火查
報亦教是乎等以鳥嶺以下聞慶灘尤吾站撥將等發差捉來推問
其曲折是置乎少吾站撥將言內今月初七日備局朝報封一時來到
而統營呈朝報元不來到故矣身即爲告官推捉鳥嶺撥軍後考
次捧招是如乎同招辭現納爲乎旀尤灘站撥將言內自上站不爲傳
致故矣身果無傳致事是如爲白乎所今觀多站撥將供招及其實狀
招辭意則當初不來之事自京啟公供道不傳之致元非多站闕失之
致乎別無可罪之端而當初不來乎京關有無報須當問故多漢處前
後傳者照封上送爲去乎道以參商教是後日徐憑考次多漢捧招記還
爲下送緣由牒報事 十月二十九日

題 前頭憑考次到付爲在果此後段這這嚴飭俾無中間闕失之弊
爲旀捧招記還下送向事

報監營草 十二月十七日

無爲牒報事驛田地不得私相賣買明有定式七八年前自本門亦以
無價還退推給則事當奉行之不暇而各邑土豪輩不知禁截猶踵前
習乃有勒少民攘奪耕食使莫重傳 命之卒不敢下手將至難保之境

乙仍于累度稟報嚴關各邑以至無價還退分半打作之地是如乎
此法一行後弊可防而至於禾穀則以穡事之孔勞名雖半分而實
未滿三分之一是乎所當初搜括時田畓斗數則修成冊既已稟報
是在果成冊所謂長位畓即驛長事每年輪回棳知擔當以供
往來行客及大小騎役酬應之資則類同公用而若爲一併半
分則後當驛長者實爲難堪之端故不得不安徐是乎旀
其餘私相買賣之畓搜括打作則本各驛所捧禾穀董至
壹百肆石拾斗是乎所大槩今年之事實爲穴農之穴農而
雖有稍實之畔是良置原其大体則未免歉其況驛田
畓所得禾穀事當分給該驛是乎實其中尤甚驛若無別

餘兩是去乙不顧營門題辭本意只給四兩極爲無據是如齊訴爲有如乎上項
金湏壽擅奪公田之狀前日現謁時旣已面稟爲有在果莫重公田私自據
奪以爲私庄而不給税價之狀極爲無嚴若無別樣懲治則以殘驛卒無敬
税於有勢兩班之理是乎所吾山良中收捧懲捧之意各別嚴關分付爲
乎旀以馬位搜括事言之前後背關非至一再而近來人心極爲頑悍營門
題辭少無懲畏不思無價還退分半打作之意互相推托袖手觀望爲
臥乎所本驛差使果度催促則兩班及村民等言內當推本價後半分
出給云云乙仍于收捧次出送已至累月尚無決末是乎所當初報營門搜括
之擧蓋出於禁日後村民與驛民以廉價私相買賣之法是遣又欲懲税以
爲明春等馬撥卒救活之意是去乙今也各邑民人等徒知恃惡不遵官令

以察訪之勢萬無收捧之理其矣等所居之邑後錄馳報爲去乎　道以參
商教是後發關嚴囚重治以懲他人亦亦收捧之意各別行下事

十一月初七日

題善山金哥之終不准給各邑土豪之無意半分萬分可駭並只嚴治徵
給之意背關分付爲旀各邑該吏更觀前頭拿致次爲先附過向事

報監營草

兼爲牒報事本驛處在嶺底咽喉之地大少使星往來之行無不由是路程
蓋相望人馬長立路上已爲一道偏苦之驛是乎所自聊城台溪至七驛段
係是左兵營進上直路而又通東萊直路乙仍于譯官及京各司持草料
者連續不絕各驛難堪之弊不可勝言而頃日良中禁府羅將金國亨亦

永川地前青陽縣監鄭權拿來事往來時行到比安仇火叟溪驛補
以騎馬体少鞭扑驛長(貰騎大馬無識驛長)恸於毆打曲循其意不得已出給大馬是如爲
臥乎所大少公行所騎馬匹自有等級供饋草料亦有定數而上項金國亨
段不知馬匹之等級貰騎大馬不顧　國法是乎所此路一開後弊難防誠
爲寒心是乎等以緣由牒報爲去乎　道以參商教是後如許冒法之類依
律處置以杜日後之弊爲只爲　十一月十三日

題事極可駭而狀聞則亦涉細瑣當爲報備局重處向事

報統營草

兼爲牒報事自前良中統營右兵營呈備辺司時急朝報一時來到
是乎則自本縣加封成撥文次次星火飛傳是如乎今月初八日酉時量右

兵營了　朝報叱分來到本驛而統營呈(初致)不爲來到是乎所事極驚駭本驛
上站大灘聞慶兩站撥將等處統營呈朝報不來之由詳細推問則其
矣等招辭內嶺上站不爲來傳乙仍于不得傳致於本驛是如納招是乎
所事當以此意急報營門是乎矣今月初七日察訪以驛卒賑資得請
事往于巡營未及回還乙仍于未及馳報矣十二日還驛則守廳下吏等統
營呈朝報一度不爲來是如有所陳告乙仍于不勝驚駭後考次捧招
之狀及前後事實詳細牒報事　十一月十二日

題去月二十四日以後　朝報今十七日至終不來到故事甚怪駭方欲查問
各驛別樣處置之際自二十四日以後初五日至　初報兩度昨日夕時一時
來納是乎矣自二十四日二十九日至　朝報另薄且非備局書吏之筆迹

是子所驛人軍役有遣事目是遣一身兩役誠甚閔應此尔不俞各邑鱗
次效頻以至花盡一驛而莫誰可則傳 命重地捛無以保各驛役之路
是子等以敢出牒報為去子道以恭商上項驛支朴永柱等所應軍役为
後之意善山扇良中別闕分付為只為
題果是驛屬則尤克走軍役宜予刑究火遠帳籍及形紫相考の後之
意符闕分付句事 九月二十日

報統營草

無為牒報事即刻到付使驛內備局封閣中元讚時応進占封進
備局與內醫院關文去月于七日辰時目到各同封月初旬戌時始到
付營門而兩醫院即 水刻饌品所用半乾全鯨內夜封 一關是已
考見其抃文則或留二三時甚至往三時程滯時竟封閣大撥之規營門
前後申飭之意果安哉在此莫非本驛不勤嚴飭之致殊涉未妥將
傳各驛擔留時刻齐以閣後 錄為去子该縣長吏等自本驛捉入逐重
決捉以應止即報以為憑憑之地為尔実如是不付之後尔不即
擧行則当有實吏京亭處更無懈違事爲尔該地方官抃見一
欽自本縣各抃為驛長吏等廢更無擔增生事之弊而事向見是
置有亦關內解綠詳細考見則所屬抃路各鱗良中致有擔留之弊
是字所束訪到任之後九校閣文等事 星大祀傳之意前後申飭非

18   17

止一再而今有遲滯生事端之不勝懊憟恐是子等以上項德通洛陽兩
驛長吏等乙急發差捉來嚴問是子則其矢等招辭內矢爭寺拿致重宪斫不
三時程留之由關文後錄中既已明白書項則矢等何歸辭更發
明而傳與傳授之際自然遲滞是如納招以德通驛長吏
陵 決捉于慶之習是違洛陽驛長吏段決棍十五度以燃則納招為尔添
習為子抃地方官抃見一欽亦為各別嚴備為尔其餘懷路屬
驛長吏等廉以此地方官不得抃見是之意而為各別嚴
尔緣由牒報為去子 道以恭商 往下事
題到付為尔果此後或更有如前擔留之弊則實吏京亭拿致重宪斫不
抗貸為別嚴飭便無生事之弊向事

報監營草

無為牒報事所屬上抹驛六斗等呼訴內矢驛馬位頻多等以
難堪蕃矢去庚子年改量時迎香驛役者果年是如子迎香近廢屋金滙壽
度呈訴劃滑之地廣占甲餘斗落以多插秉水及果水以為蒲雜
來屋于矢等劃滑之地果年是如子迎香近廢屋金滙壽
且種木花以為私庄而不給價者已多年所是子等以意呈于本驛
則以矢等呼訴之意報于 使道主前是子則題驛內同收航之價還寺查
慶斯速出給矢前已昔閣分付于善山府是如予本抶問收合之价送寺查
歃自本縣各別嚴飭於驛長吏廢更無擔增生事之弊尔果
泛速備給事言及則金滙壽以四兩錢堂賣以給其後甲矢落次捉米
價給不撸給為卧子所收祝之價舟卜銀壹箇而通計甲矢祝价則將至于

20   19

不請明年木花之實吾姑未續知且夾獎端莫如請得錢償以萬秋活
向當門自多各庫留儲若有救濟之意則豈無變通之道子戒前捐可則
支吾而歲後則萬無戍守站應模之勢寧爲臥子聒開其情狀且觀農
於官家特難而乞各自圖生到之實無撑手之路民訴如是矜惻是子事以更
爲馳報爲去乎 道以參商敎是後各庫留儲錢 四百餘兩各別貿
以爲驛民保存之地爲只爲

題各庫留錢不■萬餘兩況是已散貸殆盡收捧尙遠之狀前捐對既盡
繼之說乙則忿請四百兩許貿殆名外未憑乎於驛屬內宗敗扵當門者
然殊未可知向事

九月初吉

糧巡營草

無爲臊糧事當和朝家區劃田地以給驛民者蓋欲勤其中以爲保存應
之意而本驛異扵他驛大少別星住來給饋支撥辛長立路上不能賑
力稱驛長馬戶連爲供饋常在負債補價之中每年如此勢難堪當則
必賣驛地許多里畫畎扵各驛近處兩班民人家是如乎授貿倜物講則其
中豪強兩班或有擅奄佃農是遣平民富漢等厚價買之詔已成規
例夜殘驛章不顧扵興獎時目前之利瓶爲許諾莫敢下手扵其近處
兩班及富漢等逐年因借收糞重位畓便作民田同驛章長在飢困不能支
吾興苦雜散將至絶站之境矣去戌申年分扑使道按道詳知收獎有
兩狀諸異撤散其驛近處所屆兩班家舍及其祇相買賣田地畫爲無償還

退又爲分半打作以給驛民之故至今保存爲傳 命之事此是扑使道按道
之力是如爲判法久禁馳復踵前習而兩班及民人等與驛民私相買
賣撗奪之獎究免扵苦日雖富樂躔其在重傳 令杜後獎之道事當論
報推給而況扵今年事孔棘之野手如許之獎不可不救爲越防是手事
以項目現謁將既己詳細覃票爲有如乎遠驛之獎各驛馬位所屋
官後錄馳報爲去乎 道以參商敎是後各別勘閱分付各其境馬位所
償還退令半打保存驛民施爲手弥其所買本價爲臥乎事
意亦爲一併勘閱分付扵各其地場官事耳由驛糧爲臥乎事
題成冊捧上事捉可駁閱所報得宜依所報粘閱藏餼使即退給向事

九月初十日

糧監營草

無爲臊糧事本驛所屬南州牧大洛東驛史申世必菩山忱大逆香驛史扑尙已
同府快上採驛史沈乞寸里畢浮世扑幸伊扑永挂等聯名等狀內扑尙已
先祖木以本驛曾驛史以速形紫案中世分鐵案驛後對苔者不知幾幾年
之久是如乎善山府敎是以無故閑民揀充定軍役終不顧爲扶乎接爲
究靦敵收奄聲來訴爲白去乎軍役勿侵次諭糧監營門嗔下爲只爲
狀是如乎所本驛上扑永挂父與祖俱是
驛史明白載錄其所身賣每年驛長中收捧以爲京三驛八屋未及三等馬
改立時添補之資是如乎吾邑辷以無役閑民揀罷定軍役達扵不顯下

報監營單

...

八月初三日

報監營草

...

九月初九日

報監營草

...

題粘移成送事

報監營草

七月十二日

丁巳四月初四日都政 除拜 辛部同月辛日對

任後允于文報等事列書于右以憑後考

報南州荒羽年

國譯

幽谷錄